Dennis Eick

Digitales Erzählen

Die Dramaturgie der Neuen Medien

UVK Verlagsgesellschaft Konstanz · München

Praxis Film
Band 81

Mit freundlicher Unterstützung der nordmedia – Film- und Mediengesellschaft Niedersachsen/Bremen mbH

Website zum Buch: www.digitaleserzählen.de

Bibliografische Information der Deutschen Nationalbibliothek
Die Deutsche Nationalbibliothek verzeichnet diese Publikation in der Deutschen Nationalbibliografie; detaillierte bibliografische Daten sind im Internet über http://dnb.d-nb.de abrufbar.

ISSN 1617-951X
ISBN 978-3-86764-400-6

© UVK Verlagsgesellschaft mbH, Konstanz und München 2014

Covergestaltung: Susanne Fuellhaas, Konstanz
Einbandfoto: © GettyImages – Diane Macdonald
Druck und Bindung: fgb · freiburger graphische betriebe · Freiburg

UVK Verlagsgesellschaft mbH
Schützenstr. 24 · D-78462 Konstanz
Tel.: 07531-9053-0 · Fax: 07531-9053-98
www.uvk.de

»Never underestimate the power of a great story.«

(Werbung für Canal +)

Alle Links auf Videos und Dokumente finden Sie auch unter

www.digitaleserzählen.de

Inhalt

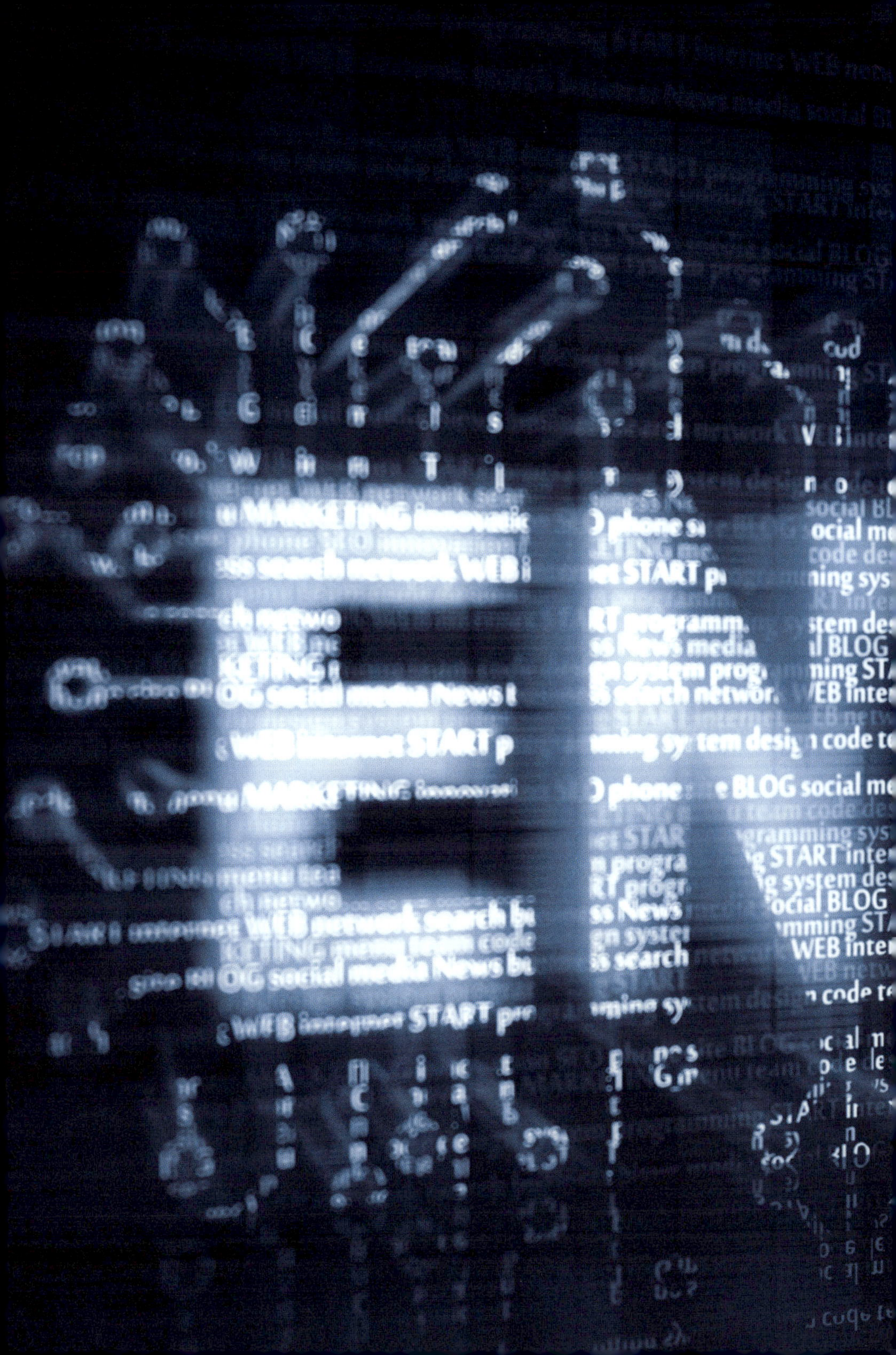

Einführung

News business search netwo
ystem programming START
design code team menu MAI
code team menu MARKETIN
RKETING
RKETING

1. Einführung

New ideas pass through three periods: 1) It can't be done. 2) It probably can be done, but it's not worth doing. 3) I knew it was a good idea all along!
Arthur C. Clarke

Ein Buch über Digitales Erzählen, das in Papierform erscheint? Ist das nicht irgendwie ein Paradox in sich? Ist es nicht sooo outdated? Wo ist der Blog? Wo sind die interaktiven Möglichkeiten?

Nun, zum einen erscheint dieses Buch auch als E-book, zum anderen gibt es eine dazugehörige Internetseite (www.digitaleserzählen.de), aber vor allem will ich auf einen Aspekt hinweisen: Auch wenn neue Medien entstehen, verdrängen sie die alten nicht. Es gibt immer noch das Radio, den Film oder die Fotografie. Zugegeben, die Höhlenmalerei hat es momentan schwer – aber sind nicht die Tags und Graffitis auch nur eine Fortführung dieser uralten Kulturtechnik? Auch die Zeitung als solche ist noch längst nicht ausgestorben. Sie ändert nur ihr Gesicht. Und das hat mit der Digitalisierung zu tun, die alle Medien erfasst hat, die unsere Kultur, unsere Gesellschaft, unser Leben prägt. Daher nimmt sie auch Einfluss auf die Art und Weise, wie und was wir uns erzählen. So vielfältig wie die Bereiche, in die die Digitalisierung eingreift, so vielfältig sind auch die Erzählformen. Der kleinste gemeinsame Nenner allerdings ist das »digitale« Erzählen.

Dieses Buch will die Auswirkungen der Digitalisierung auf unsere Erzählungen untersuchen. Es will Entwicklungen aufzeigen, Grenzen thematisieren und wenn es glückt, sogar Hinweise für die Zukunft geben. Im Silicon Valley galt der Spruch: »Die kurzfristigen Auswirkungen neuer Technologien werden in dem Maße überschätzt, wie ihre langfristigen Auswirkungen unterschätzt werden.« Deswegen verbietet sich auch jeglicher finale Ratschlag – wir sind gerade mitten im Prozess der Digitalisierung: Deren Konsequenzen haben einzelne Medien schon voll erfasst, andere gerade erst tangiert und wieder andere bereiten sich nervös darauf vor. Die Musikindustrie zeigt mittlerweile erste Erholungserscheinungen, nachdem der erste Schlag der digital kopierten und im Internet verbreiteten Songs sie vernichtend getroffen hatte. Die Buchindustrie bereitet sich – dieses Szenario ängstlich vor Augen – gerade auf den Angriff der digitalen Raubkopien vor und die Zeitungslandschaft – nun, die ist mittendrin in der Auseinandersetzung (vgl. Kapitel »Der Markt«).

Wir (…) können uns ausmalen, was in Kürze kommt: Der Tod der CD und der DVD, das Verschwinden der Hifi-Anlagen und der CD-Player, das Ende der Plattenläden und Videotheken, die digitale Verbreitung von Filmen ohne Spulen und Transportwege, der Sieg des digitalen und 3D-Kinos, das Zusammenwachsen von analogem Fernsehen, Kabel und Internet, der Vormarsch des E-Books, schließlich die Digitalisierung aller Archive.[1]

In Internet kursiert allerdings ein Text aus dem »Spiegel« von 1977, in dem die Musikindustrie ein ganz ähnliches Untergangsszenario entwarf, wie sie (und die Buchbranche) es derzeit mit der Digitalkopie tut: Man war der festen Überzeugung, dass die Musikindustrie aussterben werde, weil sich die Menschen gratis Musik aus dem Radio aufnehmen würden. Wir wissen, dass es dazu nicht gekommen ist (auch wenn es der Musikindustrie heutzutage nicht mehr so gut geht – aber das liegt nicht am Radio).

Der Unterschied zwischen einem Musikstück und einem Buch (oder auch Film) ist freilich der: Das Buch und den Film lese bzw. sehe ich meistens nur einmal, vielleicht noch ein weiteres Mal, wenn mir der Stoff besonders gut gefälllt. Aber was ist das im Vergleich zu den unzähligen Malen, in denen man sein Lieblingslied hört?

Der Musikproduzent Tim Renner hat einmal gesagt, das beste Angebot gegen Piraterie sei ein leicht zugängliches, gut funktionierendes legales Angebot. Das gilt meiner Meinung nach für jeden Bereich: Für Filme, für Musik und für Bücher.[2]

Das Publikum verlässt zunehmend die Rolle des passiven Rezipienten – nicht nur was den Inhalt betrifft, sondern auch was die Form angeht: Inhalte werden unabhängiger von festen Programmstrukturen und unmittelbarer konsumiert und die User wollen sich den Umgang mit dem Content nicht mehr vorschreiben lassen. Sie wollen keine Regeln, Copyrighteinschränkungen und Kopierschutzvarianten. Sie wollen verkürzt gesagt: Content hier und jetzt – unabhängig vom Medium.

Content is king, heißt es. Aber es muss auch heißen: *Content is everywhere*. Durch die neuen digitalen Übertragungsmöglichkeiten und die sich daraus ergebenden Medien kam es in den letzten Jahren zu einer gewaltigen Explosion an Möglichkeiten und Optionen: »Es kommen neue Kommunikationsmittel hinzu, die alten bleiben. Es gibt ja nicht nur E-Mail und SMS, sondern auch Facebook, Skype, Twitter, etc.«[3]

Kein Wunder, dass immer mehr Menschen unter dem übergroßen Angebot leiden. Es gibt einen Satz von Tucholsky: »Leben heißt aussuchen.« Und damit ist das Grundproblem vieler Menschen heutzutage auf den Punkt gebracht. Dabei geht es gar nicht um große Entscheidungen, wie etwa für oder gegen das Kinderkriegen oder die Art der Berufswahl, sondern um ganz kleine, scheinbar nebensächliche Dinge: Was mache ich jetzt? Sehe ich fern oder checke ich meinen E-Mail-Account? Antworte ich jetzt auf die SMS oder überprüfe ich zuerst, ob mein

Gebot bei der Versteigerung überboten wurde? Und wenn ich mich dann (wie die meisten heutzutage) dafür entscheide, alles gleichzeitig zu machen, wird es noch komplizierter. Denn dann stellt sich die Frage: Schaut man sich etwas im Fernsehen an, was gerade läuft, oder etwas, das man schon aufgezeichnet hat? Oder gibt es nicht vielleicht schon eine neuere Folge in der Mediathek? Die Auswahlmöglichkeiten erscheinen unermesslich … Ich werde versuchen, die Möglichkeiten aufzuzeigen, die durch die neuen Erzählformen in der veränderten Medienwelt entstehen.

Fernsehen und Kino werden durch die Online-Medien beeinflusst und müssen sich anpassen. Neue Zielgruppen entstehen, die sich von den alten Medien abwenden und anderswo mediensozialisiert werden. Es gibt neue Geschäftsfelder, Absatzmärkte und narrativ geprägten Content, für den viele noch keine Handhabe gefunden haben. Es fehlt häufig das Handwerkszeug. Das ABC. Zugleich gibt es viele geübte Erzähler, die zwar die klassische Dramaturgie beherrschen, aber keinen Zugang zu den neuen Medien finden. Beiden Gruppen soll in diesem Buch geholfen werden. Denn beide sind von der digitalen Entwicklung betroffen:

> Heute verbreitet sich Kultur über die Datenautobahnen, eine Bezeichnung, die im Übrigen auch schon wieder obsolet ist. Alles beschleunigt sich, und nichts wird mehr so sein wie früher. Man kann die Besonderheit der Kreativindustrien im Gegensatz zu Kunst und Sport sogar in ihrer Eignung und Neigung sehen, ganz im Digitalen aufzugehen.[4]

Die digitale Welt ist eine bunte, vielfältige, fantasiereiche Welt. Man könnte auch sagen: eine ungeordnete, chaotische und planlose Welt. Die verschiedenen medialen Formate in diesem Buch in eine sinnvolle Reihenfolge zu bringen, kann deswegen schwierig sein. Orientieren wir uns daher zum einen an der Länge der Formate und zum anderen an der Komplexität: vom einfachen Viral Spot zu genreübergreifenden transmedialen Erzählformen.

Viral Spots und **Storytelling** sind die neuen Schlagworte in der Werbung. Marken sollen mit Geschichten verknüpft und dadurch emotional aufgeladen werden. Am besten so stark, dass die Nutzer die Viral Spots an alle ihre Freunde weiterleiten und sozusagen selbst für die Verbreitung sorgen. Diese Neuerung ist nur durch die Digitalisierung und das Internet möglich geworden. Filmproduktionsfirmen wittern hier schon neue Chancen und positionieren sich. Aber worauf kommt es beim Viralen Marketing an? Was macht eine Geschichte so besonders? Wie gehe ich mit meinen Figuren um? Wie erzeuge ich Emotionen? Und wie strukturiere ich einen Spot von 30 Sekunden?

E-Books könnten den Buchmarkt umkrempeln. Doch noch sieht es nicht so aus, als würde das (deutschsprachige) Publikum dieses Medium in aller Breite annehmen. Selbst wenn die E-books mit interaktiven Grafiken oder Filmen angereichert werden. Oder wenn sie in Serienform erscheinen, wie das gute alte Groschenheft. Oder irren wir uns da? Was passiert, wenn sich das iPad und seine Epigonen durchsetzen? Verändert das die Literatur? Nicht nur in der Präsentation, sondern auch inhaltlich? Schon Charles Dickens hat seine Romane wie Oliver Twist als Fortsetzungsroman für die Zeitung geschrieben. Welche Möglichkeiten gibt es heute durch das E-Book? Und welche Grenzen?

Web-Serien könnten eine Gattung der Zukunft werden. Mit ihrer kurzen Dauer von meist nur wenigen Minuten kommen sie der geringer werdenden Aufmerksamkeitsspanne der Zuschauer entgegen und bieten im offenen Raum des Internets das Potenzial, schräge und ungewöhnliche Geschichten zu erzählen. Aber wie macht man das in nur drei Minuten? Wie ist die Dramaturgie dieser Geschichten? Und was lohnt sich, erzählt zu werden? Und wer finanziert das? Und schließlich: Wenn wir uns die extrem aufwendigen Eigenproduktionen der großen amerikanischen Streamingplattform Netflix ansehen – müssen wir unsere Gattungsdefinition der Web-Serie dann nicht grundsätzlich nochmal überdenken?

Die Parallelen von **Games** und Film werden in den letzten Jahren immer offensichtlicher. Aber wie funktionieren denn die Prinzipien, nach denen gute Games erzählt werden? Was ist mit der vielbeschworenen Verbindung zwischen Games und Film? Worauf kommt es hier erzählerisch an? Und wie bringe ich meine Geschichte an Game-Produzenten?

Transmediales Erzählen ist eines der vielzitierten Schlagworte der letzten Zeit. Doch der Reiz, eine Geschichte auf mehreren Ebenen zu erzählen, scheint momentan noch vornehmlich die Macher und weniger das Publikum anzusprechen. Oder ist das ein Irrtum? Anhand erfolgreicher Beispiele aus dem In- und Ausland sollen Grenzen und Möglichkeiten aufgezeigt werden, wie Geschichten auf mehreren Plattformen entwickelt werden können. Was sind da die Verbindungspunkte? Wie schaffe ich Verknüpfungen, die das Publikum motivieren, die Grenzen eines Mediums zu überschreiten und in ganz unterschiedliche Welten einzutauchen?

Diese und viele andere Fragen wird das Buch beantworten – auch mit fachlicher Unterstützung von erfolgreichen Spezialisten der einzelnen Medienformen. Ihre Viten sind im Anhang nachzulesen und zeichnen ein vielfältiges Bild unserer Medienwelt. Die Fachleute kommen sowohl aus Deutschland als auch aus den USA. Denn gerade dort haben sich gewisse digitale Erzählformen schon stärker durchgesetzt und es gibt größere Budgets für bestimmte transmediale Erzählformen, die uns in Deutschland bislang verwehrt blieben. Diese Beispiele sind erzählerisch so herausragend, dass ich sie aufgreifen möchte. Darüber hinaus sei darauf hingewiesen, dass »rund 50 Prozent der weltweiten Exporte von Inhalten auf einen Giganten, die USA (…) entfallen. Auf dem zweiten Platz, potenzieller Konkurrent, aber wohl im Niedergang begriffen: Die Europäische Union mit einem Exportanteil von etwa einem Drittel«.[5] Und die Globalisierung und das Internet, »beides typisch für den ›hippen Kapitalismus‹, fördern und beschleunigen diese Tendenzen und verstärken auch die amerikanische Dominanz«.[6]

Es gibt zwei unterschiedliche Szenarien über die Konsequenzen der Digitalisierung. Die erste beschreibt eine Internetrevolution, die zu einem ähnlichen Zustand wie zuvor führt: Wir werden weiterhin Filme und Musik und Bücher konsumieren, nur eben auf anderen Wegen. Die ganze Kreativbranche wird – nach einer Anpassungszeit – genauso gut leben wie in Zeiten vor der Digitalisierung. Inga von Staden, Professorin an der Filmakademie Baden-Württemberg für den Studienschwerpunkt Interaktive Medien:

> Die Entwicklung digitaler Technologien hat die Medienlandschaft und damit den Kontext des Filmschaffens nachhaltig verändert. Produktionsmittel, wie Kameras oder Schnittsoftware, sind erschwinglich billig geworden. Wir erleben die Demokratisierung der Medienproduktion und -distribution. Jeder, ob ausgebildeter Produzent oder Amateur, kann sich heute über das Internet direkt mit seinen Medienprodukten an ein Publikum wenden. Und die Entwicklung neuer und inzwischen mobiler Endgeräte erlaubt den vielfältigen Zugang zu diesen Medien überall und zu jeder Zeit.

Das andere und eher negativ orientierte Szenario verweist auf radikalere Eingriffe durch das Internet: Durch »die aktive Beteiligung, die kulturelle Vermischung, das Kontext-Targeting von Google, soziale Netzwerke, die automatische Aggregierung von Inhalten, den Wegfall von Zwischeninstanzen, den Peer-to-Peer-Austausch und die Kultur des Teilens, das Web 2.0 und die Kultur der Mobilität«[7] könnte eine gravierende Veränderung unserer Zivilisation verursacht werden:

> Der Gegenstand Schallplatte und der Gegenstand Buch würden verschwinden, aber mit ihnen auch die Idee des Buchs und die Idee der Schallplatte; ebenso würden die Konzepte von Radio, Fernsehen und Presse untergehen. Blog, Post, Hypertext, Zusammenarbeit im Netz und sogenannte U-GC-Inhalte (user-generated content) kündigten Entwicklungen an, die man sich noch gar nicht ausmalen kann.[8]

Oder sind wir in einem Stadium, in dem die technischen Gegebenheiten immer unwichtiger werden? Kristian Costa-Zahn vom UFA-Lab meint: »Ein Fernseher, ein Tablet, ein Smart-TV, ein iPhone – wahrscheinlich wird die Plattform, über die die Leute Inhalte abrufen, immer unwichtiger. Das ändert aber nichts daran, dass bestimmte Inhalte nachgefragt sind.« Und er weist zu Recht darauf hin, dass die Berichterstattung über die Digitalisierung und das Internet oft schwarz-weiß ist:

Einige haben Angst vor Veränderungen und schreiben es – noch bevor irgendwas gestartet ist – gleich tot. Andere bejubeln jede Entwicklung und singen gleich den Abgesang auf die normalen Medien. Die Wahrheit liegt dazwischen. Aber das sind Phänomene, die wir in der ganzen Mediengeschichte haben.

Noch im 18. Jahrhundert wurde vor den körperlich schädigenden Eigenschaften des Romans gewarnt und vor seiner verderblichen Wirkung gerade auf die empfindsamen und leicht beeinflussbaren Kinder und Frauen. In den Anfangsjahren des Kinos hat es ärztliche Befunde gegeben, dass Film krank mache. Oder dass ein Schnitt von einer Kameraeinstellung auf die andere von Zuschauern nicht nachvollzogen werden könne. Sebastian Büttner, Geschäftsführer der Kölner Produktionsfirma Gesamtkunstwerk, hat festgestellt, dass »Menschen wirklich Angst haben, ihre bisherigen angestammten Formate zu verlieren«. Der Autor Oliver Hohengarten geht noch weiter:

Das ist eine Generationenfrage. In den Gremien im Fernsehen sitzen ältere Leute, die sich persönlich angegriffen fühlen, wenn man etwas Neues machen will und die alten Dinge überarbeitet. Dann heißt es schnell, Transmedia (was uns allen als Schlagwort ja nicht gefällt) sei ja nur eine Blase. Das würde ja ohnehin niemanden interessieren. Da ist schon eine – vielleicht sogar verständliche – Abwehrhaltung zu spüren.

Doch um es nochmals mit Sebastian Büttner zu sagen: »Das Internet ist aber keine vorübergehende Erscheinung.« Dieses Hypermedium wird bleiben und es wird uns und unsere Welt verändern. Lassen Sie uns die neun Stufen in Erinnerung rufen, die Kathrin Passig in ihrem Buch *Standardsituationen der Technologiekritik* herausgearbeitet hat. Demnach reagieren Einzelpersonen oder ganze Gesellschaften auf neue Erfindungen, Geräte und Ideen mit folgenden Argumenten:

Argument 1: »What the hell is it good for?« (IBM-Ingenieur Robert Loyds Kommentar zum Mikroprozessor 1968)

Argument 2: »Wer will denn so was?«

Argument 3: »Die Einzigen, die das Neue wollen, sind zweifelhafte oder privilegierte Minderheiten.«

Argument 4: »Das geht wieder vorbei.«

Argument 5: »Ein nettes Spielzeug.«

Argument 6: »Im Prinzip ganz gut, aber nicht gut genug.«

Argument 7: »Schwächere als ich können damit nicht umgehen.«

Argument 8: »Als Gegner einer Neuerung will ich nicht ungefragt mit ihr konfrontiert werden.«

Argument 9: »Es verändert unsere Denk-, Schreib- und Lesetechniken zum Schlechteren.«[9]

Doch beeinflusst die Digitalisierung unser Geschichtenerzählen wirklich zum Schlechteren? Wir haben sicherlich noch gar nicht begriffen, welche Möglichkeiten uns erzählerisch nun offen stehen. Sei es inhaltlich oder strukturell: Permanent entstehen neue Plattformen und damit immer mehr Möglichkeiten für Leser, Geschichten zu erleben. Immer neue Vertriebswege für die Geschichten werden möglich, und damit auch immer neue Chancen für Autoren, ihre Ideen an den Mann oder die Frau zu bringen. Häufig fehlt allerdings das Wissen darüber, wie man mit diesen neuen Geschäftsfeldern auch tatsächlich Geld verdienen kann. Schließlich, um das Bonmot der Kanzlerin einmal aufzugreifen, ist das Internet für uns alle ja noch Neuland. Serienschöpfer Tom Fontana meint:

To me, all of it feeds everything else. I often ask myself, ›What are the possibilities out there? What else is out there?‹ You want to keep challenging yourself and surprising yourself. I love what I do.[10]

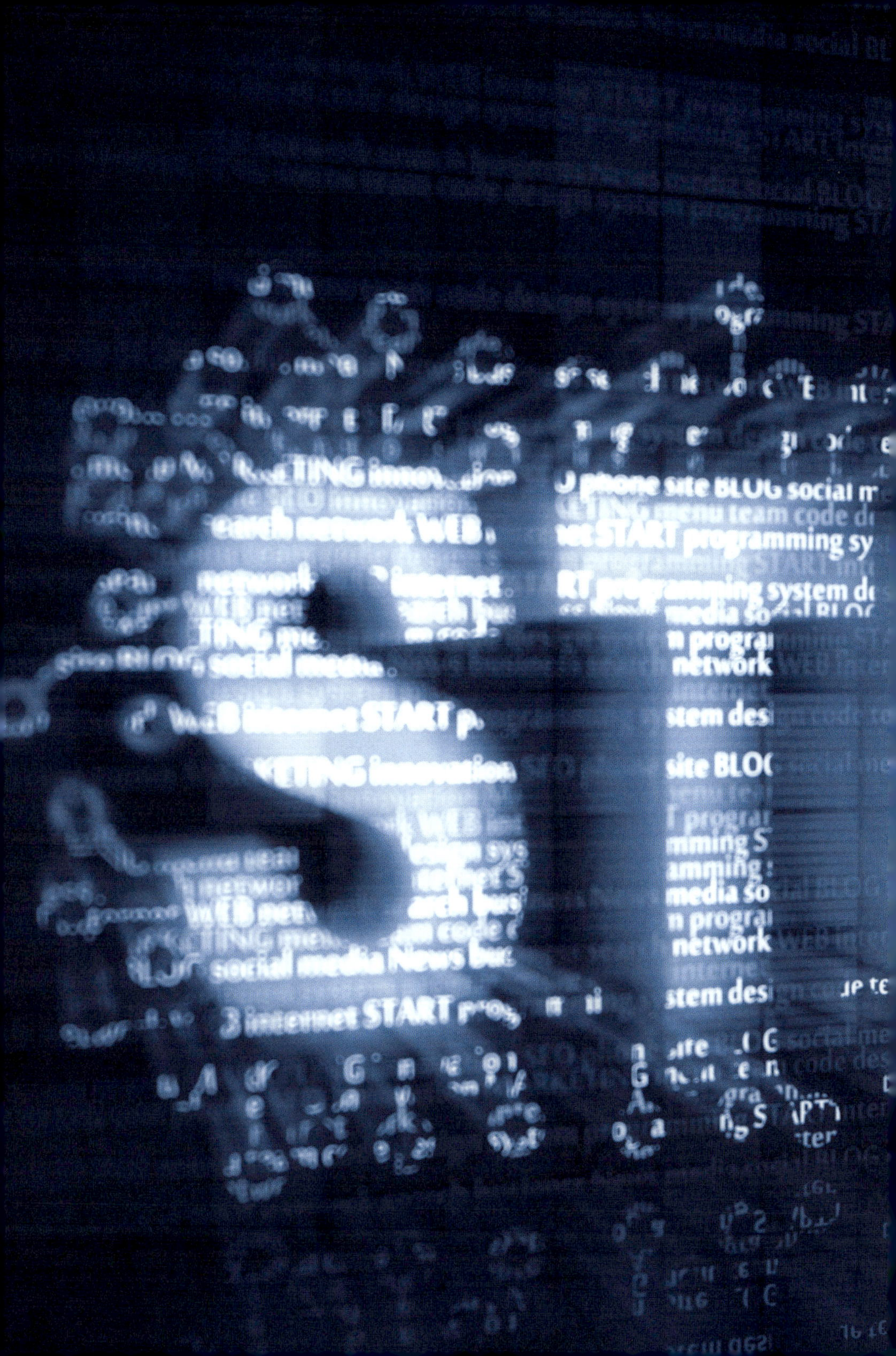

erzählen

2. Erzählen

Humans are not ideally set up to understand logic. They are ideally set up to understand stories.

(*Roger C. Schank,* Kognitionswissenschaftler)[11]

Warum erzählen wir uns eigentlich Geschichten? Nun, weil sie unsere Fantasie anregen. Weil sie Zuversicht geben. Weil sie moralisch sind. Weil sie Erklärungen liefern. Weil sie uns Neuigkeiten bringen. Weil sie Rat geben. Weil sie Warnungen aussprechen. Und weil sie **unterhalten**.

Der Erzählforscher Kurt Ranke spricht vom *Homo Narrans*. Es ist natürlich unmöglich, innerhalb eines kurzen Kapitels eine Kunst und ein Handwerk, die unsere Kultur und Gesellschaft seit Beginn an prägten, auf adäquate Weise zu reflektieren. Insofern wollen wir unseren Blick weniger auf die Vergangenheit richten als auf die Grundlagen des Erzählens und deren Zukunft. Denn die Art und Weise, wie wir Geschichten erzählen, ändert sich. Es sind nicht unbedingt die Inhalte. Es geht – damals zu Zeiten von Aristoteles wie heute – um Kampf und Konflikt. Es geht ums Überleben, um Erfahrungen, um Gefühle. Autor Oliver Hohengarten stellt fest: »Das, was immer noch alle eint, ist die Lust auf Geschichten. Aber der eine will sich dazu einen Kinofilm ansehen, der andere das über Facebook erleben und ein anderer wiederum das Ganze in einem Spiel erleben.«

Wir finden Geschichten in Medien wieder, die wir längst in ganz anderer Form in unseren Alltag integriert haben. So wurde das Telefon ursprünglich für Botschaften und Beiträge der Betreiberfirmen verwendet: Man konnte sich Konzerte anhören, oder sich Stadtnachrichten usw. übertragen lassen. Tim Wu, Professor an der Columbia Law School:

Even though the telephone originally was partially used for broadcast, it soon became the first media where the stories of its users mattered more than the company. Unlike radio, TV and film, instead of being about the stories told by the phone company, it was the stories told by people to each other that mattered. And to this day most people tend to prefer the stories of their friends to those of film and TV, at least based on the fact that people spend much more on telephones than on TV or movies.

Und wir finden Geschichten auch jetzt noch dort, wo wir sie nicht erwarten. Schauen Sie sich die amerikanische Internetseite www.exboyfriendjewelry.com an. Auf diesem Portal können Frauen die Schmuckstücke zum Verkauf anbieten, die ihnen von ihren Ex-Freunden, Ex-Verlobten oder Ex-Männern geschenkt wurden: Ringe, die sie zur Hochzeit oder zur Verlobung geschenkt bekommen haben, Ketten, die sie nach einem Seitensprung ruhigstellen sollten oder die angeblich seiner Großmutter gehört hatten. Jetzt – nach traurigen, deprimierenden oder irrwitzigen Erfahrungen mit den Ex-Partnern – wollen die Verkäuferinnen sie nur noch loswerden. Sie annoncieren mit Foto, Angaben zu Karat, Preis und so weiter, aber das wirklich Interessante sind die kleinen Geschichten, mit denen die Schmuckstücke präsentiert werden. Innerhalb weniger Sätze werden uns Interessenten ganze Dramen rund um Ehebruch, Verrat und Täuschung angeboten – und die Juwelen und Ringe bekommen eine völlig andere Bedeutung. Sie erhalten eine Geschichte. Damit steht nicht mehr der Schmuck im Vordergrund, sondern die Trennungsgeschichte. Das Drama ist der Sache also inhärent, und es wird in den einzelnen Angeboten noch weiter ausgebaut: Ob sich der Ehemann plötzlich als Schläger entpuppt, ob er sein Coming-out hat oder nach dem Afghanistan-Einsatz traumatisiert und beziehungsunfähig zurückkehrt – das Mitgefühl der Leser(innen) ist ihnen sicher. Denn sie erleben großes Kino, in wenigen Sätzen.

Konflikt ist der Motor jeder Geschichte. Wir tendieren dazu, Geschichten zu erzählen, weil das die Welt interessanter macht. Weil es spannender ist. Weil es bewegender ist. Weil die Dinge – wie zum Beispiel die Schmuckstücke – mit Bedeutung aufgeladen werden. Dabei geht es nicht nur um Sieg oder Niederlage. Denn zusätzlich zu all diesen Konfrontationen wird stets eine darunterliegende Geschichte erzählt, die sich mit *Emotionen* und zwischenmenschlichen Beziehungen beschäftigt. Denn »...letzten Endes geht es immer um Beziehungen und jeder weiß es. (...) Wenn du die Welt nicht für jemanden rettest, wofür rettest du sie dann?«[12]

Erzählen ist kein solitärer Akt, sondern ein Austausch. Selbst dann, wenn das Gegenüber im Moment der Kommunikation nicht da oder vielleicht auch völlig anonym ist. Man teilt bestimmte Informationen und Gefühle mit jemandem. Auf welche Weise und in welcher Form wir das tun, definiert uns, unsere Beziehung zu uns selbst, unsere Beziehung zu dem oder der Angesprochenen, unsere Beziehung zum Inhalt und zur Aussage der Geschichte. Neben dem Konflikt stehen daher immer auch die Emotionen im Mittelpunkt. Es ist nicht möglich, eine Geschichte ohne Emotionen zu erzählen. Vielmehr: Es ist ihr Sinn und Zweck, uns Zuhörer/ Zuschauer mit Gefühlen zu bewegen und die Botschaft dadurch »besonders« zu machen.

Dabei werden auch sachlich-nüchterne Informationen mit Emotionen aufgeladen. Sobald z.B. eine Nachricht rund um Angela Merkel und die EU-Finanzkrise verbreitet wird, wird diese – selbst in den klassischen Zeitungsmedien – dramatisiert. Denn im Kern laufen solche Berichte meist darauf hinaus, dass man einen Konflikt artikuliert: Wenn Merkel die Troika nicht überzeugt, dann ist ihre große Koalition in Berlin in Gefahr. Wenn Obama seine Gesundheitsreform nicht durchbringt, wird er nicht wiedergewählt. Das Schicksal eines Protagonisten wird jedes Mal in Frage gestellt. Dabei ist es völlig egal, ob es sich um Politik oder die Wirtschaft handelt. Auch bei Letzterer werden immer Geschichten rund um den drohenden Verlust der Arbeitsplätze oder den Umbau an der Konzernspitze erzählt. Auch hier geht es um Menschen und deren Konflikte.

Schaut man sich ein ganz anderes, sehr analoges und archaisches Genre an, so wird klar, dass die erzählerischen Prinzipien überall in unserer Kultur zu finden sind. Allein in der Sportberichterstattung: Wenn zwei Bundesliga-Mannschaften gegeneinander spielen, greift die Sportberichterstattung unweigerlich zwei Protagonisten heraus und stellt diese gegenüber: »Der Spieler zum ersten Mal gegen seinen Ex-Verein.« »Der Trainer, der um seine Entlassung kämpft.« »Die große Hoffnung, die endlich einmal reüssieren muss, um nicht im Topf der Totalversager zu enden.« Auf diese Weise wird versucht, das Spiel mit zusätzlicher Bedeutung aufzuladen, es noch spannender zu machen, indem mehr oder weniger existierende Konflikte aufgebauscht werden. Auch das (süd-)amerikanische Wrestling lebt davon, dass die Kämpfe mit kleinen (oder großen) Geschichten verknüpft werden. Diese Showveranstaltung überzeichnet die Konflikte ins Groteske. »Der Manager verrät seinen Kämpfer.« »Die beiden Ringteilnehmer sind Todfeinde – sie haben eine lange und schmerzvolle gemeinsame Vergangenheit.« »Der eine hat den letzten Kampf durch einen unfairen Trick gewonnen« (– und dies, obwohl Regelüberschreitungen zu diesem Sport gehören wie die seltsamen bunten Gymnastikanzüge...).

Die Art und Weise, wie wir Geschichte erzählen, hat sich grundsätzlich nicht geändert.[13] Seit Jahrtausenden nicht. Es geht um Konflikt, um Emotionen und um einen Helden im Zentrum des Ganzen, der ein Ziel erreichen möchte. In ihren Feinheiten jedoch hat sich die Narration natürlich stets den Medien und deren Entwicklungen angepasst.

> Die neuen Kommunikationsmittel sind bewundernswert, aber sie verursachen einen ungeheuren Lärm. Jeden Tag gibt es Neuigkeiten und noch mehr Neuigkeiten, die alle wieder verschwinden. Diese Informationsflut zerstört sich selbst. (...) Am Ende bleibt der Eindruck, dass nichts passiert.[14]

Haben wir tatsächlich eine Krise der Kommunikation, wie Michel Butor, der letzte Vertreter des französischen Nouveau Roman, befürchtet? Fest steht, dass wir mit immer größeren Mengen an Content konfrontiert werden. Natürlich kann niemand die 96.273 Bücher lesen, die allein 2011 in Deutschland veröffentlicht wurden – zumindest nicht in einem Jahr. Und die ganzen Amateur-E-Books sind da noch nicht einmal mitgezählt. Dabei übersieht man leicht die narrativen Entwicklungen, zum Beispiel den ersten Twitter-Roman[15]: Matt Stewart veröffentlichte sein Buch *The French Revolution* 2009 auf Twitter. In 140 Zeichen – insgesamt 3700 Tweets. Doch ist das wirklich neue Literatur? Eine eigene Erzählform? Ein neues Genre? Twitteratur?

Nein. Der Autor hatte seinen Text – nachdem dieser von zahllosen Verlagen abgelehnt worden war – in kleine Mini-Häppchen zerhackt und auf Twitter herausgebracht. Er hatte nicht von vornherein für dieses Medium geschrieben. Nach der ganzen Aufmerksamkeit, die ihm das Projekt gebracht hatte, kam es doch zu einem Verlagsdeal und Soft Skull brachte den Roman in Papierform heraus. Wofür er eigentlich erdacht worden war.

Und mal ganz ehrlich: Hatte überhaupt irgendeiner der enthusiastischen Journalisten an den Leser gedacht, der das ganze Werk (immerhin 306 Buchseiten) auf Twitter lesen wollte?

Anders sieht es bei dem Buch *Auf die Länge kommt es an* von Florian Meimberg aus. Hier hat der Autor kurze, wie er sie nennt »Tiny Tales« geschrieben und erzählt in ebenfalls 140 Zeichen (ganz offensichtlich von Twitter inspiriert) kleine Miniaturgeschichten: »Eng umschlungen blickten sie zur Decke. Pias Brautkleid lag vor dem Bett auf dem Boden. Sie schielte zur Uhr. ›Ich muss los. Zur Trauung.‹« Oder: »Der Direktor der First Federal Bank of Nigeria klappte sein Notebook zu. Er seufzte ratlos. Warum nur wollte niemand die 12,5 Mio. Dollar?« Auch in diesen Miniaturformen kann man schnell eine Dramaturgie entdecken, die offensichtlich auf eine unerwartete Wendung, eine Pointe am Ende hinausläuft. Ob so ein Leseerlebnis ein ganzes Buch trägt, mag dahin gestellt sein – erzählerisch interessant ist es in jedem Fall.

Natürlich hängt die Art und Weise, wie wir Geschichten erzählen, von den technologischen Möglichkeiten oder Beschränkungen ab. Ob wir früher am Lagerfeuer, durch Höhlenmalerei, mündlich über den Minnesang oder dann mit der Bibel erstmals in gedruckter Form erzählen, ob es stumme Schwarz-Weiß-Bilder oder 3D-Kinofilme sind, 30-minütige Fernseh-Sitcoms, stundenlange Machinimas oder Mini-Web-Serien – jede dieser Erzählformen wird durch das jeweilige Medium geprägt oder überhaupt erst möglich gemacht, wie eben auch der Twitter-Roman. Sven Sund, Geschäftsführer der Saxonia Media Filmproduktionsgesellschaft mbH Leipzig:

> Die Digitalisierung verschiebt das soziale Umfeld und verändert dadurch das Rezeptionsverhalten der Zuschauer. Viele Ereignisse erreichen uns gleichzeitig auf verschiedenen Kommunikationsmedien. Der Informationsfluss ist schneller. Inhalte sind gleichzeitig auf verschiedenen Medien abrufbar und der Zuschauer entscheidet über seine Zeit. Der multimediale Inhalt folgt den Personen und damit folgen auch die Geschichten den Zuschauern.

In den Zeiten (technischen und) gesellschaftlichen Wandels stellen sich immer auch Fragen, auf die es noch keine Antworten gibt. Gundolf Freyermuth, Professor für Ästhetik und Kommunikation:

> Erzählen – ob nun literarisch oder audiovisuell – konstruiert Modelle für mögliche Antworten. Der Aufschwung des realistischen Romans in der Mitte des 19. Jahrhunderts fiel denn auch in die Zeit, als die Industrialisierung in den Alltag eindrang und die moderne Großstadt entstand. Zu Beginn des 20. Jahrhundert offerierte dann der Film mögliche Antworten auf drängende Probleme, die sich mit der zweiten Phase der Industrialisierung stellten, der Elektrifizierung und Automobilisierung. Etwas Ähnliches erleben wir heute: Transmediale Produktionen reagieren auf neue ästhetische Bedürfnisse, die mit Virtualisierung und Vernetzung entstehen, und sie suchen Antworten auf eine Vielzahl offener Fragen.[16]

Bislang hat jedes neue Medium eine neue Erzählform ins Leben gerufen: Der Buchdruck Mitte des 15. Jahrhunderts hat die Zeitung hervorgebracht und den Roman schließlich entscheidend verändert. Die Erfindung der Filmkamera Ende des 19. Jahrhunderts führte nach ein paar Jahren wilden Experimentierens schließlich zum Kinofilm und zu den ersten seriellen filmischen Formen. Die technische Möglichkeit, mehrere Filmspulen hintereinander abzuspielen, hatte zur Folge, dass die Geschichten länger und länger wurden (bis sie schließlich beim Monumentalfilm ihre natürliche Grenze überschritten). Oder beim Tonfilm: Er machte die Dialog-Cards, mit denen die Stummfilme arbeiteten, überflüssig. Oder dem Fernsehen, das durch seine Werbepausen die Geschichten zerschnitt und in drei, vier, fünf oder mehr Elemente unterteilte. Trotz seiner Wurzeln im Kino war es letztlich das Fernsehen, das der Serie als solche zur Blüte verhalf und dann mit dem Genre der Sitcom etwas absolut Eigenständiges erfand. Und die neue Konsumentenhaltung, Fernsehserien auf DVD oder im Internet gleich staffelweise zu schauen und ein ganzes Wochenende »in« einer Serie zu verbringen, birgt wieder neues Potenzial für die Erzähler und Macher dieser Formate.

Nach der Moderne und ihrer Technikfixierung hatten manche schon vom Untergang der Geschichten geunkt, doch die technische Entwicklung führte zum Gegenteil: »If modernism questioned the survival of stories, postmodernism sees stories everywhere. Postmodernism has reinvented stories beyond the dreams of the most folklorists.«[17]

Jedes Mal, wenn es ein neue technische Entwicklung gibt, brauchen wir eine gewisse Zeit, bis wir herausfinden, wie man diese erzählerisch am besten nutzen kann. Von der Erfindung der Druckerpresse bis zum Roman dauerte es 150 Jahre. Von der Erfindung der Kamera bis zum Film, der eine Geschichte erzählte und nicht nur einen einfahrenden Zug oder ein galoppierendes Pferd ablichtete, dauerte es 35 Jahre. Von der Erfindung des Fernsehens bis hin zu seiner ersten, ureigenen Erzählform, der Sitcom, dauerte es 30 Jahre. Wir werden vielleicht nicht so lange brauchen, bis wir die Auswirkungen der Digitalisierung narrativ einarbeiten, aber in einer Experimentierphase sind wir definitiv noch. Autor Oliver Hohengarten:

> In den ersten Tonfilmen wurde andauernd geredet. Irgendwann aber hat man festgestellt, dass man eigentlich auch wieder mal schweigen und sich auf die Bilder verlassen könnte. Auch in der Anfangszeit von Technicolor wurde alles bunt zugekleistert, bevor man irgendwann wieder bewusster damit umging. Genauso wird es mit den neuen technischen Möglichkeiten des digitalen Erzählens sein.

Es entstehen zurzeit viele neue Erzählformen, aber in der Mehrzahl haben die Impulse dafür ihren Ursprung nicht im kreativen Potenzial, das die neuen Medien den Schöpfern eröffnen, sondern in der Angst: »All this experimentation is taking place against the backdrop of a stark and uncomfortable fact: conventional entertainment isn't working the way it used to be.«[18] Doch die Digitalisierung ändert dies nun. Ändert alles.

> All media starts with an author saying, »Please take this seriously« (...) It's the first in a long series of steps in the birth of a new medium. It's not movies on the web. It's not interactive TV. It's the way the internet wants to tell stories.[19]

Das Internet nun tut als erstes Medium so, als könne es alle anderen Medien darstellen, oder vielmehr: *sein*. Es ist Text, Musik, Bild und alles gleichzeitig. Es ist nonlinear und dank des Konzepts des Hyperlinks gleichermaßen komplex wie zerfasert. Bevor das Internet völlig neue, eigenständige Formate entwickelt hat, hat es wie jedes andere neue Medium zunächst einmal alle bestehenden Formate einfach nur abgebildet. Am Anfang war es kaum mehr als ein neuer Vertriebsweg für Zeitungen, Musik usw. Ängstlich starrt nun die Buchbranche auf das E-Book und die damit zu befürchtenden Verluste. Sie haben den Zusammenbruch der Musikindustrie vor Augen, der durch die Peer-to-Peer-Netzwerke ausgelöst wurde. Paradoxerweise hat aber genau das Internet auch wieder zu einem ersten Wachstumsschub in dieser Branche gesorgt. Nachdem die Musikindustrie in ihrer Krise zunächst nach anderen Erlösfeldern gesucht hatte – und diese in Konzerten gefunden hat – hat man endlich Erlösmodelle im Internet gefunden, die tatsächlich tragen. Und es hat lange gedauert, bis man im wesentlichen Punkt umgedacht hat: Man muss aufhören, das Internet zu bekämpfen. Und man muss beginnen, sich auf die neuen Ideen im Netz einzulassen. iTunes war der Vorläufer, ihm folgten Spotify, Deezer oder Pandora. 2013 haben alle Streaming-Dienste zusammen bereits 20 Millionen zahlende Kunden – doppelt so viel wie im Jahr zuvor.

Das Netz muss nicht nur eine Bedrohung für etablierte Geschäftsfelder darstellen: Andere – vormals eher wohlwollend akzeptierte, aber mit wenig Enthusiasmus genutzte Medien befinden sich durch das Internet plötzlich im Aufwind: Das Radio hat über diesen Vertriebsweg zu ganz neuen Hörern in aller Welt gefunden. Und nicht nur das – die Entwicklung, die wir bei der Digitalisierung aller anderen Medien beobachten, findet auch hier statt: Plötzlich schießen Radiostationen aus dem Boden, spielen Nutzer Moderatoren, und es gibt Platz für neue, unkonventionelle und schräge Formate. Web-Serien-Macher Aaron Yonda ist begeistert:

> Radio is thriving. The latest thing right now is watching live shows on the internet. We do a live 3-4 hour Beer and Board Games show that gets a decent audience. Viewers spend their Friday or Saturday night watching us play board games and drink!

Nicht nur der Normal-User widmet sich der neuen Radioform, es bilden sich auch neue Geschäftsmodelle wie Last.fm oder spotify, die den Hörer (mehr oder weniger) zum Aktivposten machen. Neben solchen Businessmodellen gibt es viele, die an der Schnittstelle User/Geschichte ansetzen – auch an ganz überraschenden Orten. Sven Sund, Geschäftsführer der Saxonia Media:

> Wir müssen die Geschichten den Endgeräten und den Rezipienten anpassen. Wir erzählen zukünftig Geschichten, die in einem komplexen interaktiven, vernetzten Lebensraum spielen und zu erleben sind. Der Entertainment-Charakter rückt mehr in den Blickpunkt und das aktive Mitmachen der Zuschauer wird ein Teil der modernen multimedialen Erzählform werden. Begriffe wie Facebook Documentary, social benefit Storytelling, Graphic Novel Story, Participative Drama Serie, Second Screen Story gab es vor zehn Jahren noch nicht. Wer die Medienkonvergenz versteht und einsetzt, wird auf dem Medienmarkt bestehen.

Früher war die Welt der Geschichtenerzähler analog: Sie war bei Gutenachtgeschichten, Telefongesprächen oder dem Schwank in der Kneipe auf ein direktes Miteinander fokussiert, mit Menschen, die man kannte oder denen man in der Realität begegnete. Geschichtenerzählen im Roman oder im Film war Professionellen vorbehalten. Nur sie konnten Plots schaffen, die über die Vertriebswege von Verlagen, über Radiosendungen oder Kinosäle ein breites Publikum erreichten. Heutzutage ist das anders. Die digitale Welt hat unzählige Möglichkeiten geschaffen, Geschichten zu erzählen. Ob über Chats, Twitter, Tumblr, Flickr, Facebook usw., die Zahl der Nutzer dieser Dienste und Angebote steigt unaufhörlich. Und die Angebote entwickeln sich weiter:

> Wenn Web 2.0 Aggregation und Syndikation bedeutet hat, dann bedeutet Web 3.0 Vermenschlichung und Personalisierung. Nicht mehr Maschinen oder eine anonyme

Masse stellen die Inhalte für uns bereit, sondern Menschen, die uns interessieren. Technisch gesehen ist dieses Web 3.0 das Follower-Prinzip.[20]

Wir folgen als Freunde oder Bekannte anderen, denen wir unser Vertrauen schenken. Und sei es auch nur das Vertrauen, dass diese uns amüsieren werden. Damit ist auch eine Demokratisierung der Information und Unterhaltung verbunden, wie Autor Karl Olsberg bemerkt: »Heute bestimmen nicht mehr wenige Verlage, Musiklabels oder Fernsehsender, was angesagt ist. Jeder kann über Nacht zum Megastar werden. Damit werden die etablierten Machtstrukturen infrage gestellt.«

Wenn man die Presse zu den technischen Entwicklungen des Netzes verfolgt, so drängt sich stellenweise der Eindruck auf, dass es nur um die Tools geht – doch das ist nicht die Wahrheit. Es geht um den Menschen, der das Tool benutzt. Und daher um die Art und Weise, wie Menschen diese Tools nutzen, um sich miteinander auszutauschen. Facebook dient eigentlich zu nichts Weiterem als Geschichten zu erzählen. Sind es nicht unfassbar viele Menschen, die dort Tag für Tag an ihrem Figurenprofil feilen, die an ihren Eigenschaften arbeiten, sich Freunde, Unterstützer, Mentoren oder Love Interests suchen und dabei auch auf Gestaltwandler, Trickser und Antagonisten stoßen? Betrachtet man die Inhalte, über die sich die User von Facebook[21] austauschen, findet man an erster Stelle Geschichten über das Reisen (42%), über Umzüge (18%) gefolgt von insgesamt 20% von Geschichten über das Dating, die Hochzeit, die Geburt der Kinder und die Verlobung. Und schließlich die unzähligen Geschichten über gebrochene Knochen, neue Tätowierungen usw. Jede Menge Potenzial für Konflikte und Emotionen, nicht wahr? Kein Wunder, dass Facebook die Kraft der Geschichten für sich entdeckt hat und *Facebook Sponsored Stories* anbietet, mit denen Werbetreibende ihre Zielgruppe noch besser ansprechen können.

Doch auch sonst wendet sich das Netzwerk den Geschichten zu: Unter www.facebookstories.com können User ihre Geschichten hochladen. Diese sollten einen außergewöhnlichen oder emotional berührenden Umgang mit dem sozialen Netzwerk beinhalten. Was im Grunde genommen eine klassische Marketing-Maßnahme im Sinne von Storytelling (vgl. Kap. Viral Spots) ist, wird im sozialen Netzwerk noch einmal potenziert und die Mechanik des Geschichtenerzählens an die Nutzer weitergegeben. Schlau. Und damit die Geschichten nicht diffus ausarten, gibt es jeden Monat einen bestimmten Fokus: »Erinnern« beispielsweise. Facebook entscheidet, welche Geschichte veröffentlicht wird. Das Netzwerk moderiert also und nimmt letztlich den Gestus eines Verlages ein – nur dass die Autoren für ihre Geschichten nicht bezahlt werden. Twitter hatte Ähnliches schon mit Twitter Stories versucht.

Wir erzählen Geschichten, weil sie soziale Bindungen schaffen. Wenn wir Geschichten erzählen, machen wir uns interessant. Wir bekommen Aufmerksamkeit, wir bekommen Reaktionen, vielleicht Bewunderung, vielleicht einfach nur den Ruf, ein netter Kerl zu sein. Oder amüsant. Wir stärken unsere Stellung innerhalb der Gesellschaft.

> Wir teilen unsere Geschichte, wir kommentieren Geschichte, wir folgen Geschichten. Denn Menschen sind soziale Wesen. (...) Die Technologien des Internets und der Social-Network-Dienste basieren auf Verbindungen zwischen virtuellen Identitäten und erweitern unsere sozialen Strukturen im Netz.[22]

Das digitale soziale Miteinander unterscheidet sich jedoch vom Miteinander in der »echten« Welt: In sozialen Netzwerken kommunizieren wir häufiger als mit echten Begegnungen. Und wir neigen dazu, unsere Beziehungen oberflächlicher zu gestalten, wie Mark Gasser feststellt. Aber Aktivitäten in Onlinemedien ergänzen eher die Kommunikation, als dass sie sie ersetzen würden. Jeder kann das nachvollziehen, der einen Freund erreichen will, der sich eine Auszeit in Neuseeland nimmt, oder wegen eines beruflichen Projekts in ein anderes Land versetzt wurde. Gasser prognostiziert, dass »in nächster Zeit vor allem die Online-Medienkategorien E-Mail und synchrone Online-Dienste in der Kommunikation über weite Distanzen das Telefon als soziale Kommunikationsmedien verdrängen könnten«.[23]

Laut der AGOF-Zahlen (Arbeitsgemeinschaft Online Forschung e.V.) folgt beispielsweise im Mai 2013[24] auf Platz drei nach T-Online und Ebay das Portal gutefrage.net – eine Plattform, auf der sich User untereinander austauschen und ihr Wissen zu diversesten Fragen preisgeben können. Natürlich geht es in erster Linie um Wissensaustausch – aber erzählt nicht beinahe jede Frage auch eine Geschichte? So werden die Fragen häufig mit einem emotionalen Hintergrund formuliert, der zum einen einen Konflikt (»Kann man die Polizei rufen, wenn die Eltern einen rauswerfen?«) und zum anderen eine Haltung (»Ich bin verzweifelt...« oder »Was soll ich machen? Ich wollte das nicht!«) artikuliert. Hinter den meisten dieser Einträge verbirgt sich eine Geschichte – ob mit geringer oder großer Fallhöhe (»Muss ich unschuldig hinter Gitter?«), die teilweise sogar zuende erzählt wird. Bisweilen gibt es am Ende des Threats eine Antwort des ursprünglichen Fragestellers, die vom Ausgang oder den Konsequenzen des Ratschlags erzählt. Nicht immer ist es ein Happy End. Aber so gesehen verbirgt sich hinter dem Portal eine unfassbar große Quelle von Geschichten.

In den »alten« Medien hatte der Autor immer die Kontrolle über sein Werk – zumindest in der Form, in dem man ihm diese Kontrolle zuvor strukturell eingeräumt hatte: Ein Romanautor hat einen größeren Einfluss auf seinen Text als ein Drehbuchautor beispielsweise. Die Schleusen, durch die ein Script hindurch muss, bevor es als Film das Licht der Welt erblickt, sind aufgrund der vielen Beteiligten größer als bei literarischen Texten, bei denen meist nur der Autor selbst und der Lektor des Verlags beteiligt sind.

Der wesentliche Unterschied zwischen den »alten« Medien und dem Internet besteht jedoch darin, dass die Kommunikation nicht mehr nur in eine Richtung verläuft – vom Autor hin zum Publikum –, sondern nun auch in die andere Richtung. Bislang war der Leser immer in der passiven Rolle gewesen Er nahm auf, ließ sich unterhalten und seine Einflüsse auf die Geschichte oder das Verhalten des Autors waren gering. Zumeist waren die Werke schon vollständig abgeschlossen, wenn sie als Buch oder Film das Licht der Welt erblickten. Der Leser konnte Leserbriefe schreiben und allenfalls die nächste Veröffentlichung prägen – sehen wir einmal von den Zeitungsromanen ab: Hier legte es zum Beispiel Alexandre Dumas darauf an, möglichst viele Leser nicht nur zu erreichen, sondern Woche für Woche bei der Stange zu halten. Die Welterfolge *Der Graf von Monte Christo* (1844/45) und *Die Drei Musketiere* (1844) erschienen in zwei verschiedenen Zeitungen und wurden mit Helfershelfern verfasst. Die Merkmale waren klar: ein weit gefasstes, aber spannendes Sujet mit einer großen Fallhöhe. Einen übergreifenden großen Spannungsboden und viele kleine Spannungsbögen, die die einzelnen Episoden strukturierten. Eine große Zahl von Figuren und Schauplätzen und letztlich eine Vielzahl von Überschneidungen und Kreuzungen der einzelnen Handlungen.

Auch Charles Dickens schrieb seine Weltromane *Oliver Twist* oder *Martin Chuzzlewit* als Fortsetzungsromane und stellte den Vorteil einer solchen Veröffentlichung fest: Da die Verkaufszahlen von *Martin Chuzzlewit* anfänglich nicht so hoch waren wie bei seinen anderen Büchern, reagierte Dickens mitten im Schreibprozess und verlagerte die Handlung kurzerhand nach Amerika. Das steigerte den Erfolg, wenngleich der Titel nie an die Verkaufszahlen der anderen Erfolge herankam. Doch etwas Wesentliches tritt hier zutage: das unmittelbare Feed-back.

Das digitale Erzählen öffnet sich wieder den Rückkanälen, die wir in der Steinzeit am Lagerfeuer hatten – nur dass es heute nicht mehr den Stammesältesten gibt, den man nicht zu unterbrechen wagt. Stattdessen sind die Zuhörer oder Leser heutzutage selbst aufgerufen, sich zu beteiligen: »In der klassischen Sender-Empfänger-Struktur war die Autorschaft geklärt. Aber digitale Medien stellen diese Gesetzmäßigkeiten auf den Kopf. Aus dem Rezipienten wird ein Ko-Autor.«[25]

Die Nutzer antworten. Ob der Autor will oder nicht. Waren die Nutzerkommentare früher auch schon möglich, hat sich ihre Wirkung verstärkt: Was ist ein Beschwerdebrief an einen Fernsehsender im Vergleich zu einem digitalen Shitstorm, der durch die Anonymität im Internet und die oftmals mangelnde Netiquette eine ganz andere Wucht erhält?

Die Intensität und Leidenschaft, mit der sich Menschen in Form von Geschichten im Internet beteiligen, lässt sich etwa auf der Website http://*harrypotterfan-*

fiction.com beobachten. Dort heißt es in der Selbstbeschreibung zu Anfang: »the oldest, (and best) unofficial dedicated Harry Potter Fanfiction site on the net. Founded in February 2001, we currently hold over 74,000 stories and receive, on average over 50 million hits per month«. Zwischen 2009 und 2012 sind ca. 25.000 Geschichten und 10 Mio. Zugriffe im Monat dazugekommen. Und das, obwohl die Harry Potter-Serie von ihrer Ursprungsautorin auszerzählt ist.

All dies wird in sogenannten Crowdfunding-Aktionen auf die Spitze getrieben. Professorin Inga von Staden: »Einige der Medienarchitekturen und Formate sind co-kreative Erfahrungen. Der User wird in die Entwicklung der Welt und die Produktion der Medienderivate einbezogen.«[26] Claudia Pelzer vom Ufa Lab Cologne betont, »dass der gesamte Entstehungsprozess transparenter für den Nutzer werden muss und mehr auf seine Bedürfnisse eingegangen werden muss. Er sollte (mit) entscheiden, was wie umgesetzt wird und daran partizipieren. Das bringt auch Vorteile für die Inhalteproduzenten (Stichwort Publicity & Proof of Concept)«.

Natürlich haben die Medien die Chancen und Möglichkeiten des Austauschs mit dem Publikum schnell erkannt. Nachrichtenportale im Internet bieten fast immer eine Plattform, auf der die User kommentieren oder sich austauschen können. Die Werbung setzt auf den Mitteilungsdrang der Konsumenten und die Sender haben in der Mehrzahl ihre Klagen gegen die Fans eingestellt, die sich den Figurennamen von Serienfiguren auf Twitter und Facebook bemächtigt haben und dort als *Don Draper* usw. kommunizieren. Generell haben die großen Medienkonzerne durch Desaster wie die sogenannten *Potterwars* gelernt, dass die jugendlichen Fans nicht durch Abmahnungen davon abzuhalten sind, ihre Fanseiten weiter zu betreiben:

> The bigger lesson is, don't attack the audience for trying to connect with a story you hold the rights to. (...) People tell and retell stories they love because that's what humans do. (...) They want to go deeper. They'll want to imagine themselves in it, retell it, make it their own. And the more powerfull the connection, the less likely they'll be to submit to a demand that they cease and desist.[27]

Hinzu kommt, dass das Internet und seine Möglichkeiten eine ganz andere Rückverfolgung des Zuschauerverhaltens möglich macht: Sebastian Büttner, Geschäftsführer der Kölner Produktionsfirma *Gesamtkunstwerk*:

> Bei den Internetzahlen haben wir im Gegensatz zu den Fernsehquoten ganz genaue Werte. Wir können genau feststellen, wer sich wie aktiv beteiligt und wie viele wir tatsächlich erreichen. Die User haben sich registriert und sozusagen einen Vertrag mit uns geschlossen. Wir wissen, wie weit sie in die Geschichte vorgedrungen und wie lange sie dabei geblieben sind. Im TV kann man nicht wissen, was die Zuschauern machen, während die Sendung läuft – ob sie zusehen, schlafen oder im Internet surfen.

Ohne eine Huhn-oder-Ei-Diskussion führen zu wollen, das Verhalten des Zuschauers wird natürlich auch durch das Angebot geprägt – und das Geschichtenerzählen hat sich durch das Internet bereits massiv verändert. Büttner: »Es ist nicht mehr wie früher, dass die Leute alle gemeinsam in einem dunklen Kinosaal sitzen und die Wochenschau gucken – und am Ende haben alle zur gleichen Zeit dieselben Informationen bekommen. Heutzutage hat sich alles auseinander dividiert. Es ist ein Dschungel geworden – ein aufregender, ein schöner Dschungel«. Der Autor Karl Olsberg spitzt es zu:

> Wir nehmen heute Nachrichten und Ereignisse nicht mehr eindimensional und homogen – aus einer Quelle, aus einem Medium, in einer konsistenten Erzählweise – wahr, sondern multidimensional und fragmentiert. Das Extrembeispiel sind sicher SMS und Twitter, aber auch YouTube, Facebook und Blogs liefern uns eher Informationssplitter als konsistente Geschichten.

Vornehmlich könnte man also glauben, digitales Erzählen heißt Erzählen in kleinen Einheiten. Alle Formate werden anscheinend immer kürzer. Die Folge einer Webserie ist nicht wie die normale Fernsehserie 45, sondern nur noch wenige Minuten lang, der Viral Spot noch kürzer. Das scheint der verringerten Aufmerksamkeitsspanne der Zuschauer entgegenzukommen. Man kann dies positiv und die Chancen darin sehen. Karl Olsberg:

> Ich glaube, dass sich auch die Fiktion diesem Trend zum Fraktalen anpassen wird und dies teilweise schon tut – wenn z.B. eine Geschichte zeitgleich als Buch, Film, Computerspiel und Merchandise-Artikel veröffentlicht wird oder wenn Romane in mehreren Fragmenten erscheinen.

Dass die Konsumenten sich (wie Untersuchungen zeigen), nur noch auf viel kürzere Zeitspannen konzentrieren können, nicht nur, was Bewegtbilder angeht, bleibt allerdings nicht ohne Probleme: Einer Studie des Poynter Institutes[28] nach, die sich auf das Lesen von Artikeln konzentriert, werden Artikel in Zeitungen im Tabloid-Format (also eher kleinformatige Boulevard-Zeitungen) zu 57% gelesen, bei Zeitungen im Broadsheet Format (also die ganz klassische großformatige Qualitätszeitung) zu 62% und bei Online-Ausgaben werden 77% des Artikels konsumiert. 63% der Artikel lesen Online-Leser zu Ende. Das mag vielleicht auf den ersten Blick enttäuschend wirken, allerdings wird kaum ein Artikel (und auch die wenigsten Formate) bis ganz zu Ende konsumiert (Broadsheet 40% und Tabloid 36%). Das Gleiche gilt für das Fernsehen: Auch hier wird kaum eine Sendung von Anfang bis Ende konsumiert.

Solche verkürzten Aufmerksamkeitsspannen sind auch einer der Gründe dafür, dass die Werbung bei YouTube und ähnlichen Portalen stets am Anfang eines

Clips steht – und nicht etwa wie beim Fernsehen o.Ä. – in der Mitte des Formates platziert ist. Es besteht online die Befürchtung, dass der Zuschauer dann wegschaltet.

Allerdings ist diese Art des Werbeeinsatzes kontraproduktiv zu einem anderen wesentlichen Punkt, auf den Steve Rubel[29] in seinen *Attentionomics* (von sozialen Netzwerken) hinweist: Inhalte, also Content, gibt es in unendlicher Form. Endlich ist dagegen aber unsere Aufmerksamkeit. Dies bedeutet, dass sich jede Marke und jeder erzählerischer Inhalt mit einer Vielzahl von Konkurrenten messen lassen muss. Also muss man den Zuschauer am besten *sofort* mit seiner genialen Grundidee packen. Aber wie geht das, wenn ein Werbespot davorgeschaltet ist?

Doch davon abgesehen: Stimmt es überhaupt, dass die Formate immer kürzer werden? Die angesprochenen Fernsehserien erfreuen sich mehr Beliebtheit als je zuvor, was unter anderem auch mit einem anderen Nutzungsverhalten zu tun hat. Sie werden auf DVDs konsumiert, in Onlinedatenbanken gekauft oder (illegalerweise) online gestreamt und viele Konsumenten verbringen ganze Wochenenden damit, sich eine lange Erzählung, sprich eine gesamte Staffel einer Serie anzusehen.

Gleiches gilt für Games, die immer schon meist einen längeren Zeiteinsatz des Spielers beanspruchen, zumindest in ihren erzählerisch komplexeren Varianten. Doch zwischen *Pacman* und *Uncharted* gibt es immense Unterschiede. Die Mechanismen und die Strategien der Games funktionieren immer ausgefeilter. Waren es früher eher technische Neuerungen, die zum Erfolg verhalfen, wie etwa das neue 3D-yxz-Feature, sind es jetzt immer wieder innovative Erzählformen und Perspektiven, die den Spieler überzeugen.

Denn eines wird derzeit oft vergessen, wie Oliver Hohengarten zu Recht anmerkt: »Wichtig ist, dass sich die Dinge aus der Geschichte heraus entwickeln. Dann achtet man gar nicht darauf, wie ein Effekt gemacht ist. Zurzeit experimentieren alle, aber oftmals nur um des Experimentierens willen.«

Welches (technische) Genre, welches Format, welche Plattform es ist, spielt demnächst vielleicht keine so große Rolle mehr. Sebastian Büttner bringt es gut auf den Punkt:

> Wir wollen neue, digitale Unterhaltung machen. Alles, was man in digitalen Sphären machen kann, wollen wir für Entertainment nutzen und daraus neue digitale Unterhaltungsangebote schaffen.

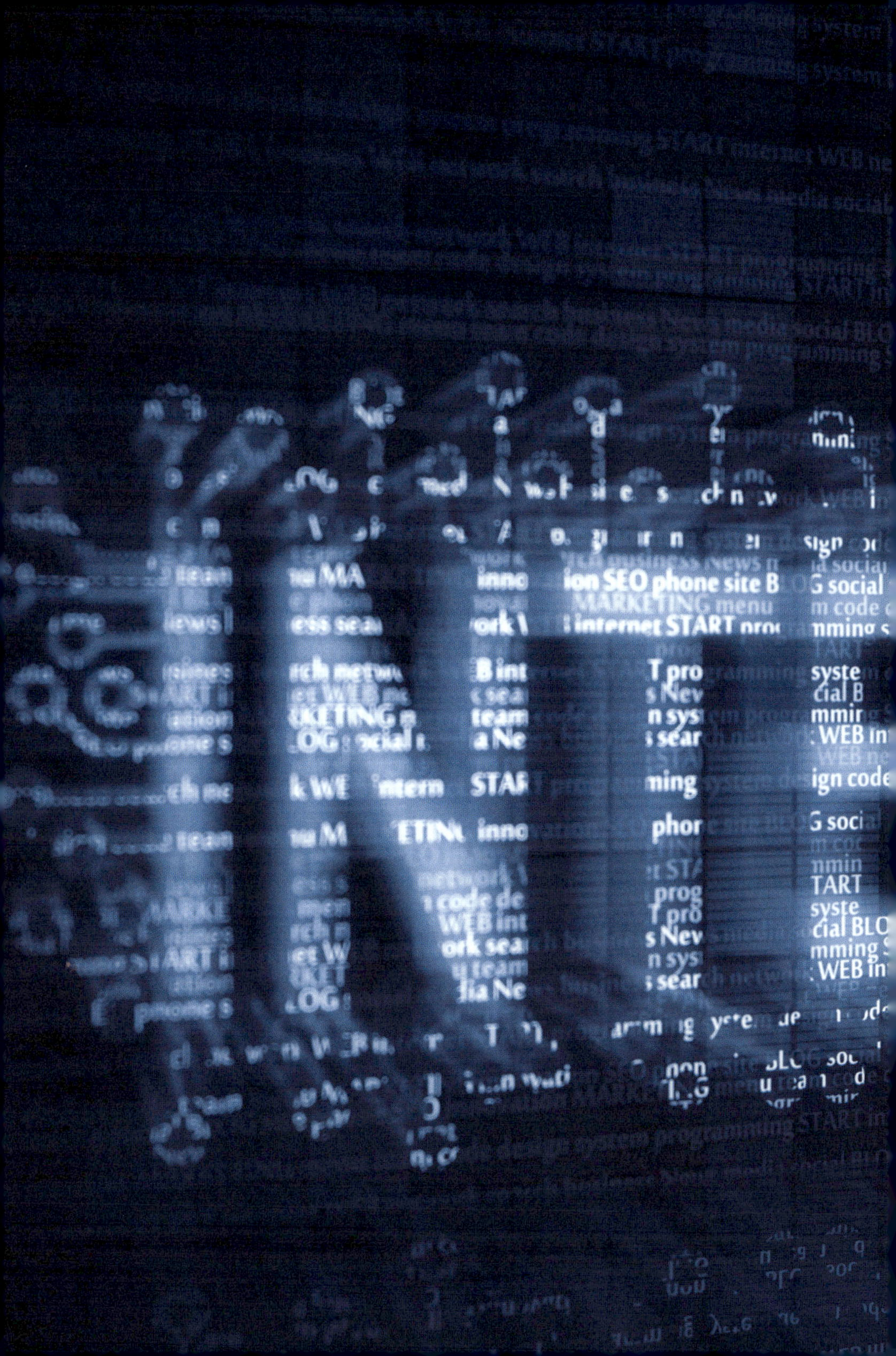

Zielgruppen
und Märkte

3. Zielgruppen und Märkte

Wir befinden uns in einer völlig neuen Situation. Die digitale Transformation reißt alle Mediengeschäfte mit.[30]

Bis jetzt ist das Internet mehr oder weniger frei. Tim Wu, Professor an der Columbia Law School, weist aber darauf hin, dass jede Informationstechnologie den gleichen Zyklus durchläuft: Sie beginnt als Hobby von jemandem und wird zur Industrie von jemand anderem. Sie entwickelt sich »from a freely accessible channel to one strictly controlled by a single corporation or cartel – from open to closed system«.[31] Dieser Zirkel verläuft über die Stationen *Invention, Open period, Dominant period* und schließlich *Stagnation.* Dies war bei allen transformativen Technologien des vergangenen Jahrhunderts der Fall, egal ob es das Telefon, das Radio, das Fernsehen oder der Film war.

Das Telefon, das Bell im Jahre 1876 erfand, hatte sich Anfang 1900 zum Zentrum eines unüberschaubaren Marktes in Amerika entwickelt. Rund 1.000 Firmen tummelten sich in dem offenen Markt und bauten sogar teilweise mit Hilfe von Stacheldraht ihre eigenen Telefonleitungen. Dass das Ganze nicht ohne technische Schwierigkeiten und Probleme vonstatten ging, führte zum Siegeszug von AT&T. Die Firma lieferte alles aus einer Hand und wurde zum bestimmenden Monopolisten. Ähnlich war es beim Radio, denn NBC wurde gegründet, um dem Chaos der Radiostationen Herr zu werden und ein Programm legal und fehlerfrei ausstrahlen zu können. Genauso der Film: 1918 gab es Dutzende Studios in den USA, ein offenes System, das Filme für die unterschiedlichsten Kleinstzielgruppen produzierten, bis Fox, Laemmle, Warner und Zukor ihre Studios gründeten und Content, Distribution und Exhibition aus einer Hand anboten. Ja, die Studios hatten damals ihre eigenen Kinosäle. Es sei nur am Rande darauf hingewiesen, dass Zensur natürlich dann viel einfacher ist, je organisierter ein Medienmarkt strukturiert ist. Die Frage wird sein, an welcher Position im Media Circle sich das Internet befindet.

Das ganze Web ist eine Beta-Phase. Es ist ständig in Bewegung, verändert sich und niemand weiß, ob das Projekt, was man vorbereitet, beim Start immer noch auf der richtigen Seite stattfindet. Oder auf der richtigen Plattform. Es gibt beispielsweise deutliche Anzeichen dafür, dass Facebook seinen Status als Kommunikationsplattform Nr. 1 verliert: Zwar hat das Netzwerk fünf Jahre nach seinem Start im August 2013 über eine Milliarde Mitglieder, jedoch steigen die Nutzerzahlen vor allem in den asiatischen und arabischen Märkten. In der westlichen Welt stagnieren sie, und wenn man die jungen Nutzer betrachtet, so ist hier gerade in den USA ein deutlicher Schwund festzustellen. Die Größe der Plattform wird zum Problem. Denn viele Teenies wollen nicht dort kommunizieren, wo sich verstärkt auch ihre Eltern oder Lehrer aufhalten. Zu groß ist die Gefahr, dass diese Dinge aufschnappen, die nicht für sie bestimmt sind.[32]

Die Veränderung im Netz könnte auch ganz andere Komponenten beinhalten: Nachher ist Facebook plötzlich ein kostenpflichtiges Angebot, Vimeo schränkt die Zugriffrechte ein und YouTube zeigt nur noch garantiert rechtefreies Material. Oder die Netzanbieter drosseln ihre DSL-Anschlüsse. Hinzu kommen andere Gefahren, oder, neutraler formuliert, Entwicklungen:

> Wir erleben, wie in aller Welt die Verbreitungsnetze und »Leitungen« die Macht über die Inhalte übernehmen. Und diese Netze sind gegenüber den transportierten Inhalten nicht mehr neutral wie in der Vergangenheit: Sie wollen ihre eigenen Inhalte …[33]

Die Streaming-Plattform Netflix produzierte mit *House of Cards* nun schon die zweite aufwendige Serie (vgl. Kapitel Web-Serie). Der Online-Versandhändler Amazon gab 14 Serienpiloten in Auftrag und hatte sich anhand der Kundenbewertungen für fünf Formate entschieden: die Polit-Comedy *Alpha House* und das Silicon-Valley-Nerd-Format *Betas*, die mit zehn Folgen in die Staffel gehen, und drei Kinderserien mit 26 Folgen.

Unsere herkömmlichen Medien kann man nicht mehr losgelöst vom Internet betrachten: Laut Marktforscher GfK stieg der Download-Umsatz von Musik, Spielen, Software, Filmen und Büchern im ersten Halbjahr 2012 in Deutschland um 60% gegenüber dem Vorjahreszeitraum. Mit 392 Mio Euro sorgt der Download-Markt mittlerweile für rund 10% aller Entertainment-Umsätze, wobei das größte Segment weiterhin die Musik ist. Die rasanteste Entwicklung weisen jedoch E-Books auf. Im Vergleich zum Vorjahreszeitraum verdoppelte sich ihr Umsatzanteil auf 11% (44 Mio Euro). Damit haben E-Books die Download-Anteile von Video und Hörbuch überholt. Was bedeutet das für die bestehenden Medien, für die Musik, die Buch- und die Filmbranche? Wird es einen Medienkampf geben?

Nun, wir sind mittendrin. Und das ist kein neues Phänomen. Die Plattenbranche hat in den 20er-Jahren äußerst vehement gegen das Radio gekämpft. Die Kinoindustrie hat sich in den 50er-Jahren gegen das Fernsehen aufgelehnt und in den 80er-Jahren gegen den Videorekorder. Hat der Film sich gegen diese Konkurrenzmedien durchsetzen können?

Sicherlich hat der amerikanische Filmmarkt auch im vergangenen Jahr mit 32 Billionen Dollar weltweit wieder einen Rekord eingestellt, die höchsten Zuschauerzahlen aber verzeichnete er im Jahre 2002. Anders gesagt: Die Menschen bezahlen mehr für die Filme – sehen aber weniger. Dies gilt auch für DVDs, deren Verkaufszahlen seit 2005 konsequent sinken. Die Ausgaben für Musik lagen 1999 weltweit bei 39 Billionen Dollar. 2010 waren es nur noch 23 Billionen Dollar. Sebastian Büttner sieht aber trotz der Begleitfolgen der Digitalisierung in Form von Raubkopien Hoffnung: »Bei einem interaktiven oder einem 3D-Film hat man aber wieder diese Einzigartigkeit des Kinoerlebnisses – und damit rettet das Internet bzw. die Digitalisierung das Kino wieder – und tötet es nicht.« Mag sein, aber das beschränkt sich leider nicht auf alle Filmerzählungen. Für die große Menge und ihre Vertreiber sieht es nicht so rosig aus.

Der Bundesverband Audiovisuelle Medien in Deutschland legte eine erschrecken-de Untersuchung vor: 2011 war der Jahresumsatz im Vergleich zum Vorjahr um weitere 6 % zurückgegangen, und erstmals lag die Anzahl der Verleihvorgänge unter 100 Mio. Nur ungefähr halb so viele Kunden wie noch vor zehn Jahren lei-hen heute noch Filme aus – zu wenige, um den Markt am Leben zu halten.[34] Der Online-Markt bedrängt den stationären Handel – aber es sind laut Rainer Ordegel vom Bundesverband Home-Entertainment vor allem die ca. 10 Mio Nutzer von illegalen Angeboten, die den Markt kaputt machen. Und nicht einmal mehr mit Erotik lässt sich das kompensieren: »Pornografie war immer ein solides Standbein der Branche, damit ließen sich über Jahrzehnte hinweg weniger umsatzstarke Titel in der Geschäftsbilanz ausgleichen. Seit drei Jahren ist das Geschäft mit porno-grafischen Titeln tot.«[35] Und selbst der Verband existiert mittlerweile nicht mehr.

Was aber, wenn das Internet nun das Leitmedium der letzten Jahrzehnte angreift? Das Fernsehen war unangefochtener Meinungsführer und -bildner und hat mit seinen erfolgreichen Sendungen die Gespräche am nächsten Tag in der Kanti-ne, auf dem Schulhof und einige Themen des Feuilletons bestimmt. Es steht zu vermuten, dass es diese Funktion in näherer Zukunft weiterhin innehaben wird – denn das Internet ist zu vielfältig, zu verästelt, zu »spartig«, als dass es mit ein paar wenigen Kanälen den breiten Mainstream ansprechen und damit eindeuti-ge Themen setzen würde. Oder? Frédéric Martell weist darauf hin, dass das eine Fehlannahme sein könnte:

> Paradoxerweise haben die Digitalisierung und das Internet den Mainstream eher gestärkt als geschwächt. Tatsächlich gibt es heute immer mehr Nischenprodukte, gleichzeitig sind aber auch Blockbuster und Bestseller erfolgreicher denn je.[36]

Was aber bedeutet das Internet für das Medium Fernsehen? Sehen wir uns die ak-tuellen Entwicklungen an, und die sind auf den ersten Blick beruhigend – für die Fernsehmacher: Denn das amerikanische Fernsehpublikum war niemals größer. Doch während die Fernsehnutzungsraten in den USA relativ konstant bleiben, lässt die Nutzung bei den jungen Zuschauern nach. Im Vergleich zum letzten Jahr um 32 Minuten pro Woche.[37] Vor allem aber ist der durchschnittliche Fernsehzu-schauer in den USA 51 Jahre alt. Der Durchschnittsamerikaner ist aber 37 Jahre alt. Das Fernsehpublikum überaltert – und es wächst aus der Gruppe heraus, die

die Werbeindustrie ansprechen will, die der 18- bis 49-Jährigen. Für Deutschland ergibt sich ein ähnliches Bild.

Auch die Zahl der amerikanischen Haushalte, die einen Fernseher besitzen, schrumpft – erstmals seit Jahren.[38] Aber dennoch heißt das nicht, dass weniger ferngesehen wird. Nur auf anderem Wege. Ein Beispiel veranschaulicht die veränderte Mediennutzung vielleicht: Viele meiner Generation mussten wie ich in ihrer Jugend ernsthafte Debatten mit den Eltern führen, ob sie einen eigenen Fernseher im Zimmer haben durften (ich habe am Ende gesiegt). Heutzutage werden diese Diskussionen nicht mehr geführt. Denn nicht mehr der Fernseher ist das Wunschobjekt der Teenager – heute ist es ein Laptop. Mit dem kann man schließlich alles machen: fernsehen, Filme sehen, Musik hören, kommunizieren …

Die ARD/ZDF-Studie Massenkommunikation 2010 zeigt den signifikanten Anstieg der Internetnutzung in den letzten zehn Jahren. Während Fernsehen mit 220 Minuten pro Tag in den letzten fünf Jahren auf höchstem Wert stagniert, verdoppelt sich die Nutzung des Internets auf 83 Minuten pro Tag.

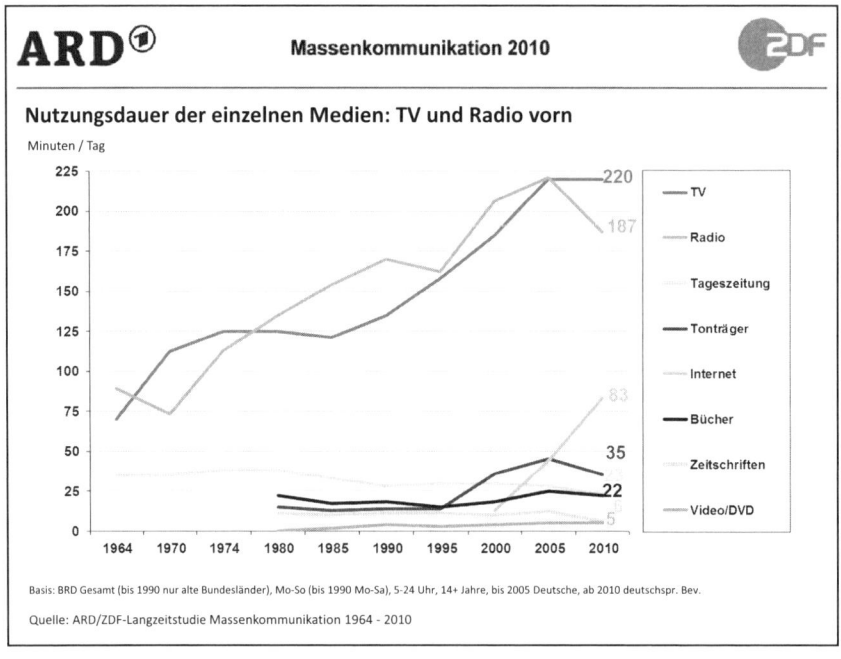

In: Engel, Bernhard/Ridder, Christa-Maria: Massenkommunikation 2010. Pressekonferenz, 9. September 2010, www.mediaperspektiven.de

Betrachtet man aber nur die jungen Nutzer zwischen 14 und 29 Jahren, so wird deutlich, dass der Fernsehkonsum auf 152 Minuten pro Tag sinkt und beinahe vom Internet mit 144 Minuten pro Tag eingeholt wird. Es ist mehr als wahrscheinlich, dass bei der nächsten Erhebung dieser Langzeitstudie 2015 das TV noch mehr verlieren wird. Viele Zuschauer wenden sich vom Fernsehen ab, weil sie im Internet spezifischer und ihren Interessen entsprechender informiert werden. Sie haben sofortigen Zugriff auf ihr Lieblingsnachrichtenmedium, ob es nun die *Bildzeitung*, die *taz* oder die *Zeit* ist. Selbstbestimmung, Autarkie und sofortige Bedürfnisbefriedigung sind in diesem Zusammenhang wichtige Begriffe.

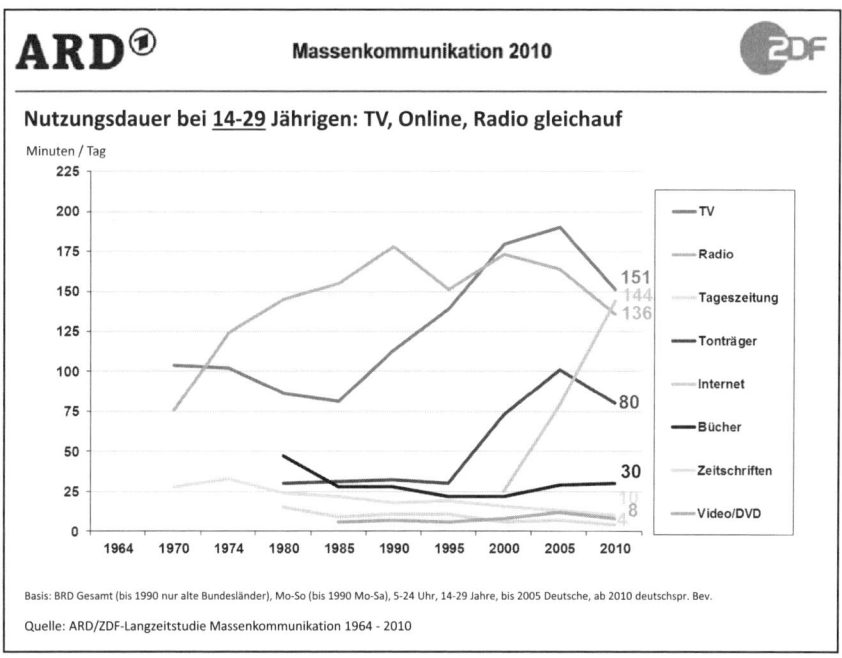

In: Engel, Bernhard/Ridder, Christa-Maria: Massenkommunikation 2010. Pressekonferenz, 9. September 2010, www.mediaperspektiven.de

Nichtsdestotrotz muss man die Untersuchungsergebnisse relativieren: Denn die ARD-ZDF-Online-Studie zeigt auch, dass für die wenigsten Jugendlichen das Internet ein Mitmach-Web ist, sie verbringen keineswegs all ihre Zeit damit, Content hineinzustellen. Der Austausch in den sozialen Netzwerken wird vor allem dazu genutzt, soziale Kontakte zu pflegen. Es herrscht eher eine passiv-konsumierende Einstellung vor: Nur 7% der Nutzer stellen selbst Inhalte ins Netz, 4% der jungen Nutzer bloggen, 3% twittern, und wenn man sich die Typologie der Nutzer anschaut, ergibt sich folgendes Bild[39]:

- Junge Hyperaktive 21%
- Junge Flaneure 12%
- E-Consumer 8%
- Routinierte Infonutzer 16%
- Selektivnutzer 18%
- Randnutzer 25%

Anders gesagt: 43% aller Internetnutzer gehören der Gruppe der Rand- oder Selektivnutzer an, die das Internet noch nicht in ihren Medienalltag integriert haben und nur wenige bekannte Angebote und Funktionen nutzen. In der Tat ist es wahrscheinlich, dass der Bereich der digitalen Medien und Techniken noch viele Jahre sehr viele unterschiedliche Nutzer und Nutzungsszenarien umfassen wird. Sebastian Büttner merkt an: »Die Grenzen zwischen dem bohemisierten Gadget-Freak und dem Landwirt, der ein altes Handy ohne Kamera und Flatrate sein Eigen nennt, wird es noch lange geben.«

Laut einer Studie der Zeitschrift NEON nutzen 28% der Befragten bis zu fünf Websites regelmäßig, d.h. einmal pro Woche. Sechs bis zehn Websites werden von den meisten (42%) regelmäßig besucht, 11 bis 25 Websites nur von 18%, und 12% nutzen mehr als 25 Websites. Damit finden wir hier eine Analogie zum Relevant Set wieder, das bei der Fernsehnutzung entscheidend ist: Zuschauer empfangen immer mehr Fernsehsender, doch sie nutzen im Durchschnitt nur rund 14 davon mehr als zehn Minuten im Monat. Mindestens 80% der Fernsehnutzung entfällt auf nur fünf Sender.[40]

Die Autoren der Studie stellen fest, dass es die *Digital Natives* gar nicht gibt: »… zumindest nicht in dem Sinne, dass es sich um eine homogene Horde von Hackern und Technikbesessenen handeln würde. Es gibt in der Gruppe der 18- bis 35-Jährigen eben Slacker, Streber, Langweiler, Mitläufe, Vordenker, Einzelgänger und Genies.«[41]

Aber bei allen Alarmrufen: Was passiert denn, wenn die jungen Leute, die sich jetzt im Internet herumtreiben, einmal einen festen Beruf ergreifen und Kinder bekommen? Haben sie dann noch Lust, ihre amerikanischen Lieblingsserien auf dem Laptop zu schauen? Oder kaufen sie sich dann doch wieder einen Fernseher? Oder wachsen die beiden Medien und die Konsumsituation untrennbar zusammen? Oliver Hohengarten sieht es positiv: »Das Fernsehen hat die jungen Zuschauer ans Internet verloren – aber vielleicht bekommt es sie über das Internet auch wieder zurück.«

Seit Jahren wird die Konvergenz der Medien beschworen, aber bislang hat sich hier noch kein Anbieter und kein Konzept durchgesetzt. Vor einigen Jahren gab es die Vision, dass sich die Fernsehnutzung auf den PC-Bildschirm verlagern wird.

Die Vorzeichen haben sich geändert – die PC-Nutzung scheint sich auf den TV-Bildschirm zu übertragen. Denn: Die Menschen wählen immer den größtmöglichen Bildschirm – oder aber den, den sie gerade zur Verfügung haben.

Jedes neue TV-Gerät wird mit der Möglichkeit zum Internetanschluss ausgeliefert, doch die Menschen »wechseln alle zwei Jahre ihr Handy, aber nur alle sieben Jahre ihr TV-Gerät«.[42] Es wird also dauern, bis sich die modernen vernetzten Fernseher durchsetzen und das *Connected TV* (dazu später mehr) zum Massenphänomen wird. Bislang sind die Ergebnisse eher mager: Die GfK fand im November 2011 heraus, dass zwar in jedem zehnten deutschen Haushalt ein internetfähiges TV-Gerät steht, aber nur 13% dieser Haushalte gehen darüber auch ins Internet.[43] Im Jahre 2015 werden nach einer Schätzung weltweit 60% aller neu ausgelieferten Fernseher sogenannte Connected TVs sein – sich also mit dem Internet verbinden können.

Natürlich ist es schön, auf seinem großformatigen Fernseher im Internet zu surfen – aber niemand möchte dabei eine große Tastatur auf den Knien haben. Die Versuche mit Gesten oder Sprachsteuerung sind bislang wenig überzeugend und allenfalls die Varianten mittels Smartphone o.Ä. scheinen ein demnächst gangbarer Weg zu sein. Vor allem, weil diese Geräte anscheinend kaum aus der Hand gelegt werden – Fernsehen und Internet werden immer stärker gleichzeitig genutzt: »Insgesamt surfen 77 Prozent der Internetnutzer in Deutschland mit Laptop, Smartphone und Co. während sie gleichzeitig fernsehen.«[44] Das könnte interessante Möglichkeiten für die narrative Verbindung der Screens bieten. Doch bislang haben, wie die Studie *Catch Me if you Can*[45] nachweist, die Inhalte und Services auf den beiden Screens nur bei 12% der Nutzungsvorgänge etwas miteinander zu tun. Also sind 88% der Vorgänge unabhängig voneinander. Und 87% der Befragten gaben an, dass sie ihre Aufmerksamkeit spontan dem Screen zuwandten, der sie gerade mehr interessierte. Auslöser für solche Rezeptionsverschiebungen können zum Beispiel neue E-Mails oder SMS sein. Oder aber auch Langeweile.

Zum Vergleich: Nur 48% der Befragten lesen Zeitung, während sie dabei Radio hören. Daraus folgt, dass sich die Medienmacher heutzutage bewusst sein müssen, dass ihr Programm nicht mehr die ungeteilte Aufmerksamkeit des Publikums hat. Waren es früher jedoch die Konkurrenten auf den anderen TV-Sendern, sind es heutzutage viel eher die Konkurrenten in anderen Medien, die zur Bedrohung werden. Oder neue Chancen bieten – schließlich beruhen transmediale Formate darauf, dass sie ihre Erzählungen auf mehrere Kanäle ausdehnen (vgl. Kapitel Transmediales Erzählen).

Smart-TV ist das Ding der Stunde, wenn man Dean Donaldson glauben mag:

Mehr und mehr wird das TV-Gerät zur Heimat von News und Social Media Apps, Messengern oder Games. Das Fernsehgerät avanciert zur großen Mediathek, auf dem mithilfe von On-Demand-Angeboten und Speichermedien Lieblingsserien und Filme zur Verfügung stehen. Und alle Endgeräte werden sich mit dem Fernseher verbinden.[46]

Hartmut Esslinger, der legendäre Produktdesigner ist der Meinung, dass die Smart-Fernseher nur Übergangsprodukte seien. Das Fernsehen der Zukunft brauche keinen Bildschirm mehr: »Die Wohnung wird zum Display.«[47]

Aber werden Internet und Fernsehen auch inhaltlich verschmelzen? Das klassische Fernsehmedium hat nach Ansicht von Paul M. Hirsch[48] drei Zuschauertypen: Die eher *passiven* Zuschauer stehen dem Angebot auf dem Bildschirm gleichgültig gegenüber. Sie sehen einfach nur fern. *Aktive* Zuschauer dagegen schalten den Fernseher bewusst ein, weil sie ein bestimmtes Programm sehen wollen. Andere Zuschauer wählen einfach nur das Programm aus, was ihnen am wenigsten unangenehm ist. Ein Verhalten, das weder passiv noch aktiv ist.

Insgesamt aber ist das Fernsehen ein *Lean-Back*-Medium – der Konsument konsumiert das, was ihm der Programmplaner vorsetzt, ohne, dass er sich aktiv kümmern muss. Das Internet aber ist – in seinem Kern – ein *Lean-Forward*-Medium. Der Konsument muss sich aktiv beteiligen, indem er Wörter in Suchmasken eingibt oder sich durch verschiedene Seiten klickt. Damit geht eine gänzlich andere Haltung des Konsumenten einher. Kristian Costa-Zahn:

> Letztlich glaube ich nicht, dass sich das Bedürfnis der Leute ändert, bestimmte Inhalte lean-back zu konsumieren. Wir (die UFA) sehen uns traditionellerweise als TV-Produzent, wenngleich wir uns nun verstärkt als Content-Produzent positionieren. Aber ich glaube dennoch nicht, dass das Fernsehen keine Zukunft hat.

Auch wenn uns die Werbung von Apple mit dem Konsumenten, der das iPad bequem auf den Knien balanciert, während er auf dem Sofa lümmelt,[49] anscheinend etwas anderes über den Lean-Forward-Charakter des Internets sagen will – die grundlegende Teilung zwischen den beiden Aktivierungsformen wird wohl beibehalten werden. Jedoch sind richtungsweisende Tendenzen zu beobachten:

> Beim Bewegtbild hatten wir in den letzten Jahren eine Entwicklung von Lean Back zu on Demand. Künftig wird sich die Konsumentennachfrage erneut ändern, von on Demand-Content hin zu on the Move, also zu Inhalten, die der Konsument zu Hause beginnen, dann unterbrechen und einfach mitnehmen kann.[50]

Aus diesem Grund ist es wahrscheinlich, dass die Medienunternehmen stärker in Apps als in Browserinhalte investieren. Wenn am Ende dieser medialen Entwicklung irgendwann eine einzige große TV-App steht, die von allen Geräten wie Smartphone, Tablet oder eben dem Fernseher konsumierbar ist, dann können die

Inhalte eben überall hin mitgenommen werden. Und damit sind die Möglichkeiten für neue Werbeformen geschaffen. Bereits jetzt ist es möglich, dass durch Automatic Content Recognition (ACR) Smartphones oder Tablets mit dem TV-Programm synchronisiert werden.[51] In das Programm sind hochfrequente Audio-Signale eingebettet, die von den entsprechenden Apps auf dem Smartphone erkannt werden. Dies wird als Second Screen begleitend zum TV genutzt, und die User können sich jetzt beispielsweise die Filme anzeigen lassen, bei denen der Schauspieler bislang schon mitgespielt hat oder sich über den geschichtlichen Hintergrund des Films informieren. Gibt man den Werbetreibenden die Möglichkeit, sich hier einzuklinken, so können sie Reiseangebote zum Schauplatz des Films, Shoppingangebote zu den Outfits der Schauspieler oder anderes anbieten.

Allerdings verschwimmen die Grenzen zwischen Internet und TV mittlerweile. Das Internet bietet immer mehr Inhalte, die genau auf dieselbe Art und Weise konsumiert werden wie das Fernsehen. Insgesamt aber wird dem Konsumenten im Internet immer noch ein höherer Anteil an Aktivität abverlangt. Was also ist mit Formaten, die die Grenzen überschreiten? *Social TV* etwa?

Grundsätzlich bedeutet *Social TV* erst einmal, dass sich die Fernsehzuschauer über ihre Smartphones oder Tablets während des Fernsehkonsums untereinander austauschen können. *Social TV* befindet sich noch in einer frühen Entwicklungsphase, sowohl was die Inhalte, die Machart und auch den Erfolg betrifft. Allerdings sind die Zuwächse bei den Zuschauerbeteiligungen erstaunlich. Das *Social TV* aktiviert zudem gerade die jungen Zuschauer, von denen die TV-Macher befürchten, dass sie das klassische TV-Programm mit seinen starren Strukturen und Inhalten ablehnen. Und *Social TV* ist keine Nischenerscheinung: Das heimliche RTL2 Erfolgsformat *Berlin – Tag & Nacht* erzeugte bei insgesamt ca. 1,9 Mio. Facebook-Fans innerhalb einer Woche (KW 25, 2012) ca. 280.000 Aktivitäten, also: neue Fans, Kommentare und Likes. Im gleichen Zeitraum hatte *Die Sportschau* (ARD) ca. 370.000 Fans mit ca. 25.000 Aktivitäten. Beeindruckender ist da die Zahl, die die Social TV-App Couchfunk vermeldet hatte: Es gab ca. 37.000 spambereinigte Kommentare in den fünf Stunden des *European Song Contest 2012* in Baku. Das sind mehr als 120 Kommentare pro Minute.[52]

Auch fiktional wird Social TV immer stärker genutzt (vgl. *About Kate* im Kapitel Transmedia). Die ARD-Vorabend-Serie *Heiter bis tödlich – Zwischen den Zeilen* nutzte neben Facebook auch Twitter, um eine stärkere Bindung zum Zuschauer herzustellen. Unter dem hashtag #zdz twitterten die Figuren unter ihren eigenen Accounts, kommentierten die Handlungsstränge und erzählten auch zwischen den Folgen weiter. Und durch Einbindung von Ortungsdiensten wie Foursquare, Google Latitude und Facebook Places waren die Figuren virtuell in Aachen erlebbar. Allerdings war die Entwicklung nicht ohne Probleme, wie die zuständige WDR-Redakteurin Pamela Wershofen erzählt: »Recht lange dauerte der Abstimmungsprozess, was der Produzent im Zuge der Telemediengesetze tatsächlich umsetzen durfte und wie diese Aktivitäten finanziert werden sollten.« Zudem haben die Telemediengesetze die Möglichkeiten der Bewerbung dieser Aktivitäten eingeschränkt. Der Aufbau einer Community dauerte entsprechend länger.

Neben rechtlichen Bedingungen – unter denen besonders die öffentlich-rechtlichen Sender zu leiden haben, da sie z.B. keine presseähnlichen Erzeugnisse herstellen dürfen und so Storys immer nur im Sendungsbezug erzählt werden dürften (ein echtes Problem im Zusammenhang mit dem »Westdeutschen Merkur«, der in *Zwischen den Zeilen* eine wesentliche Rolle spielt), sind es auch finanzielle Engpässe, die den Wünschen der Verantwortlichen entgegenstehen, wie Pamela Wershofen erklärt:

> Die Kosten sind in den PR-Budgets nicht gedeckt und so muss der Produzent zusätzlich Geld ausgeben. Hohe Anstrengungen, wie sie etwa auch bei *Türkisch für Anfänger* unternommen wurden, haben sich bislang nicht ausbezahlt. Auch der Versuch, hier mit echten Profis in Sachen Social Media zusammenzuarbeiten, hat nicht die nötige Durchschlagskraft gehabt. Grund ist immer wieder die rechtliche Beschränkung der Aktivitäten, und dass immer wieder einzelne Maßnahmen juristisch geprüft werden müssen, was die Dinge verzögert, reduziert und schlimmstenfalls verhindert. Es ist also nicht so, dass wir nicht auch wüssten wie es geht, aber leider zu wenig Rechte und Ressourcen dafür haben.

Auch wenn es auf Sender- und Produktionsseite also diverse Hindernisse gibt, ganz offensichtlich goutieren die Zuschauer solche Versuche. Vielen Nutzern macht es Spaß, die Fernsehformate mit eigenen, meist kritischen oder witzigen Kommentaren zu begleiten. Allerdings sind die Grenzen zwischen Kritik und Beschimpfung stellenweise schnell überschritten (einmal ganz davon abgesehen, dass die Kommentare bisweilen stilistische, grammatikalische oder gar rechtschreiberische Fähigkeiten vermissen lassen). Aber dies ist im Web ja nichts Ungewöhnliches.

Es sind bestimmte Genres, die die Zuschauer besonders zur Interaktion motivieren. An erster Stelle stehen die Casting-Shows, gefolgt von Daily Soaps und Doku Soaps. Kochshows, Familien- oder Kindersendungen scheinen kaum zur Interaktion auf Facebook zu motivieren. Newssendungen haben zwar meist eine geringe Fanzahl, dafür aber einen erhöhten Anteil an Aktivität bei den Nutzern.

Es lassen sich laut Goldmedia fünf verschiedene Konzepte der Sendungen erkennen, wenn man die begleitenden Facebook-Seiten auswertet[53]: Die rudimentäre Form ist eine reine Ankündigung mit Programmhinweisen oder programmbegleitenden Informationen. Dies nutzen auch viele Nachrichtensendungen, etwa *ZDFheute* oder *RTL Aktuell,* allerdings erweitern sie die Hinweise um zusätzliche Nachrichten (zweites Konzept). Eine dritte Gruppe finden wir bei Sendungs-Seiten, die einen Fokus auf Diskussion und Kommunikation setzen, wie etwa *Galileo* oder das *Sat.1 Frühstücksfernsehen*. Die vierte Gruppe bietet eine vertikale Verlängerung der Show, wie es etwa bei GZSZ geschieht, zum Beispiel durch einen Blick hinter die Kulissen.

Sehr erfolgreich ist das bisweilen fünfte Konzept, das eine horizontale Showverlängerung umfasst. Es wird z.B. bei *Berlin – Tag & Nacht* realisiert, wo die Metaebene der Betrachtung verlassen wird und die Zuschauer per Facebook mit den Show-Figuren interagieren können. So wie normale Statusmeldungen sehen Fans der Show die Nachrichten der Charaktere in ihren privaten Streams. Damit wird auf eine parasoziale Interaktion mit den Show-Figuren gesetzt, sie werden Teil der sozialen Realität des Zuschauers.

Natürlich verliert der Sender mit diesem Konzept einen großen Teil der Aufmerksamkeit und »schenkt« ihn Facebook, wo die Interaktion ja intensiviert wird. Allerdings wird durch diese Einbindung der Zuschauer die Bindung an das TV-Format ja auch gestärkt. Offensichtlich mit Erfolg, denn die Quoten des Formats liegen ungefähr beim Doppelten des Senderschnitts (Stand Sommer 2012). Ein unglaublicher Erfolg für den Sender. Grundsätzlich stellt sich für die TV-Sender jedoch immer die Frage …

… nach Pest oder Cholera: Werden sie zum »Hintergrundrauschen« für die Social TV-Chats ihrer Zuschauer oder können sie die zum Teil gewaltige Fan-Basis für ihre Formate erfolgreich nutzen und in Zukunft auch kapitalisieren?[54]

Momentan ist die Lage auf dem TV-Markt unübersichtlich, denn die Rollen, so scheint es, werden neu verteilt. Zum einen sind es die Gerätehersteller wie Sony, Philipps oder Samsung, die plötzlich in die Rolle von Portalanbietern schlüpfen, zum anderen mischen Kabelnetzbetreiber und IPTV-Anbieter mit, und natürlich versuchen auch die Content-Anbieter, mit aller Macht auf den TV-Bildschirm zu kommen.

Damit sind wir in einer Situation, die mit der des Mobilfunkmarktes vor ein paar Jahren vergleichbar ist: Zuvor gab es klassische Geräteanbieter wie Nokia oder Motorola, und plötzlich übernahmen Apple, Windows und Google den Markt. Diese Unternehmen hatten eben nicht nur die Betriebssysteme, sondern gleich die Geräte obendrauf. Und sie boten einen schnelleren Zugang zum Content und zur Contentproduktion. Wir sind derzeit mitten in einer gesellschaftlich-technischen Entwicklung wie es sie schon oft zuvor gab: Sobald ein Medium einen gewissen technischen Standard erreicht hat, der ein zufriedenstellendes Funktionieren gewährleistet, wird dieser von den Nutzern als solcher akzeptiert – und sie wenden sich den Inhalten zu, die mit oder durch dieses Medium konsumierbar sind.

Anders gesagt: Vor ein paar Jahren war fast jeder noch damit beschäftigt, sich für seinen Computer Speichererweiterungen zu kaufen oder einen DVD-Brenner nachzurüsten. Man schlug sich mit (inkompatiblen) Treibern herum und mit der stets zu langsamen Geschwindigkeit des Rechners oder der Internetverbindung. Die meisten dieser Probleme sind verschwunden, und jeder im Supermarkt gekaufte Computer bietet eine solide Grundausstattung, mit der man die meisten Dinge verwirklichen kann. Die Technik steht also nicht mehr im Vordergrund – jetzt geht es um Inhalte. Aber welcher Art? Ein »Zuschauereinschaltrekord« im Internet hatte sicherlich das Video des 39 Kilometer-Fallschirmsprungs von Felix Baumgartner, den im Oktober 2012 bei YouTube im Livestream über 8 Mio Menschen verfolgten – ist das ein Durchbruch für das Internetfernsehen?

Festzuhalten ist, dass die Player im Web immer stärker in die Contentproduktion gehen, wie schon im Fall von Amazon thematisiert: Eine halbe Milliarde Dollar will Hulu in diesem Jahr in hochwertige Bewegtbildprogramm investieren und gleichzeitig startet Google mit YouTube eine Offensive und will laut Content-Chef Robert Kyncl 200 Mio Dollar in Produktion und Promotion von qualitativ hochwertigen Inhalten auf dem Portal investieren. Und die Web-TV-Anbieter sprechen klassische Produktionsfirmen für neue Ideen und Inhalte an, wenngleich die Produktionspreise längst noch nicht mit dem klassischen TV-Geschäft mithalten können.[55] Hinzu kommt, dass die Produzenten beim in Amerika üblichen YouTube-Modell an den Werbeeinnahmen beteiligt werden, aber gleichzeitig alle Rechte an ihren Inhalten behalten dürfen. Eine komfortable Situation für die Produzenten, die den TV-Anbietern (fast) alle Rechte abtreten müssen. Der amerikanische Provider *Netflix* hatte 2012 in einer Koproduktion mit Norwegens ältestem und größten Fernsehsender die achtteilige Serie *Lilyhammer* herausgebracht, die erste Eigenproduktion des Streaming-Anbieters. Der amerikanische Kriminelle Frank Tagliano (Steven Van Zandt) wird ins Zeugenschutzprogramm genommen und auf seinen Wunsch hin in die norwegische Stadt Lillehammer verfrachtet, wo er bald seine kriminellen Fähigkeiten doch wieder einsetzen muss. Angesichts des viel gelobten Produktes ist es die einzige Serie geblieben – 2013 wurde mit *House of Cards* nachgelegt (vgl. Kapitel Web-Serie).

Auf der Marketing-Messe Digital Content NewFronts stellte *YouTube* 2012 eine Studie vor, die ermittelt hat, dass Männer zwischen 18 und 34 Jahren schon jetzt mehr Zeit mit gestreamten Videos verbringen als mit linearen Fernsehsendungen.[56] Heißt das, dass es für die werbetreibende Industrie heutzutage beinahe egal ist, ob sie diese Zielgruppe über das TV anspricht oder ob sie es über YouTube versucht?

Nun, die Frage ist, welches Produkt sie bewerben will. Ein großer Industriekonzern, der mit seinen Produkten ein großes Publikum ansprechen will, erreicht mit einem einzigen Werbespot vielleicht einige Millionen Zuschauer. Damit dies auf YouTube genauso funktioniert, muss man dort ein rekordträchtiges Video haben. Zu zersplittert sind die Kanäle und Interessen dort. Das aber führt im Umkehrschluss dazu, dass ich hier sehr gezielt ein Publikum ansprechen kann. Allein drei der neuen Kanäle bei YouTube sind z.B. auf Mütter zugeschnitten – klassisches Nischen»fernsehen« also.

Wenn die Inhalte nicht mehr über die traditionellen TV-Kanäle konsumiert, sondern über andere Stellen im Netz empfangen werden, über *iTunes*, *Amazon* oder *Hulu* und Konsorten, dann spielt es keine Rolle mehr, wer den Content eigentlich produziert hat, und was er sonst noch ausstrahlt. Verkürzt gesagt: Die Markenstrategie der TV-Sender ist in Gefahr, und diese müssen, wenn sie sich behaupten wollen, ihre Sendermarken pflegen. Die eigenen Formate nur noch auf der eigenen Internetseite zur Verfügung zu stellen, nutzt allerdings nichts. Damit verliert man eher noch die Kunden, die die Formate über ihren Lieblingszugang, z.B. über iTunes konsumieren wollen und es müde sind, ständig nach der geeigneten Empfangsweise für ihr Lieblingsformat zu suchen.

Irgendwann wird wahrscheinlich die Unterscheidung zwischen dem Fernsehen und einer anderen Form von Bewegtbildinhalten verschwinden. Irgendein Distributor wird uns die Inhalte gegen eine Gebühr zur Verfügung stellen, und kaum jemand wird sich fragen, woher der Ursprungscontet eigentlich kommt. Hauptsache, wir können es konsumieren und uns dabei unterhalten …

Web-Serienmacher Aaron Yonda ist sich sicher:

> Web TV pretty much exists alongside regular TV. It's just another entertainment option for people. Technology will always be changing and the way people get their entertainment will change, but nothing ever really disappears as a medium.

Dem widerspricht Henry Blodget. Der Herausgeber und CEO des *Business Insider* geht sogar davon aus, dass das TV-Geschäft kurz davor ist, zu kollabieren. Blodget zieht Parallelen zum Zeitungskollaps[57], den zunächst auch niemand so recht bemerken wollte – schließlich waren die Zeitungsverkäufe und die Werbeeinnahmen über längere Zeit noch stabil, obwohl sich das Nutzerverhalten geändert hatte: Ja, die Zeitungsleser konsumierten weiterhin die Zeitungsangebote, sie lasen die Artikel online. Aber sie studierten sie nicht mehr am Frühstückstisch und lasen die Werbeangebote nicht mehr. Sie kauften bei Ebay, lasen Immobilienangebote bei Immoscout 24 und erfuhren vom SuperSummerSale über Vente-Privé und die ganzen anderen ähnlichen Angebote. Anders gesagt: Das Verhalten, was die Zeitungsindustrie jahrzehntelang gestützt hatte, hatte sich grundsätzlich verändert.

Der schlechte Stand der Zeitungen liegt also nicht nur daran, dass die Leser ihre Aufmerksamkeit lieber dem stets aktuelleren Internet schenken, sondern auch daran, dass die Zeitungen nicht auf die finanziellen Konsequenzen des digitalen Wandels vorbereitet waren. Einer Studie[58] zufolge macht die amerikanische Zeitungsindustrie pro 10$ Verlust auf der Printseite nur 1$ Gewinn im Online-Geschäft. Es ist nicht nur die Wirtschaftskrise, sondern auch der Verlust des Kleinanzeigenmarktes, der den Zeitungen zu schaffen macht. Zwischen 2000 und 2009 sind die Einnahmen hier von 20 auf nur 6 Milliarden gefallen.[59] Der Blog http://newspaperdeathwatch.com/ verfolgt das Sterben der amerikanischen Zeitungen genau. Von 2003 bis 2007 starben in den USA 34 Tageszeitungen. In Deutschland waren es in diesem Zeitraum 13.

Der Axel Springer Verlag meldete für das Geschäftsjahr 2012, dass die digitalen Medien ihre Erlöse um 22,0% auf 1,17 Mrd Euro gesteigert haben – damit lösten sie erstmals die inländischen Zeitungen als umsatzstärkster Geschäftsbereich des Konzerns ab.

Aber dennoch ist das Medium Zeitung noch lange nicht tot. Nur muss es seine Form ändern. Oder eine Nische bedienen: Als Wochenzeitung kann sich die *Zeit* nämlich im Gegensatz zu den tagesaktuellen Konkurrenten sehr gut behaupten. Sie feiert mit ihrem »nachhaltigen Journalismus« große Erfolge, anstatt täglich mit dem bunten, bewegten, audiovisuellen Internet zu konkurrieren. Das Blatt konnte seine Auflage von rund 440.000 Exemplaren im Jahre 2002 bis auf ca. 505.000 Exemplare im Jahre 2012 steigern.

Was die Anzahl der Zeitschriften angeht, so verzeichnen die deutschen Zeitschriftenverlage eine Umsatzsteigerung. Das liegt wohl auch daran, dass die Zahl der Publikumszeitschriften 2012 eine neue Höchstmarke erreichte. 1.511 Titel gibt es hierzulande. Allerdings verzeichnen sie alle einen Rückgang bei den Werbeumsätzen.

Überträgt man das Konsumentenverhalten auf das Fernsehen, kann man eine ähnliche Entwicklung prophezeien. Dass dem Fernsehen die Quoten wegbrechen und sich die Zuschauer abwenden (siehe oben), ist jetzt schon spürbar. Aber erst in ein paar Jahren wird es Konsequenzen haben:

> Unprofitable networks will be merged with profitable ones. Unprofitable shows and overpaid talent will be cut. Overpaid managers will get fired. Production costs, on aggregate, will drop. Sets, crews, newsgathering, etc. will be consolidated. The fat will get squeezed out of the system. (…) The cost of traditional pay TV will have to drop.[60]

Die Gründe für die veränderte Nutzung des TVs wurden schon Mitte der 70er-Jahre geschaffen: Die Entwicklung des Videorekorders hatte den Zuschauern die Möglichkeit gegeben, ihr Fernsehverhalten ihren Wünschen anzupassen. Zuvor (und auch noch lange Zeit danach) waren sie an die lineare Ausstrahlung gebunden. Durch die neuen technischen Möglichkeiten, die unterschiedlichen Plattformen, die Mediatheken und die Zunahme an Contentprovidern kommt es nach Peter Kazsa[61] zu einer gleich dreifachen Fragmentierung des Publikums, die den Inhalt und die Verbreitung von Content maßgeblich bestimmen wird:

Der Fragmentierung des Zielpublikums[62], so dass es immer schwieriger wird, ein Massenpublikum zu erreichen. Der *Fragmentierung der Mediennutzung*, denn die Zuschauer selbst verteilen ihre »Medien-Zeit« auf viele Kanäle, die sie teilweise sogar parallel nutzen. Und zu einer *Fragmentierung des Contents*. Denn das lineare Programm löst sich immer mehr auf – der mündige Zuschauer wird zu seinem eigenen Programmchef. Er legt Wiedergabe und Playlisten an, bildet Profile, sucht gezielt nach seinem Lieblingscontent und postet ihn wiederum über seine eigenen Kanäle (Blog, Social Media etc.). Vielleicht werden Fernsehformate noch in hoher Zahl konsumiert, aber die digitale Verbreitung über das Internet (oder über den Festplattenrekorder usw.) machen es möglich, dass die Werbung übersprungen oder vorgespult wird. Auch aus diesem Grund werden medienübergreifende Strategien für TV-Sender, Content-Provider und -Hersteller immer wichtiger. Professorin Inga von Staden:

> Diese Entwicklungen zersetzen die bestehenden **Wertschöpfungsketten** in allen Medienbranchen, ob Film, Musik, Radio und Fernsehen oder Print. Neue Geschäftsmodelle bilden sich heraus, die wiederum die Neugestaltung der Prozesse im Development, in der Produktion sowie in der Distribution fordern. Das derzeit erfolgversprechendste Modell scheint die Konvergenz der vormals getrennten Fachgebiete zu sein. Sie wird mit einer Vielzahl von esoterisch anmutenden Begriffen umschrieben wie Intermedien, Cross-Media 360° oder eben mit dem gängigsten Begriff – Transmedia.

Diese Entwicklung sehen wir nicht nur in der kreativen Produktion von neuen Inhalten, sondern innerhalb der bestehenden Geschäftsfelder, dazu Inga von Staden:

> Immer mehr Sender und Verlage sind daran interessiert, Medienpakete einzukaufen, um den zunehmend vielgliedrigen Markt mit einem Stoff besser durchdringen zu können. Über die verschiedenen Formate können unterschiedliche Zielgruppen adressiert werden. Und die Medienprodukte dienen der gegenseitigen **Cross Promotion**.

Und was bedeutet die Digitalisierung für (Fernseh-) Produktionsfirmen? Mehr Konkurrenz? Oder größere Chancen? Sven Sund:

> War das Geschichtenerzählen und -produzieren bisher ein klar umrissenes Feld mit Kino und TV und einer gewachsenen Struktur an Kooperationspartnern und Auftraggebern, erfordert die Digitalisierung eine Öffnung hin zu Bereichen, die früher nicht unmittelbar mit einer Filmproduktion in Verbindung standen. Als TV- und Filmproduzent steht man neuen Partnern und Auftraggebern gegenüber, rechtliche Grundlagen ändern sich, übergreifende Verwertungsformen werden aufgebaut. Für

uns ist der klassische Co-Produktionspartner nicht mehr nur ein anderer Filmproduzent, sondern auch der Buchverlag oder die Spielfirma, oder das Onlinewarenhaus. Die Digitalisierung verstehen wir eher als Chance, auch wenn der Markt mit neuen Mitbewerbern aus anderen Geschäftsfeldern nicht einfacher wird.

Was ist jetzt wichtig, wenn man mit seinem TV-Programm den Massenmarkt ansprechen will? Was die Zuschauer vereint, sind Events. Besondere Vorkommnisse in jeder Form. Seien es Naturkatastrophen oder Anschläge – hier ist das Fernsehen in seinem Anpruch auf Deutungshoheit nicht zu schlagen. Die Anschläge vom 11. September 2001 und ihre unmittelbaren Konsequenzen wurden millionenfach über das Fernsehen verfolgt – und es steht zu vermuten, dass dies heute, elf Jahre später und gefühlte Jahrzehnte weiter in der digitalen Welt, auch so sein würde. Bei Ereignissen, die große Befürchtungen oder Angst hervorrufen, verlässt man sich in erster Linie noch auf das, was seine Interpretation der Welt auch in vergangener Zeit mehr oder weniger sicher geleistet hat – dem Fernsehen. Über die Katastrophe von Fukushima informierte man sich auch so weit wie möglich über das TV, obwohl natürlich parallel die Zugriffe auf die Newsseiten exponentiell gestiegen sind.

Sportereignisse sind es sonst, die die Massen mobilisieren – 76,8% Marktanteil hatte das Ausscheiden der Deutschen Fussballnationalmannschaft bei der EM 2012. Genauso wie besondere Shows: In Deutschland sind es *Wetten, dass …?*, *DSDS* oder auch *Schlag den Star/Raab* und die anderen Raab-Shows. Vielleicht zählte *Topmodel* oder die ein oder andere Casting-Show noch dazu, genau wie einst *Wer wird Millionär?*.

Früher einmal konnten auch fiktionale Formate dies erreichen: Das öffentliche Leben brach an den Ausstrahlungsabenden zusammen. Sportvereine verschoben ihre Kurse. Kinos blieben leer, genau wie die Volkshochschulen. Kneipen und Restaurants ebenso. Fabriken drosselten ihre Produktionen und strichen Nacht- und Abendschichten, damit die Arbeiter der Ausstrahlung beiwohnen konnte: *Das Halstuch* beschäftigte 1962 die gesamte Nation. Jeder wollte die Identität des Mörders wissen und rätselte und diskutierte – bis am Tag vor der letzten Folge der Kabarettist Wolfgang Neuss in einer Zeitungsannonce den Täter verriet: Er wollte die Zuschauer in sein Theaterprogramm locken, das am Abend der letzten Folge der sechsteiligen Serie stattfinden würde. Die Zuschauer hassten den Mann. Er bekam Morddrohungen und wurde als Vaterlandsverräter bezeichnet. *Das Halstuch* hatte Einschaltquoten von 89 Prozent.

Natürlich ist so etwas leichter möglich, wenn es wie damals ohnehin nur zwei Fernsehsender gibt. Aber es existieren heute in anderen Ländern auch noch Beispiele dafür, wie einige Formate die Zuschauer derart mobilisieren können: 70% Einschaltquote erreichte in Dänemark die 20-teilige Serie *Kommissarin Lund*, die dort sogar zur besten Sendezeit am Sonntagabend um 20:15 Uhr ausgestrahlt wurde. Ähnliches gilt für die verwandten dänischen Formate *Die Brücke* oder *Protectors*, die fast ebenso hohe Quoten erreichten. Leider sind dies wirklich nur Ausnahmeerscheinungen, die auf sehr kleinen Märkten stattfinden können. Oder liegt es daran, wie diese Formate dort präsentiert werden und dass sie komplex genug sind, um ihre Zuschauer auch nicht zu unterfordern?

Können wir noch etwas schaffen, was die Massen derart mobilisiert, dass am nächsten Tag in der Kantine, auf dem Schulhof, in der U-Bahn über nichts anderes mehr gesprochen wird, wie damals in den 80er-Jahren, als die gesamte Nation darüber rätselte, wie Bobby Ewing dieses Mal auf die fiesen Attacken von J.R. reagieren würde? Nein. »Die Zuschauer sollen schauen was, wo und wann sie wollen. Free-TV wird für die Jungen zur Fremdsprache«, sagt Sky-Programmchef Gary Davey.[63] Auch daher bringt z.B. RTL eine App heraus, über die man das Programmangebot sowohl live als auch zeitversetzt abrufen kann. Erstmals können die Zuschauer aber auch »Pre-TV«-Inhalte abrufen, also Sendungen wie *GZSZ* oder *Alles was zählt*, bevor diese im TV ausgestrahlt werden. Drehbuchautor Marian-Reinhart Grönwoldt fügt exemplarisch hinzu:

> Selbst meine Mutter will sich nicht mehr sagen lassen, wann sie ihre Lieblingsserien zu gucken hat und an welchem Tag. Sondern dann, wenn sie Zeit und Lust hat. (…) Jede nachfolgende Generation wird später darüber lachen, dass es tatsächlich mal eine Zeit gab, in der sich Leute an bestimmte Uhrzeiten halten mussten, wenn sie etwas im Fernsehen sehen wollten.

Doch das junge Publikum, das in der Mehrzahl die Fernsehinhalte kaum noch linear konsumiert, sondern sich – überspitzt gesagt – die amerikanischen Serien in hoher Qualität im Internet streamt, ist es aus dieser Erfahrung gar nicht mehr gewohnt, sich mit Werbespots auseinanderzusetzen. Werbespots stören den Genuss – und das verändert die Erwartungshaltung dieser Konsumenten an diese Formate nachhaltig.

Was die digitale Welt aber eint, so unterschiedlich sie auch sein mag, ist der Konkurrenzdruck. Denn je größer ihr Unterhaltungspotenzial ist, desto größer ist der Konkurrenzdruck. Dabei sind laut Inga von Staden …

> … in Europa Kreative, Produzenten, vor allem aber auch Institutionen wie Fördereinrichtungen erstaunlich gut aufgeklärt und bereiten sich auf die inzwischen spürbaren Veränderungen vor. (…) Derzeit strukturieren in Europa die Non-Fiction-Sektionen der europäischen Broadcaster auf die 360° um. Im nächsten Schritt werden auch die Unterhaltungsbereiche der Sender davon betroffen sein.

Sie alle kämpfen einen Kampf um Aufmerksamkeit. Und die digitalen Strategien der Sender zeigen dies deutlich. Den ZDF-Stammseher erreicht man mit Projekten wie *Dinah Fox* u.a. sicherlich nicht in seiner Gänze, deswegen macht Milena Bonse, verantwortliche Redakteurin des ZDF auch klar: »Darum geht es genau, um die Erweiterung der Zielgruppe.«

Alle Medien kämpfen heutzutage um die Zeit und den Willen des Zuschauers/Users/Spielers, seine Zeit mit einem bestimmten, d.h. ihrem Produkt zu verbringen. Die digitalen Möglichkeiten, Menschen zu unterhalten, sind unendlich. Die Aufmerksamkeit der Menschen allerdings nicht. Inga von Staden:

Die Zeiten, in einem Format, für einen Kanal und ein Endgerät zu denken sind vorbei. Heute muss man sich fragen, wo erreiche ich welche Zuschauer und welche Bedürfnisse haben sie? Das heißt, ich muss mich als Kreativer, als Produzent mit meinem Zuschauer / Nutzer direkt auseinandersetzen, ich muss mit ihm in den Dialog treten und mir überlegen, wie (Format) erzähle ich ihm was (Stoff) und warum (Bedürfnisse)?

WEB internet START
MARKETING
phone site BLOG social
START programming
programming START

VIRAL SPOTS

4. Viral Spots

Behind a great brand is a great story – and a great story spreads around the world.[64]

Ein junger Mann hetzt durch einen Wald, gefolgt von schwer bewaffneten und schießenden Männer. Er flüchtet sich auf einen Baum, doch die Erleichterung ist nur kurz: Mit einer Motorsäge wird der Baum gefällt und der Mann fällt mit dem Baum ins Wasser. Ist er jetzt in Sicherheit? Weit gefehlt, denn der Baum (und mit ihm der Mann) stürzt einen Wasserfall herunter und landet in einem Sägewerk. Als der Mann wieder zu Bewusstsein kommt, ist er halbnackt in einer Fabrik und weiße Holzplatten fahren von allen Seiten auf ihn zu. Szenenwechsel: Der halbnackte Mann steht in einem weißen Holzschrank und erklärt dem Ehemann der halbnackten Frau, die im Bett liegt, wie er auf diese abstruse und völlig verrückte Art und Weise in den Schrank gekommen ist.

Und der Ehemann? Er glaubt es. Mit »Ist das nicht unfassbar«, wendet er sich seiner Ehefrau zu. Großaufnahme des nackten Mannes. Einblendung Schrift: »Lucas G. Screenwriter for Canal +«.[65] Und dann folgt das Motto, unter dem dieses ganze Buch hier steht: »Never underestimate the power of a great story.«[66]

Warum sprechen wir in diesem Buch über Viral Spots? Weil sie – zumeist jedenfalls – einen Weg gefunden haben, Aufmerksamkeit beim Publikum zu generieren. Und die Art und Weise, wie sie dies tun, kann auch für alle anderen digitalen Erzählungen wichtig sein. Vor allem aber, weil sie eine Erzählform sind, die durch die Digitalisierung überhaupt erst ihren ureigenen Charakter bekommen hat. Natürlich: Werbespots gab es schon lange vor den sogenannten Viral Spots, und von außen betrachtet mögen beide sehr ähnlich sein. Allerdings gibt es sowohl inhaltlich als auch in Sinn und Zweck deutliche Unterschiede.

Viral Spots sind – da sie sich an eine andere Zielgruppe richten – oftmals viel provokativer, aufregender, edgier, crisper (um ein paar der Anglizismen zu benutzen, ohne die man in der digitalen Welt nicht mehr auszukommen scheint) als die herkömmliche Fernsehwerbung. Sie nutzen die (vermeintlich) freieren Möglichkeiten des Internets als inhaltliche Spielform. Der Werber Amir Kassei:

Digital ist die Elektrizität des 21. Jahrhunderts. Ein neuer Spot kann heute in drei Minuten die Welt umrunden. Dass YouTube nicht von Werbern erfunden wurde, zeigt, wie hinterher unsere Branche ist. Der große Vorteil für Konsumenten ist, dass Sie heute niemanden mehr verarschen können. Wenn ich heute ein falsches Versprechen gebe, kommt das dank der digitalen Infrastruktur in Sekunden raus, und ich bin erledigt. Die beste Werbung verspricht nur das, was ein Produkt auch halten kann.[67]

Vor allem aber bedienen sich Viral Spots einem Verbreitungsmodell, das trotz seines analogen Vorgängers, der Mund-zu-Mund-Propaganda, eine ganz eigene Dynamik und vor allem Tempo und Potenz bekommen hat: Der Weiterleitungseffekt, den diese Spots nutzen, macht sie so erfolgreich. Bevor wir uns den viralen Effekt aber genauer ansehen, beginnen wir mit einem notwendigen Exkurs über Markenführung.

Ursprünglich lag die Aufgabe der Werbung darin, anonyme Produkte einem Publikum bekannt zu machen und Vertrauen dafür zu erwecken. Das Produkt wird symbolisch aufgeladen und unser Empfinden ihm gegenüber möglichst positiv geprägt: Alles hat Auswirkungen auf unsere Einstellung dem Produkt gegenüber: Wie es aussieht. Welcher Schriftzug auf der Verpackung ist. Wie groß diese ist. Wie sie sich anfühlt. Wo wir das Produkt kaufen. Durch wen wir davon hören. Was wir über das Produkt hören. Welche Geschichte das Produkt erzählt... und vieles mehr.

Identitätskontruktion ist ein Prozess – genau wie eine Autobiografie. Diese wird wie eine Geschichte konstruiert, etwas Neues hinzugefügt, Altes überschrieben, und nie steht die Vollständigkeit im Vordergrund. Anders gesagt: Vollständigkeit ist natürlich unmöglich, aber dies wird, sofern die Gesamtgeschichte plausibel wirkt und keine unerklärlichen Brüche aufweist, vom Publikum auch akzeptiert.

Die Geschichten hinter den Marken sind – genauso wie die Autobiografien – individuell. Und sie werden als Distinktionsmerkmal genutzt: dafür, sich von anderen Marken abzuheben, Nischen zu bilden oder sich in diese hineinzubegeben. Und sie helfen dem Konsumenten wiederum, sich von anderen Menschen abzugrenzen oder sich mit ihnen zu verbünden. Mit der kaufkräftigen, besserverdienenden, traditionsbewussten Gesellschaft, wenn man sich eine teure *Manufaktum*-Gartenschere kauft. Mit dem trendigen, moralisch integren Mitte-Berliner, wenn man sich eine *American Apparel*-Gymnastikhose im 80er-Jahre-Style kauft. (Dabei ist Berlin Mitte schon gar nicht mehr trendy, sondern allenfalls Friedrichshain, und dass American Apparel nur in Amerika produziert und seinen Mitarbeitern anständige Löhne zahlt, ist ein Seitenstrang der Geschichte, der in Deutschland wohl gar nicht so wichtig ist wie in den USA selbst.)

Marken und ihre Nutzung bestimmen unseren Status. In digitalen Zeiten, in denen sich Konsumenten immer stärker und sichtbarer vergemeinschaften – in Online-Communities, Netzwerken, oder z.B. über Groupon oder Vente-Privé – spielen sie eine immer größere Rolle. Marken ziehen ihre Bedeutung aus ihrer kulturellen Bedeutung, also aus der Art und Weise, wie und in welchem Kontext sie genutzt werden. Anders gesagt: »Die Konsumenten verhandeln die Bedeutung einer Marke bei ihrer Verwendung.«[68] Kein Wunder also, dass Viral Spots als Werbemaßnahmen so gerne genutzt werden: Sie werden auf einem (vermeintlich) »coolen« Medium, also dem Internet konsummiert, sie sind sozial (in der Form, in der sie weitergeleitet werden) und sie dienen dem Status desjenigen, der sie postet.

Aber das Internet ist für die werbetreibende Industrie nicht einfach ein weiterer Kanal, den sie zu TV und Radio hinzubuchen kann – das Internet kommuniziert selbst. Bzw. die Menschen darin. Sie nehmen teil. Und sie übernehmen die Kommunikation oft selbst – sofern man ihnen einen Anstoß und vielleicht auch die Inhalte liefert.

User Generated Content ist das, was den großen Konzernen einerseits Angst macht und sie andererseits zugleich beflügelt, neue Ideen auszuprobieren, obwohl sie die entsprechenden Geschäftsmodelle stellenweise noch nicht ausgearbeitet haben. Von Myspace über studiVZ, StayFriends oder wer-kennt-wen – überall sind große Konzerne beteiligt. Aber ihnen ist klar, dass »das Modell der Werbefinanzierung durch einfache Anzeigen der Werbespots so nicht funktionieren kann. Das ist das Beunruhigende an User Generated Content«.[69]

Doch Marken selbst müssen sich als Erzählungen inszenieren: »Im Dreiklang unserer narrativen Welt aus Identität, Medien und Business kann die Marke nur bestehen, wenn sie es schafft, sich als spannende Geschichte zu konstruieren.«[70]

Ein Motor dafür ist der Konflikt. American Apparel zum Beispiel inszeniert sich, wie bereits angesprochen, als Gutmenschenmarke: Die Kleidung wird verantwortungsvoll produziert, die Mitarbeiter besser als gesetzlich vorgeschrieben bezahlt und viele Arbeiter mit Migrationshintergrund angestellt. Die Kleidung kann man nur an urbanen Standorten kaufen und das Unternehmen verzichtet vollkommen auf Logos, Stars oder teure Werbekampagnen. Die Stars der Werbung sind die Käufer selbst, sie werden als Models benutzt, genau wie die Shopangestellten. Und sie alle werden vom bekannten Fotografen Terry Richardson in sexuell aufgeladenen Posen inszeniert. Hier beginnt also der Bruch mit dem Sauberimage – der noch durch die Geschichten rund um den Markengründer Dov Charney getoppt wird. Angeblich hat er vor einer Modereporterin mehrfach onaniert oder sich von einer Angestellten oral befriedigen lassen. Seine sexuell aufgeladenen Exzesse füllen immer wieder aufgeregte Artikel und zeigen ein ganz anderes Bild der Marke – ein spannender Konflikt, der sich hier innerhalb von American Apparel auftut.[71]
Die Autoren Ryan Mathews und Watts Wacker halten das Geschichtenerzählen für die wichtigste Aufgabe der Unternehmensführung.

> Storytelling has the power to change the destiny of a company, an industry, a nation and – ultimately – the world. It's a force as powerful and universal as gravity and, sadly, often almost as invisible to the people it impacts.[72]

Die Firma Apple ist ein starkes Beispiel für eine erfolgreiche Geschichte: Steve Jobs war ein angry young man, der in seiner Garage in Kalifornien einen Computer baute, der nicht nur einfach zu bedienen, sondern auch noch schick aussah.

Er wird sehr erfolgreich und heuert, um den Erfolg noch besser zu steuern, einen Manager an, der ihn schließlich aus dem Unternehmen und die Firma an den Rand des Abgrunds drängt. Als Apple schließlich zwölf Jahre später im Sterben liegt, kommt Jobs zurück – und macht Apple zum glamourösesten Unternehmen der Welt.

Eine tolle Geschichte, deren Wirkung vor allem deswegen so groß ist, weil es dem Nachfolger von Steve Jobs (noch) nicht gelungen ist, etwas Ähnliches aufzubauen. Tim Cook ist ein schlanker Grauhaariger, der sich ebenfalls in der Außendarstellung leger gibt, aber er hat keine interessante Geschichte, die sich um ihn und das Unternehmen erzählen ließe. Und das Kapitel Jobs ist für Apple mit dessen Tod abgeschlossen. Das Fehlen einer packenden Geschichte ist für Apple durchaus ein Problem – wie man an den sinkenden Börsenkursen sieht.

Storytelling wird in der Werbung immer wichtiger. Dabei wird die Geschichte nicht nur über einen Kommunikationskanal erzählt, sondern es werden gerne mehrere miteinander verknüpft. Der Medienwechsel ist geplant und transmedial, denn, so Albert Heiser: »Das starke Drama hält die Aufmerksamkeit hoch und ermöglicht Multiplattform-Storytelling.«

Zuschauereinbindung

Verkürzt gesagt ist der Unterschied zwischen der klassischen und der viralen Werbung der zwischen »Kauf dieses Produkt!« und »Sieh dir diesen Spot an!«. Denn wann ist ein Viral Spot eigentlich erfolgreich? Es genügt jedenfalls nicht, ihn nur auf YouTube hochzuladen. Die etablierten Marken flankieren den Spot durch Marketing und Seeding – also ein »Sähen« des Spots in bestimmten Blogs und anderen Comunities, wo der Spot dann aufgegriffen und weitergeleitet werden soll. Frank Tentler:

> Wenn wir im Web von »viralem Marketing« sprechen, meinen wir besonders gut erzählte Geschichten, die via Mundpropaganda weitererzählt werden. Nur dass hier der Mund zumeist YouTube oder ein Weblog ist, der Marktplatz als »Tratschplatz« von den »Social Networks« abgelöst wurde und die Geschichte nicht durch »Stille Post« an Inhaltsverlust leidet, sondern durch spontane Interaktion erweitert werden kann.[73]

Viral Spots[74] verbreiten sich vor allem dann, wenn sie keinen primären Verkaufszweck erfüllen. An erster Stelle stehen die Geschichte und die ungewöhnliche Idee. Erst in zweiter Linie darf Interesse für die Marke, das Unternehmen oder das Produkt geweckt werden. Der schale Geschmack der Werbung soll so vermieden werden – nur dann nämlich wird der virale Spot eher weitergeleitet. Bei viralen Kampagnen hat man Weiterleit-Quoten von 1:4 bis 1:11 ermittelt, je nach Inhalt des Videos. Schaut man sich die digitale Vernetzung der meisten Menschen heutzutage an, so wird das große Potenzial deutlich, das sich diese Werbeform zunutze macht.

Diese Weiterleitung hält sowohl für den Nutzer als auch für den Kampagnenbetreiber positive Effekte bereit: Zum einen erhofft sich der Nutzer dadurch soziale Gratifikation, sprich Aufmerksamkeit und Anerkennung (»Wow! Cool, was du mir da weitergeleitet hast!«), zum anderen gewinnt der Spot und damit seine Botschaft an Glaubwürdigkeit. Er wird weniger als Werbung wahrgenommen, wenn er durch unabhängige Quellen wie Freunde oder Experten weitergeleitet wird. Die größte Gefahr für einen Viral Spot ist allerdings – neben der zu eindeutig im Vordergrund stehenden Werbebotschaft –, dass er veraltet wirkt.[75]

Look

Die Idee zählt viel mehr als eine aufwendige und teure Umsetzung (siehe vor allem das Unterkapitel »Wie haben sie das gemacht?«). Es spielt im Grunde genommen keine Rolle, ob die Spots hochwertig produziert werden, oder ob sie wirken, als wären sie mit einer Handykamera aufgenommen worden (was sie teilweise auch sind). Gerade im letzteren Fall haben sie einen Amateurcharakter, was beim Publikum den Eindruck erzeugt, User-Generated-Content beizuwohnen und eben keinem durchgeplanten Industrieprodukt. Albert Heiser:

> Die Idee bei Virals steht nach wie vor im Vordergrund. Seit 2006/7 ist zu erkennen, dass der Production Value steigt. Die anfänglichen mit Handkamera und DV produzierten Spots werden immer aufwendiger in Ausleuchtung, Kameraführung, Ausstattung und Post Production. Die anfänglich geringeren Budgets verändern sich hin zu aufwendigeren Produktionen und gleichen sich der klassischen TV- oder Kino-Werbung an.

Diese Professionalisierung birgt jedoch Gefahren in sich, denn die Spots verlieren an Glaubwürdigkeit und Authentizität. Sie werden – ganz allgemein gesagt – »werblicher«, und, so Albert Heiser: »Authentizität ist ein Erfolgsfaktor. Dort wo der User zum Producer wird, verzeiht man selbst schlechte Bildqualität.« Was aber macht einen Spot sharable? (Und das ist auf jedes digitale Produkt zu beziehen...)

Erzählweisen

Don't make an advert: Your goal is to entertain, not to inform.[76]

Das Publikum unterhalten wir nicht mit Informationen, sondern mit einer guten Geschichte. Wenn man davon ausgeht, dass der Sinn der Werbung darin besteht, Menschen zu beeinflussen, liegt es nahe, dies über Emotionen zu versuchen. Eine gute Story erzeugt Spannung und erhöht die Aufmerksamkeit. Damit ist es möglich, das Interesse des Publikums zu steigern – schließlich bietet der Spot einen großen Unterhaltungswert, – und wir können eher Wünsche, Sehnsüchte und Emotionen beim Publikum wecken. Und das wiederum intensiviert die Erinnerung. Sprich: den Effekt der Werbebotschaft. Albert Heiser:

Eine gute Story muss beim Betrachter Emotionen wecken. Emotionen sind mit dem ureigensten Verhalten des Menschen, das sich über die Jahrtausende der Evolution entwickelt hat, gekoppelt. Diese Emotionen dienen der Orientierung und dem Überleben des Menschen in der Umwelt. Bedient man sich ihrer, darf man erwarten, dass sie sich auf die Aufmerksamkeit, die Erinnerung und die Akzeptanz von Spots niederschlagen. Freude, Furchtappelle und Sexappeal sind die häufigsten Appelformen der Werbung.

Mittels Emotionen werden die Inhalte dramatisiert, es fällt durch sie leichter, die Gefühle auch beim Zuschauer zu wecken, die Zielgruppe intensiver anzusprechen, bzw. sie stärker in den Spot zu involvieren. Neben den Emotionen stellt Albert Heiser zwei andere wichtige Funktionen der Spots in den Vordergrund:

Motivation beschreibt die Ansprache von Motiven und Einstellungen der Zielgruppe. Aktivierung meint die Aufforderung zum Handeln. Diese Aufforderung muss nicht immer explizit ausgesprochen werden. Ist die Story stark, legt sie automatisch die Handlung nahe.

Doch primär stehen die Emotionen im Mittelpunkt: In ihrer Arbeit »Why pass On Viral Videos«[77] machen Dobele, A., Lindgreen, A, et al. (2007) deutlich, dass emotionale Inhalte für virale Spots das wichtigste Erfolgskriterium sind. Von den sechs primären Emotionen Überraschung, Freude, Trauer, Wut, Angst und Abscheu sei die Überraschung hervorzuheben. Sie sei unabdingbarer Bestandteil von Viral Spots. Neben der Überraschung, bzw. in Kombination mit ihr, stünden an zweiter Stelle die Emotionen Freude (welche oft durch Humor erzeugt wird) und Trauer, dann erst folgen Wut, Abscheu und Angst.

Überraschung

Fast alle Viral Spots nutzen das dramaturgische Mittel der Überraschung. Der TNT-Werbespot *We placed a button*[78] spielt hiermit auf ganz doppeldeutige Art und Weise: Denn er kalkuliert nicht nur das Erstaunen der Zuschauer mit ein, sondern zeigt zugleich im Spot selbst die Überraschung der überrumpelten Bewohner einer belgischen Kleinstadt, die auf einen roten Knopf gedrückt haben, der mitten auf einem ruhigen Marktplatz etabliert wurde. Sobald der Knopf gedrückt wurde, bricht Chaos aus: Ein Krankenwagen fährt vor, verliert seinen Patienten, eine wüste Schlägerei entbrennt, es gibt eine Verfolgungsjagd und eine Schießerei, eine Blondine in Strapsen fährt auf einem Motorrad vorbei und schließlich räumen einige amerikanische Footballspieler in voller Montur die Reste des Chaos auf dem Marktplatz ab. Dem Zuschauer bleibt der Mund offen stehen – dies alles hätte man hier in dieser idyllischen belgischen Kleinstadt nicht erwartet. Aber wenn man den Fernsehsender TNT einschaltet, erhält man genau dies: seine tägliche Dosis Drama.[79] So das Versprechen des Viral Spots.

Überraschung allein ist jedoch nicht ausreichend. Sie muss mit anderen Emotionen kombiniert werden.[80] Denn eine Umfrage der Unternehmensgruppe Counterpart[81] (2008) macht deutlich, dass bei der Frage, welche viralen Spots die Befragten weiterleiten, an erster Stelle »witzige Inhalte« (48,6%) genannt werden, gefolgt von »außergewöhnliche Inhalte« (35,8%) und »überraschende Inhalte« (24,7 %).

Und damit sind wir wieder bei der Geschichte: Viral Spots müssen an allererster Stelle unterhalten. Die Werbebotschaft muss so subtil versteckt sein, dass sie am besten nur am Rande wahrgenommen wird. Im Vordergrund stehen die Geschichte und die ungewöhnliche Idee.

Die Idee

Ein Viral Spot funktioniert – wenn man die Einteilungen der klassischen filmischen Medien anlegt – im Grunde wie ein *Pitch*. Er schafft Aufmerksamkeit. Neugier. Spannung. Es gibt mehrere relevante Punkte, die den Erfolg von Viral Spots bestimmen. Aber im Kern steht die Idee. Albert Heiser:

> Der Viral besitzt eine innovative und einzigartige Idee mit hohem Narrationsgrad und extrem überraschenden Wendungen. Er lebt von seiner Story. Ist sie flach, langweilig oder anbiedernd, wird er nicht weiterempfohlen.

Schließlich gilt die eherne Regel: Du darfst nicht langweilen. Nur »cooler« Content wird weitergeleitet (wobei das, was cool ist, später im Buch bestimmt werden soll). Nehmen Sie die Sicht des Users ein: Wird mich der Spot, den ich weiterleite, cool aussehen lassen? Und wird er denjenigen, der ihn dann weiterleitet, ebenfalls cool aussehen lassen?

Aufbau

Viral Spots nutzen narrative Muster, die wir aus den klassischen Mythen kennen (VW Passat[82]), sie thematisieren den Konflikt direkt (wie bei der Apple vs. PC- oder der Pepsi vs. Coca Cola-Werbung[83]) oder setzen auf uralte Erzählstrukturen wie David gegen Goliath (Greenpeace[84]). Aber nicht nur inhaltlich, sondern auch strukturell erzählen sie in altbekannten Mustern.

Ray-Ban Never Hide – Tomatina[85] erzählt eine klare, simple Geschichte. Eine junge Frau in *Fabelhafte Welt der Amelie*-Anmutung züchtet über lange Zeit eine einzelne, wunderschöne Tomate heran. Sie hegt und pflegt die Frucht mit Liebe und Hingabe – und als sie schließlich die kostbare Frucht abschneidet und sie mit beiden Händen, wertvoll wie ein schlagendes Herz, quer durch die Stadt trägt und vor einem jungen Mann stehen bleibt, sind wir sicher: Sie schenkt ihm gleich die erlesene Tomate – sie schenkt ihm ihr Herz. Doch stattdessen ein Wendepunkt – und die Überraschung: Die junge Frau wirft die Tomate dem Mann an den Kopf. Dann rennt sie, sich diebisch freuend davon, mitten hinein in die traditionelle spanische Tomatenschlacht, die jedes Jahr in Buñol stattfindet. Albert Heiser:

> Es geht allein darum, die Story optimal zu erzählen. Die dramaturgischen Eckpunk-te sind das auslösende Ereignis, die Zielentwicklung, Konflikt und Komplikation, Spannungshöhepunkt und überraschende Wendung. Von allem 100%. Das ist schon schwierig genug.

Viral Spots sind darauf angelgt, den Zuschauer in den ersten Sekunden zu packen. Dadurch, dass man überrascht (Volkswagen: Darth Vader-Spot[86]), schockiert (Volkswagen: Selbstmordattentäter-Spot[87]), Spannung aufbaut (TNT: A dramatic surprise on a quiet square[88]) oder neugierig (Cadbury: Gorilla-Spot[89]) macht. Es ist wichtig, den Zuschauer gleich an sich zu binden, schließlich ist der Wegklick nicht weit entfernt. Zusätzlich stellt sich das Problem des unfassbar großen Kon-kurrenzumfeldes. Gibt man bei YouTube etwa »TV ad« ein, erhält man knapp 3 Mio. Ergebnisse. Anders sieht es natürlich aus, wenn der User den Spot tat-sächlich von einem Vertrauten weitergeleitet bekommt. Dann ist die Bereitschaft sicherlich größer, sich das anzusehen, was sich hinter dem jeweiligen Link ver-birgt. Aber dennoch gilt das aus Kapitel 2: Die Aufmerksamkeitsspanne der Zu-schauer ist gering.

Auch aus diesem Grund muss der Mittelteil des Spots die Idee weiterentwi-ckeln. Er muss sich in Spannung und Tempo steigern oder der Idee völlig neue Facetten abgewinnen.

Selbst bei Spots, die einen dokumentarischen Charakter haben – und auf den ersten Blick keine besondere Geschichte –, finden wir einen klassischen dramaturgischen Aufbau, in dem Sinne, dass sich die Hindernisse nach und nach aufschaukeln. Im Ray-Ban-Spot *Sunglass Catch*[90] fängt ein Mann Sonnenbrillen mit dem Gesicht auf – und übertrifft sich dabei jedes Mal bis hin zu einem tollen Stunt im fahrenden Auto.[91]

Im Levi's-Spot[92] über die Typen, die versuchen, in ihre Jeans hineinzuspringen, steigert sich nicht das Tempo, aber die Variationen, in denen die Jungs versuchen, in die Hose hineinzuspringen, nehmen an Spektakularität zu. Das große Finale ist ein Rückwärtssalto von einer Wippe direkt in die Hose hinein.

Die Grundidee ist immer »groß« genug, dass man sie variieren und steigern kann. Diese Spots enden in einem Höhepunkt: das Beste und Unglaublichste zuletzt. Eine klassische Dreiaktstruktur.

Auch was den Ausstieg bzw. das Ende des Spots angeht, gelten offensichtlich die Regeln der klassischen Dramaturgie: Das Ende ist das, was der Zuschauer mitnimmt. Deswegen beenden Sie den Spot mit einer Punch line, wie Robert Pratten vorschlägt:

> Make the last 5 seconds more suprising, funnier, more shocking or more provokative than the first 5 seconds. You want someone to finish the video and think ›Oh My God I have to send this to…‹[93]

Viral Spots lassen sich nach folgenden Kriterien klassifizieren:

Überraschung

Wie bereits erwähnt, ist die Überraschung ein Kernelement von Viral Spots. Sie rüttelt den Zuschauer auf, verblüfft ihn, schockt ihn und verleitet ihn hoffentlich dazu, den Spot weiterzuleiten. Stellenweise ist die Überraschung schon in die Ausgangssituation des Spots integriert: In dem Spot von *Triumph Boats*[94] rächt sich ein wütender Eheman für die Affäre seiner Frau, indem er ein Motorboot mit einem Kran auf das Auto seines Nebenbuhlers fallen lässt. So weit, so gut – so ungewöhnlich und lustig die Geschichte. Doch als die Frau und der Nebenbuhler aus dem Wohnwagentrailer daneben herauskommen und versuchen, alles zu erklären, demoliert der Mann mit dem Boot (das natürlich nicht kaputt geht) den Trailer. Doch der gehört gar nicht dem Nebenbuhler, sondern dem wütenden Polizisten, der in diesem Moment mit Sirene vorfährt und den flüchtenden Ehemann verhaftet. Auch der Kameramann rennt weg und lässt die Kamera fallen. Das Video ist in schlechter Qualität – aber es macht überhaupt nichts: Die Geschichte trägt – und schließlich trug sie auch dazu bei, dass das Video ein großer Erfolg war. Der Wendepunkt in der Mitte der Geschichte und die ungewöhnliche

Idee trösten darüber hinweg, dass das Ende des Plots nicht wirklich überzeugen kann. Die Grundaussage, wie stabil nämlich die Boote dieser Marke sind, wird nebenbei platziert – sehr erfolgreich.

Überraschung kann aber – entgegen der verbreiteten Annahme – auch serienweise funktionieren. Die BMW-*Fahrerlebnisschalter*-Viral-Kampagne setzt sich aus vier Spots zusammen: Aufziehmaus[95], Frisbee[96], Clown[97] und Seifenblasen[98]. In diesen Spots finden die Protagonisten auf ihrer Aufziehmaus, auf der Frisbeescheibe, auf dem Fön und auf dem Seifenblasenspender plötzlich eine Knopf, der ihnen die Wahl lässt: Sport Modus oder Eco Pro Modus. Sie entscheiden sich jeweils für eine Option – und stellen überrascht fest, dass die Frisbee plötzlich endlos fliegt (im Eco Pro Modus nämlich), oder dass die Aufziehmaus so viel Antrieb entwickelt, dass der Tisch unter ihr plötzlich wegkatapultiert wird. Das Interessante an diesen Spots ist: Jedes Mal funktioniert der Überraschungsmoment wieder, obwohl der Zuschauer eigentlich weiß, dass beim Betätigen des Schalters etwas Ungewöhnliches passieren wird. Nur **was** passieren wird, weiß er eben nicht.

Humor

Ursprünglich für das Fernsehen produziert, wurde der Maggi-Spot mit der Buchstabensuppe[99], in dem der strenge Vater bei Tisch den Streit seiner Kinder unterbindet, indem er mit den Buchstaben aus der Maggi-Suppe auf seiner Zunge das Wort »RUHE« zu formulieren versucht (und »HURE« daraus wird). Der Spot paart eine überraschende Idee mit Witz und Peinlichkeit.

Ikea setzt in seinen Spots grundsätzlich auf den Humorfaktor, um den »ungewöhnlichen« Charakter seiner Marke zu betonen. So spielt ein Ehepaar eine ungewöhnliche Sexfantasie inklusive Schweinchenmaske und Strapse in der (ganz von Ikea eingerichteten) Wohnung durch, bis sie von der Tochter und deren Freund überrascht werden.[100] Entgegen der Erwartung brechen die Eltern – und der Freund – nach einem kurzen peinlichen Moment in erleichtertes Lachen aus.

Eine stringentere Geschichte erzählt der Ikea-Spot, in dem ein junges Pärchen hoch in die Wohnung eilt, um dort endlich leidenschaftlich übereinander herzufallen. Bis sich plötzlich das Schloss der Wohnungstür öffnet, und eine Männerstimme ertönt. Ertappt beim Seitensprung! Dann allerdings kommt das unerwartete Moment, der gut gesetzte Wendepunkt – denn entgegen aller Klischees handelt es sich bei dem Heimkommenden um den Partner des Mannes! Die Frau kann nur deswegen entkommen, weil sie sich in einem Ikea-Küchenschrank versteckt. Und damit wird dann die Botschaft explizit ausgesprochen: Gut, dass Ikea-Küchenschränke so geräumig sind.[101]

Solche Spots funktionieren auch als Reihe, wie etwa das extrem erfolgreiche Beispiel der Old Spice-Commercials zeigt, nach dem Motto: »The Man Your Man Could Smell Like«. Der Spot[102] mit dem Schauspieler Isaiah Mustafa wurde über

40 Mio. Mal gesehen und war Grundlage einer Social Media-Action, bei der Fans Fragen und Kommentare an den Old Spice-Mann senden konnten. Diese wurden innerhalb von ca. 200 Videos in Folge beantwortet.

Die **Parodie** als Subgenre ist ebenfalls ein gern genutztes Mittel. Ein Beispiel ist der *Little Thor*-Spot[103] von Marvel, der den legendären Volkswagen *Darth Vader*-Spot von Volkswagen[104] aufgreift und ihn variiert: Im Gegensatz zum erfolglosen Darth Vader-Jungen, der den Wagen seines Vaters nicht starten kann, kann der kleine Thor seine Kraft letztlich einsetzen. Allerdings zerstört er den teuren Bentley am Ende. Sehr zum Entsetzen der Eltern – und zur wohligen Überraschung der Zuschauer. Die Pointe funktioniert aber natürlich nur dann optimal, wenn der Zuschauer den Spot von Volkswagen zuvor gesehen hat. So wie bei jeder Parodie muss das Original bekannt sein.

Der Toyota *Swagger Waggon*-Spot[105] bewirbt den Sienna SE, eine relativ dröge Familienkutsche, mit einem Musikvideo, das genau den langweiligen Charakter des Produkts unterstreicht, ironisiert und damit entkoppelt: Es wird eine weiße Mittelklassefamilie gezeigt, die zu einem Rap-Song mehr oder weniger ungeschickt ihre eigene Langeweile, das unbefriedigende Sex-Leben und ihre absolute Mittelmäßigkeit vorführt. Sie rappen darüber, wie sie in dem Wagen die Kinder zum Sport fahren, anstatt wie früher in ihrem Auto heißen Sex zu haben und posieren in albern nachgemachten Hip Hop-Posen, die eindeutig beweisen, dass sie nicht mehr jung und sexy, sondern langweilige Eltern sind. Ein durchaus witziger und sehr aufwendig produzierter Spot.

Provokation

Die Studie »Emotions in Viral Videos« des Brand Science Institutes weist darauf hin, dass Viral Spots mit negativen Emotionen sogar noch vor humorvollen Videos rangieren. Schließt man provokative Elemente mit ein, wird das vielleicht noch deutlicher: Sie können den Spots eine besondere Note geben. Ich erinnere nur an den VW Polo-Spot, in dem sich ein Selbstmordattentäter vor einem Café in die Luft jagt – und dabei keinen Schaden anrichtet, weil die Bombe im Wagen explodiert und der, nun ja, »sicher« ist.[106] Gleichsam provokativ ist der Audi-Werbespot, in dem sich ein Mann in seinem Wagen mittels Auspuffgasen das Leben nehmen will – aber scheitert, denn (so die Message) die Dieseltechnologie ist so weit fortgeschritten, dass sie nicht mehr schädlich ist.[107]

Provokante Spots können einen Weiterempfehlungsanreiz bieten, gleichzeitig aber zum Bumerang werden, wenn sie Grenzen überschreiten, bei denen manche Leute nun wirklich keinen Spaß mehr verstehen. Im Web sind die Grenzen da vermeintlich offener, so dass viele der Spots auch nur hier gezeigt werden und gar nicht erst ins Fernsehen kommen.

Normabweichungen und Tabubrüche

In einem Spot von *Lauren Luke* und *Refuge* werden die zahllosen Make-up-Tutorials aufs Korn genommen. Doch in *How to Look Your Best The Morning After*[108] bleibt einem das Lachen im Halse stecken. Die Frau gibt in dem Spot Schminktipps, doch sie dienen dazu, die Blessuren des prügelnden Ehemanns zu verdecken. Mit kleinen Tricks überschminkt sie das blaue Augen, die aufgeplatzte Lippe und empfiehlt, einen Schal zu tragen, um die Würgemale am Hals zu verdecken. Sie tut dies auf eine so geübte und völlig unemotionale Art und Weise, dass es einen fröstelt. Erst recht, wenn sie am Ende das Video panisch unterbricht, da die Haustür geöffnet wird und offenbar ihr Ehemann wieder nach Hause kommt.

Wie haben sie das gemacht? Haben sie das tatsächlich getan?

Ein ganzes Fernsehgenre funktioniert über die Mechanik der Tabubrüche und Normabweichungen: von *Jackass* über *Elton vs. Simon* bis hin zu *Joko und Klaas – Das Duell um die Welt*. Kein Wunder, dass es dies auch – und sogar in verstärkter Form – auch im Internet gibt. Zu der Kategorie dieser Spots gehören die bereits angesprochenen *Ray-Ban-Spot Guy catches Sunglasses with face* und der Levi's *Backflip*, aber auch Kobe Bryants Sprung über einen *Aston Martin*[109] hinweg. All diese Spots zeigen etwas Ungewöhnliches, etwas nicht der Norm Entsprechendes. Die Zuschauerreaktionen pendeln zwischen Ekel und Abneigung oder Erstaunen und Rätseln: Haben sie das wirklich gemacht oder ist das ein Trick? Es gibt User, die sich dann die Mühe machen, anderen die Tricks zu erklären – wie etwa *Captain Disillusion*, der z.B. die Tricks hinter dem *Sunglasses Spot* aufdeckt.[110]

Der *Master of Business Card Throwing*[111] zeigt in einem längeren Spot unglaubliche Tricks. Er kann Visitenkarten so zielgenau werfen, dass er damit Luftballons in mehreren Metern Höhe zerplatzen lässt, Dosen vom Stapel schießt, eine einzelne Zigarette aus mehreren Metern Entfernung trifft oder eine Kerze ausbläst. Unfassbare Tricks, die aber nur dazu dienen, die neue Samsung-Kamera zu bewerben, die – ganz nebenbei – die gestochen scharfen Highspeed-Aufnahmen macht, mit denen man die Tricks nachvollziehen kann.

Surreal

In dem *Cadbury-Gorilla-Spot*[112], lauscht ein Gorilla anfangs regungslos Phil Collins Song *In the Air Tonight*. Während die Kamera aufzieht, scheint er aber immer mehr Emotionen zu zeigen; er genießt das Lied, taucht ein in den Text und die Melodie, bis wir erkennen, dass der Affe an einem Schlagzeug sitzt – und im selben Moment das bekannte Schlagzeugsolo nachtrommelt. Dieser Spot funktioniert sicherlich über zwei Dinge: einerseits die Künstlichkeit der Situation und andererseits das überraschende Moment. Wir sind gespannt, was das alles soll, was passieren wird. Als dann endlich der erlösende Trommelbeat einsetzt – den wir alle ja aufgrund des Welterfolgs sicherlich kennen – wird diese Frage beantwortet und durch die Inbrunst, mit der der Gorilla trommelt, auf die Spitze getrieben. Gerade die »Menschlichkeit« des Gorillas, die Art und Weise, wie er die Musik einzusaugen, zu genießen scheint, stehen im Widerspruch zum normalen Gorilla-Verhalten und erzeugen damit einen besonderen – komischen – Reiz.

Auch der *Canal Plus iPhone App Spot*[113] setzt auf eine eher surreale Idee: Eine Kate Winslet ähnlich sehende Frau nimmt kniend, gerührt und emotional den Heiratsantrag ihres Freundes entgegen, Geigen spielen, großes Hollywoodmelodram. Doch als sie sich vorbeugt, um ihrem Geliebten den romantischen Kuss zu geben, scheint der Boden auf einmal zu kippen und sie rutscht nach hinten weg. Genau wie alle Möbel – und schließlich auch der verdutzte Freund. Die Wohnungstür schwingt auf und sie rutschen allesamt in das Wohnzimmer eines anderes Paares hinein. Sind wir auf einem Schiff (was die Titanic-Anmutung in Look und Schauspielerwahl vermuten lässt)? Nein: Als alle genervt in die andere Richtung zurückrutschen, blendet sich das Logo von Canal Plus ein und die Botschaft: Den Sender könne man jetzt auch als App auf dem iPhone empfangen. Und wir sehen, wie das iPhone mit seinem Bewegungssensor hin und her gedreht wird – und die Figuren hin und her rutschen.

Dokumentarischer Charakter

Der kanadische Spot *Flashmob – Testé sur des Humains – TVA*[114] verknüpft ein Umweltthema mit dem Internetphänomen Flashmob: Szenen aus einem gut besuchten Einkaufszentrum, die immer wieder durch Statistiken zur Umweltverschmutzung unterbrochen werden. Ein Mann legt eine Plastikflasche *neben* einen Mülleimer auf den Boden und geht weiter. Zahllose Passanten gehen vorbei. Nichts passiert. Keiner interessiert sich für den Müll auf dem Boden. Bis sich eine einzige Frau erbarmt, die Flasche aufhebt und sie in den Mülleimer wirft. Unvermittelt bricht ein Sturm der Begeisterung über sie ein. Alle – und wirklich alle – Besucher des Einkaufszentrums springen auf und applaudieren. Sie tragen auf einmal allesamt rote Mützen der Organisation und feiern die verdutzte Frau phrenetisch. Nachdem man ihr offiziell gedankt und sie von einem Kamerateam gefilmt wurde, ist der Spuk vorrüber. Alle setzen die roten Mützen ab und tummeln sich weiter, als wäre nichts geschehen. Ein brillanter Spot, der trotz seiner Länge recht erfolgreich war – der grandiose Überraschungsmoment entschädigt für die offensiv vorgetragene Gesellschaftskritik.

Do this at home/Mash up

Viele der Viral Spots haben eine Idee, deren Potenzial auf ganz einfache Art und Weise zu Hause imitiert, parodiert und variiert werden kann. Verkürzt gesagt: Wenn das Publikum die Idee aufgreift und selbst in anderer Form umsetzt, hat man gewonnen: Die Idee des Virals hat sich durchgesetzt. Der Cadbury's Ad mit zwei Kindern, die mit ihren Augenbrauen eine Tanzchoreographie durchführen,[115] wurde sofort variiert und nachgemacht.

Nicht weit ist es dann zu Formaten, die von vornherein auf das Mitmachen des Zuschauers setzen, den man in diesem Falle vielleicht eher »User« nennen sollte.

Interaktiv

Natürlich nutzen Viral Spots auch die digitalen Erzählweisen im Hinblick auf Rückkanal und Interaktivität. Albert Heiser:

> Interaktive Werbefilme lassen den User z.B. mit dem Mobiltelefon, per Mausklick zuhause oder mobil mitspielen. Online-Werbefilme bieten interaktive Chancen und sind dialogfähig. Die User können die Entwicklung von Storys beeinflussen und deren Verlauf steuern. Zuschauer dürfen Filme anhalten, Kameraeinstellungen wählen, kommentieren und verändern. Und neue Filme oder Bilder einstellen. Das ist großartig.

Der bekannte Tipp-Ex-Werbespot *A Hunter Shots a Bear*[116] lässt den Zuschauer aktiv in das Geschehen eingreifen. Der Spot erzählt die Geschichte von zwei Camper, die plötzlich von einem Bär überrascht werden. Dann kann der User die Wahl treffen: Erschieß den Bären – oder erschieß ihn nicht. Mit dem Klick auf eine Variante wird der User auf den Tipp-Ex-YouTube-Kanal weitergeleitet. Im folgenden Video will der Jäger denn Bär nicht erschießen. Er greift aus dem Video heraus zum Tipp-Ex (abgebildet in der Anzeige nebem dem YouTube-Fenster) und radiert das Wort »shoot« in der über ihm eingeblendeten Überschrift aus. Dann fordert er das Publikum auf: »Help me rewrite this story« und der User kann ein beliebiges Verb eintragen: Der Jäger soll mit dem Bär tanzen, er soll ihn essen (er wird vom Bär gezwungen, einen Stoffbären zu verspeisen) oder er soll ihn lieben (der Jäger kniet vor dem Bären nieder und macht ihm einen Heiratsantrag). Ein großer Spaß, der nicht nur die Funktion des beworbenen Produkts großartig herausstellt, sondern auch für jede Menge Aufsehen und über 20 Mio. Videoaufrufe gesorgt hat.

Die amerikanische Pay-TV-Serie *Dexter* hatte ein paar herausragende Marketing-Ideen zu bieten. Zum Beispiel Brunnen von Las Vegas bis New York, aus denen auf einmal Kunstblut sprudelte. Sie waren mit Polizeiband abgesperrt und wurden von Promotern in weißen Laborkitteln bewacht. Oder eine menschlich aussehende Hand, die 2008 – mit einem großen *Dexter*-Preisschild – in Fleischtheken angeboten wurde. Dann die Frischhaltefolie, die in Portugal mit dem *Dexter*-Emblem in den Handel kam. Aber interessanter für unsere Zwecke sind die interaktiven Formate, die sich viral extrem schnell und erfolgreich verbreitet haben.

Die ersten Staffel von Dexter beschäftigt sich mit dem *Ice Truck Killer*. So auch das Viral, das 2007 die Staffel begleitete. Der Zuschauer sah einen Nachrichtenreport, in dem plötzlich sein eigener Name auftauchte (wenngleich es in diesem Beispiel mit Paris Hilton durchgespielt wurde[117]), in Blut geschrieben, an der Wand über einer Mordtat: Das nächste Opfer bist du! Während der Zuschauer sich noch wundert, wie sein Name dort hinkommt, erklärt die Nachrichtensprecherin, dass der Zuschauer mit seinen Eigenheiten genau in das Raster des Serienkillers passe. Und dass alle Opfer vor ihrem Tod eine SMS von Dexter bekommen haben – woraufhin das Handy des Zuschauers vibriert und er eine Textnachricht erhält. Creepy. Möglich wurde das alles dadurch, dass Freunde des Zuschauers auf der Dexter-Website Angaben zu seiner Person gemacht hatten. Auf diese Art und Weise wurde er in das Spiel integriert.

Genauso verfuhr man 2008 bei der nächsten Staffel zum *Copycat Killer*[118]: Hier trat der Zuschauer in einer Polizeikonferenz auf – als Opfer, dessen Foto und Name nun hinter die Polizisten auf eine Leinwand projiziert wurde. Das Prinzip war das Gleiche wie zuvor: Unter www.thedexterhitlist.com/sendon.php konnten Freunde sich *und* den Zuschauer anmelden: sich selbst als Mörder – und den Freund als Opfer. Das Spiel läuft immer noch, probieren Sie es aus.

2009 stoppte *Dexter* mit der Einbeziehung der Zuschauer in die Welt der Geschichte. Sie wurden nicht mehr narrativ integriert, sondern mussten in kurzen YouTube-Filmchen *Dexter* in einer Menschenmenge erkennen.[119] Klickte man ihn an, kam man ein Level weiter und konnte schließlich einen ausführlichen Trailer zur vierten Staffel sehen.

2010 gab es die Fortführung der interaktiven YouTube-Filme: Der Zuschauer musste in *Dexter Interactive Investigation*[120] helfen, einen Serienkiller zu fangen. Er konnte mit Dexter zusammen einen Mordschauplatz besuchen und den Raum untersuchen – je nachdem, auf welches Beweisstück er klickte, kam er in einen anderen Film hinein und musste dort Aufgaben lösen, wie etwa die Mordwaffe anhand der hinterlassenen Blutspuren an der Wand identifizieren. Das war aber nur ein Teil des Alternate Reality Games: Auf den Seiten www.serialhuntress.com/ und der mittlerweile inaktiven http://sleepsuperbly.com/ setzte Showtime das Spiel fort. Es beinhaltete darüber hinaus eine Werbung auf Craigslist, eine Anzeige in der Philadelphia Daily News und eine verlorene Jacke in New York. An einem Punkt des Spiels wurde eine Uhr, die einen Hinweis beinhaltete, auf Ebay versteigert – und die Fans mussten bieten, um den Hinweis zu bekommen. Der Sender verlangte schließlich kein Geld vom Höchstbietenden, schickte ihm aber die Uhr zu.

Marcelo Guerra, Showtime's VP of Digital Marketing sagte angesichts des großen Bedarfs an Content, der gemeinsam von der Marketingabteilung des Senders, den Autoren der Show und der Werbeagentur Modernista entwickelt wurde:

It takes a lot of time and effort [to create]. But it's a rewarding experience. And I think as a result, we're going to give fans the kind of experience that will keep them talking about the series and deepen their connection with the brand.[121]

2011 wurde der Soziopath *Dexter* sozial: Er twitterte und es gab parallel zum Start der neuen Staffel *Slice of Life* ein Facebook-Spiel. In der siebten Staffel wurde Dexters Identität als Mörder aufgedeckt. Und der Trailer zur Staffel spielt genau mit diesem Gedanken: Er verspricht, alles und nie gesehenes Material zu veröffentlichen – tut dies aber innerhalb von drei Sekunden so schnell, dass man nichts erkennt. Auf einer anderen Seite wurden die Filmstills dann schließlich aufgeschlüsselt.[122] Aber ob alle Zuschauer sich die Mühe machen? Nicht immer sind die Ideen einfach und plakativ, manchmal gehen die Bemühungen der Macher einen Schritt zu weit.

Die weiteren Entwicklungen

Der Viral ist in der Werbung eine feste Größe geworden. Es gibt gewisse Trends zu längeren Virals, womit sich diese Erzählform dem Kurzfilm angleicht, aber insgesamt sind in diesem Bereich eine Menge Bewegung und viele Freiheiten vorhanden. Fest steht jedoch: Die dramaturgischen und konzeptionellen Ideen sind stellenweise außergewöhnlich und werden nicht nur vom Publikum geschätzt. Auch die werbetreibende Industrie hat sich von der Wirkungsweise überzeugen können.

Für Autoren bedeutet dies Zweierlei. Marcelo Guerra, Showtime's VP of Digital Marketing, stellt fest: »A couple of the writers have really been into this new kind of storytelling and they've been really helpful and supportive along the way.«[123]

In Deutschland ist es für fachfremde Autoren bislang eher schwer, in diesen Bereich einzusteigen, es gelingt oft nur dann, wenn sie sich ganz auf dieses Gebiet spezialisieren. Albert Heiser:

Autoren von außen werden selten bis gar nicht engagiert. Warum auch? Die Autoren, Texter, Grafiker und Werbefilm-Regisseure sitzen in den Agenturen und Produktionen. Das sind die Spezialisten, sie kennen das Metier und das ist wichtig, um Auftraggebern einen Film zu verkaufen. Von außen geht das gar nicht. Ausnahmen bestätigen allerdings die Regel.

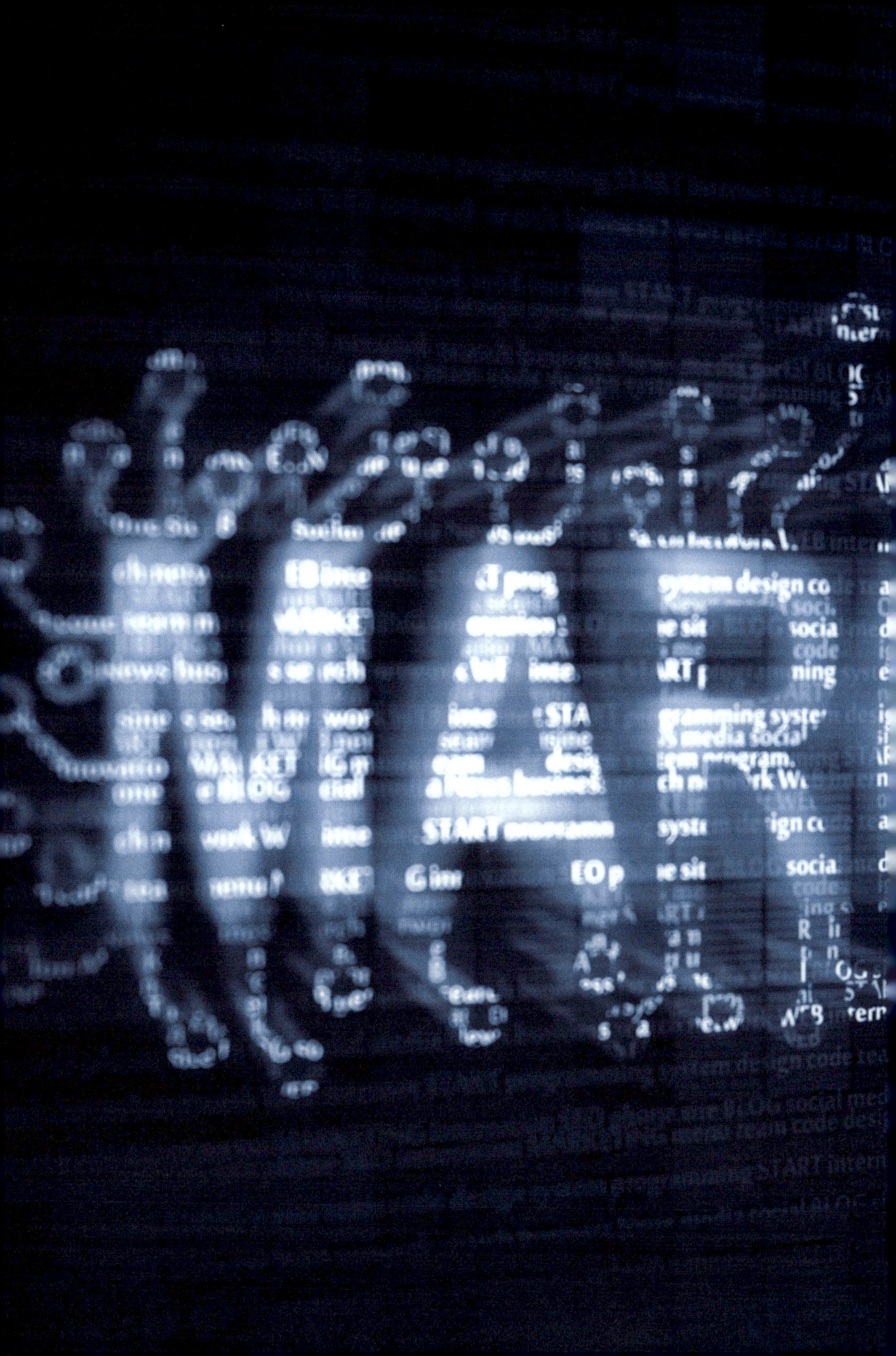

web-serien

5. Web-Serien

Wir gucken alle kein Fernsehen mehr. […] Es ist absurd, sich eine Zeit zu merken, zu der man einschalten muss, weil man sonst die Sendung verpasst. Das ist absolut nicht mehr mit dem heutigen Lebensgefühl vereinbar.

Das Erzählen in seriellen Einheiten ist offensichtlich ein menschliches Grundbedürfnis. Von den 1001 Geschichten, dem Il Decamerone, über die zyklische Serialität in der Commedia dell'arte im 16. Jahrhundert, über die Fortsetzungsromane in den Zeitungen bis hin zu den ersten Kino-Serien ab 1910 oder zum Fernsehen, wo die Serie ihren angestammten Platz gefunden hat: Der Reiz, eine Geschichte in mehrere Einheiten zu unterteilen und immer weiter fortzuspinnen, ist offensichtlich unstillbar. Entsprechend haben sich im Internet schnell serielle Formen unterschiedlichster Ausprägung entwickelt, wobei die Begeisterung der Macher anfangs größer war als die des Publikums. Exemplarisch für viele sagt Kristian Costa-Zahn vom UFA Lab:

Ich habe 2001 bei der ersten Produktionsfirma in Deutschland gearbeitet, die sich darauf spezialisiert hatte, Filme fürs Internet zu machen. Aber das war zu früh für den Markt, die Firma wurde von der Mutterfirma nach dem Platzen der Dot-Com-Blase zugemacht. 2005 kam aber YouTube und dann war das Thema plötzlich da und war präsent. Aber zuvor wollte keiner etwas von dem Thema wissen.

Es gab anschließend eine kleine Hochzeit der Webserien in Deutschland, während der z.B. die UFA rund zwanzig Webserien produzierten, darunter für studiVZ beispielsweise die *Pietshow* Staffel 1 & 2 oder für Myspace *Ich bin größer als groß*, welche von Mars gesponsort wurde. Ähnliches erlebte man in den USA, dort ausgelöst durch den Streik der Drehbuchautoren 2008. Den Autoren und Produzenten waren aufgrund der Streiksituation die Hände gebunden und konnten weder fürs Fernsehen noch für den Kinomarkt arbeiten. Was lag näher, als sich im Internet zu versuchen? Viele Kreative versuchten sich in Webformaten (wie z.B. *Dr. Horribles Sing-Along-Blog*, das wir später noch beleuchten werden). Rückblickend gab es kaum Hits – und noch weniger Publikum. Auch der Fehlschluss, Web-Serien würden sich auf das Fernsehen übertragen lassen, trug schwer. Dabei konnte man doch, anstatt einen teuren Serienpiloten für das Fernsehen zu drehen, für deutlich weniger Geld eine qualitativ hochwertige Web-Serie produzieren, im Netz Aufmerksamkeit generieren und schließlich die Episoden zusammenschneiden o.Ä. und im Fernsehen ausstrahlen – dort, wo das Geld sitzt. Oder etwa nicht? *Quarterlife* war 2007 in den USA ein solches Format, was die NBC nach dem

Erfolg im Netz ins Fernsehen holte – und mit nur 3,1 Millionen Zuschauern ein desaströser Misserfolg auf dem Sendeplatz war. Die Show wurde sofort abgesetzt. Es gibt aber auch Gegenteiliges zu berichten: Andere Webserien wie Lisa Kudrows *Web Therapy* begann online und wurde für eine zweite Staffel von Showtime unter Vertrag genommen. Gleiches gilt für Kiefer Sutherlands *The Confession*, das von Hulu mit einem Filmdeal ausgestattet wurde. Dennoch scheint die Brücke zwischen Web und TV in dieser Hinsicht kaum zu tragen. Bislang jedenfalls.

Web-Serien sind so unterschiedlich, wie das Internet abgründig und bunt. Die Formate reichen von aufwendig produzierten Hollywood-Produktionen bis hin zu billigsten Amateurproduktionen. Nicht nur inhaltlich unterschiedlich, fehlt es dem Genre der Web-Serie bislang an einheitlichen Standards, einer verlässlichen Plattform für die Ausstrahlung und zumeist einem entsprechenden Marketing. Doch es gibt Anzeichen dafür, dass sich dies ändert – wenn die vielbeschworene Konvergenz zwischen Internet und TV tatsächlich irgendwann einmal stattfinden würde. Doch was treibt die Macher von Web-Serien derzeit an?

Die Macher

Die Mehrzahl der Web-Serien-Schöpfer sind professionelle Filmemacher. Die Gründe, warum sie sich für dieses Internetformat entscheiden, sind vielfältig. Einerseits ist sicherlich die Freiheit zu nennen, die sie hier vorfinden. Autor Marian-Reinhart Grönwoldt, der seine Abschlussarbeit an der Internationalen Filmschule Köln mit der Web-Serie *Niklas verliebt sich* beendete, meint dazu:

> Es gibt Webserien, die auf einem Sender keinen Platz hätten, beziehungsweise keinen Sinn machen würden, *Annoying Orange*, *Ask a Ninja* oder *Fred* zum Beispiel. Alles Projekte, die mit minimalem Aufwand und Kosten fast täglich hergestellt werden können und großen Erfolg haben.

Damit ist ein Kernpunkt für die Motivation vieler Kreativer benannt, sich im Bereich Webserie zu versuchen: Hier muss man sich nicht irgendwelchen inhaltlichen und formalen Sendervorgaben beugen (von den Bedingungen eines etwaigen Sponsors einmal abgesehen) und kann Geschichten erzählen, die vielleicht auch nur ein ganz kleines Publikum erreichen. Dieses mag dem Format aber vielleicht so loyal folgen, dass sich der ganze Aufwand lohnt. Und dann kann auch eine qualitativ hochwertige Webserie refinanziert werden.

Dass die Macher selbst mehr Verantwortung übernehmen können, scheint für einige ein zentrales Argument zu sein. Marian-Reinhart Grönwoldt, der nicht nur das Buch zu *Niklas verliebt sich* geschrieben, sondern das Format auch produziert und Regie geführt hat:

> Ich mochte den Gedanken, dass ich ganz alleine entscheide, wie die Serie aussieht und es keinerlei Zensur gibt. Im Nachhinein zeigt sich, dass viele dieser Überlegungen recht naiv waren. Was damit zusammenhing, dass ich den »Web-Serien-Markt« zu diesem Zeitpunkt nur unzureichend verstanden hatte.

Eine andere, zusätzliche Motivation ist es, sich durch ein erfolgreiches Webformat einen Namen zu machen. Aaron Yonda:

> *Chad Vader* not only got us an audience for all our projects but it also got us recognition. When we discuss working on people with projects it always helps to have the success of Chad Vader to back us up.

Die Webserie funktioniert also als Referenzprojekt, gibt dem Macher Credibility und beweist, dass er auch mit wenig Geld und eingeschränkten Mitteln etwas kreativ Herausragendes leisten kann.

Finanzierung

Autor Marian-Reinhart Grönwoldt beschreibt ein Kernproblem der meisten Web-Serien:

> Als ich dann das Angebot bekam, aus *Niklas verliebt sich* ein Fernsehformat zu machen, kam das genau zum richtigen Zeitpunkt. Denn ich hatte inzwischen begriffen, dass ich, wenn ich die Serie wirklich fürs Internet produzieren würde, so wenig Geld zur Verfügung hätte, dass es nicht mehr die Serie gewesen wäre, die ich mir vorgestellt habe.

Die meisten Web-Serien werden von den Machern selbst finanziert. Ihnen geht es nicht darum, Gewinn zu machen, sondern sich vielmehr ein eigenständiges, originelles Profil als kreatives Talent zuzulegen. Eine ungewöhnliche, am besten qualitativ hochwertige und auch noch erfolgreiche Web-Serie ist eine großartige Visitenkarte auch für andere Bereiche – gerade in der heutigen Zeit.

Jedoch ändern sich die Zeiten. YouTube hat kürzlich 100 Mio $ für die Förderung von web-basierten Talenten bereitgestellt. Doch diese Zahl hört sich an wie ein Witz, wenn man die 500 Mio $ betrachtet, die Hulu dafür ausgeben will.

Tatsächlich ist es so, dass die Web-Serien, die ihr Publikum gefunden haben – vielleicht auch dadurch, dass sie eine Nische besetzt haben – und dieses Publikum konstant behalten, aufmerksam beobachtet und schließlich von der Industrie gesponsort werden. Schließlich bieten Web-Serien im Vergleich zu anderen Formaten oft auch einen interaktiven Zugang und sind auf vielen Social Media-

Seiten unterwegs. Das macht es wiederum sehr interessant für die werbetreibende Industrie:

Because the most forward leaning web-series are interactive, allowing viewers to participate through various social media networks, Warren's BrandCinema recognizes the opportunity to create unique branding campaigns around original web content.[124]

Doch bis man seine Millionen von den Internetgiganten erhält, sind viele vielleicht erst einmal auf Crowdfunding angewiesen. Auf den Seiten von KickStarter, Indiegogo, pling, visionbakery, mysherpas, Startnext und anderen kann man sein Projekt vorstellen und um Spenden werben. Was man dem Publikum dafür anbietet, ist einem selbst überlassen. Dass die Zuschauer im Mediengeschehen zunehmend aktiver werden, zeigt sich auch in ihrer Bereitschaft, *ihren* Content, also Inhalte, die sie mögen, selbst zu finanzieren.

Sponsorship ist eine andere Möglichkeit, aber als vielleicht unbekannter Filmemacher mit einem unbekannten Produkt wird das schwierig sein. Dennoch kann es gelingen, genau wie Product Placement, sofern die Web-Serie ein bestimmtes Potenzial hat und dem Kunden ein ideales Setting für seine Marke bietet. Die UFA startete 2009 eine Webserie auf Myspace mit dem Titel *Wir sind größer als Gott*. Sie wurde nach Protesten der Kirche in *Wir sind größer als groß* umbenannt. Als Sponsor für das Format fungierte der Schoko-Riegel-Hersteller Mars, der für sein neues Produkt Mars Planets trommeln wollte. Bei Myspace war 2008 die Serie *They call us Candy Girls* aus dem Hause MME zu sehen, die von Levi's gesponsort wurde. *Deer Lucy*, eine Serie rund um eine junge Sängerin und ihren Traum vom Erfolg, war eine Kooperation zwischen Bild.de und dem Versandhaus Otto. Beide wollten in ihren Bereichen Musik und Kleidung von diesem Format profitieren. Kristian Costa-Zahn: »Wenn man Web-Serien für Markenpartner macht, dann muss das Format natürlich in die jeweiligen Kampagnen passen. Die Plattformen im Internet wollen selbst oft nicht dafür bezahlen, wenn man ihnen Content anbietet.«

Reich wird dennoch kaum einer der Webserienmacher. Marian-Reinhart Grönwoldt: »Einige verdienen inzwischen auch viel Geld, doch das sind nur wenige. Da unterscheidet sich das Internet nicht vom klassischen Fernsehen, auch da schaffen nur wenige den großen Erfolg.« Aaron Yonda, kreativer Kopf hinter der Web-Serie *Chad Vader*, erzählt:

We use money we make from doing other creative projects for the most part, and money we make from revenue sharing on YouTube. For Season 4 I ran a successful Kickstarter campaign that raised nearly $8000. That was enough to pay for the cost of making the season and paying the crew a very small fee. Which is better than nothing because that's what the cast and crew usually make for being on the show. With the limited merchandising we can do for the show because of the whole Star Wars copyright situation it's been a little challenging to make enough money to keep doing the series. LucasFilm has been kind in most respects to let us keep making the show but we were never able to make as much as we could have. That said, *Chad Vader* brings us exposure and that leads to many more jobs and ways of making money so we feel lucky.

Yonda thematisiert ein Kernproblem der meisten Webformate – es gibt wenig Geld (falls überhaupt) und das Ganze ist viel mehr eine Werbeveranstaltung für die Kreativen selbst. Betrachten wir den positiven Aspekt: Im Grunde sind Web-Serien kreativfördernd. Es gehört schon eine Menge Einfallsreichtum dazu, ein solches Format für so wenig Geld herzustellen, wie es die meisten Produzenten zur Verfügung haben. Das schränkt den Inhalt und die Art und Weise ein, wie die Geschichte erzählt wird. Scott Staven:

What I did was stockpile all usable locations in advance of writing the script, then I used many of those as locations in the script. The idea was to create a story I knew I could shoot. We also did some guerrilla shoots.[125]

Zumeist muss man sich beim Schreiben der Serie auf nur eine Handvoll Figuren konzentrieren, es gibt wenige, eingeschränkte Settings und auf kostspielige Actionsequenzen und Special Effects muss man ebenfalls verzichten. Oftmals ist es möglich, Leute zu finden, die umsonst mitarbeiten, bis hin zu Schauspielern, die ja auch schon bei Studentenfilmen ihre Gage oft hintenanstellen.

Eine der bekanntesten Webisodes wurde von Joss Whedon, TV Producer von *Buffy the Vampire Slayer* produziert. Sein insgesamt 45-minütiges Internetmusical *Dr. Horrible's Sing-Along Blog*[126] wurde schnell die Nummer 1 bei iTunes. Josh Whedon:

The idea was to make it on the fly, on the cheap — but to make it. To turn out a really thrilling, professionalish piece of entertainment specifically for the Internet. To show how much could be done with very little. To show the world there is another way.[127]

Den Zuschauern ist es ohnehin egal, wie etwas finanziert wurde. Sie entscheiden nur, ob es für interessant ist, oder nicht. Kristian Costa-Zahn:

Die große Herausforderung ist aber, dass sich die Leute Web-Serien genauso ansehen wie die *Sopranos* oder *Lost*. Und wenn wir für einen relativ geringen Minutenpreis eine Webserie machen, dann muss die schon derart überzeugen, so dass jemand, der eine Stunde online ist, sich auch dafür und gegen die große amerikanische HBO-Serie entscheidet. Der Content muss ja nicht unbedingt teuer sein – aber er muss gut oder authentisch sein. Sonst kann man nicht mit den teuren Hollywood-Produktionen in Konkurrenz treten.

Marian-Reinhart Grönwoldt fügt hinzu: »In naher Zukunft können wir ohnehin alle unsere Serien, wenn wir wollen, übers Internet beziehen. Da werden nicht-professionelle Inhalte kaum mit professionellen und teuer hergestellten mithalten können, sofern sie keine billig-produzierten Sketch-Shows sind.«

Es geht aber auch anders: Der Videodienst Netflix greift mit der eigenprodu-zierten Serie *House of Cards* das traditionelle TV-Geschäft an. Das Format basiert auf der gleichnamigen BBC-Miniserie aus dem Jahr 1990 und wurde nun von David Fincher *(Sieben, Fight Club)* produziert. Der mehrfach für den Oscar nominierte Regisseur versuchte sich damit erstmals an einer Serie und lieferte eine überzeugende Vorstellung ab. Und gleichermaßen eine Revolution. Denn das Polit-Drama war in den USA nicht im klassischen Fernsehen zu sehen, son-dern zunächst nur im Internet. Und obwohl es ein Serienformat ist, wurde dessen genretypische Erzählweise zugleich auf den Kopf gestellt. Denn Netflix zeigte die gesamte erste Staffel auf einmal im Netz – und hebelte damit das normale Seri-enkonsumverhalten aus. Denn Internet funktioniert anders als lineares Fernse-hen. Dort können schlechtes Wetter, Sendezeit oder das Konkurrenzprogramm direkte Auswirkungen auf die Quote haben. Im Internet können Serien über einen längeren Zeitraum eine Zuschauerbindung aufbauen. »Wenn das Experiment er-folgreich ist, wird sich die Zukunft des Fernsehens verändern.«[128] Nicht nur, weil nie zuvor eine so teure Produktion für einen Internetanbieter verwirklicht wurde oder weil die Ausstrahlungsweise die bisherigen Gewohnheiten über den Haufen wirft – sondern weil Netflix der erste »echte« Sender unter den Online-Streaming-Anbietern werden könnte. Das Potenzial hat der Sender – schließlich hat er das Nutzungsverhalten seiner 30 Mio. Nutzer seit Jahren genau analysiert:[129] Netflix zeichnet auf, wann ein Film gestoppt oder abgebrochen wird, wann die Kunden vor- oder zurückspulen oder wie oft der Film angesehen wird. Diese Daten wer-den analysiert und daraus schließlich Kategorien für die Eigenentwicklung abge-leitet. Und deswegen setzt Netflix auf den Erfolg des mit Kevin Spacey hochkarä-tig besetzten *House of Cards*.

Look

Aufgrund der oftmals angespannten Finanzierung haben die meisten Web-Serien Probleme, eine Hochglanzlook zu erreichen, der sich mit Fernseh- oder gar Kino-Formaten messen kann. Es ist aber klar festzustellen, dass die wenigstens Formate überhaupt dieses Ziel haben. Es gibt sicherlich hochwertig aussehende Serien, aber viele Formate kokettieren auch mit ihrer Amateurhaftigkeit und ihrer schlechten Bildqualität. Oftmals betten sie dies sogar selbstreflexiv in die Handlung ein:

> So gelingt es (teilweise), den produktionsästhetischen ›Mangel‹ als zentrales Konzept in den Mittelpunkt der Rezeption zu rücken, weshalb sich beispielsweise auffällig viele Mockumentary-Formate unter den deutschsprachigen Webserien finden lassen – z.B.: *Making of Süsse Stuten 7* und *Flusstouristen*.[130]

Zielgruppe und Marketing

Auch im Web müssen Filmemacher wissen, wer eigentlich zu ihrer Zielgruppe gehört. Einer der größten Fehler ist es, sich keine Gedanken darüber zu machen, wen man ansprechen möchte. Obwohl das Internet den größtmöglichen Freiraum lässt, und alles möglich scheint, scheitern viele Web-Serien daran, dass sie an ihrem Publikum vorbeiproduziert wurden. Welche Geschichte erzähle ich? Wen will ich erreichen? Das sind Fragen, die man sich auch bei diesem Medium stellen muss. Kristian Costa-Zahn:

> Man muss sich gut überlegen, in welcher Situation die Zuschauer sind, wenn sie das schauen und was sie erwarten. Und man braucht individuelle Lösungen: Welche Zielgruppe reagiert wie? Wollen die Zuschauer Cliffhanger, weil sie eh jeden Tag auf der Plattform sind? Oder sollen die Episoden in sich abgeschlossen sein, damit man sie einfacher unabhängig voneinander konsumieren kann?

Schauspielerin, Autorin und Web-Serienschöpferin Felicia Day, die mit der Web-Sitcom über Computerspieler *The Guild*[131] bekannt wurde, auf die Frage nach dem Internet-Zielpublikum:

> If you can't sit down and easily identify what kind of person will like your show and name 5 places that person might go to on the internet, you will have a hard time getting the word out, no matter how good it is.[132]

Ihre eigene Sendung *Felicia Day* ist ein erfolgreiches Format auf YouTube. Über 150 Mio. mal wurden die Episoden mittlerweile angeklickt, rund 200.000 Abonnenten wollten keine Folge verpassen. Und die Show ist rentabel: Microsoft hatte sich ab der zweiten Staffel entschlossen, die Erstausstrahlungsrechte zu kaufen.[133] Interessanterweise ist *Felicia Day* so erfolgreich, dass sich ihr Erfolg potenziert: Electronic Arts bat sie, für die Fortsetzung des Rollenspiels *Dragon Age* eine Web-Serie zu schreiben, als eine Art Luxus-Trailer für das Spiel. Day erfand und verkörperte die Figur der Elfe Tallis – und dies brachte wiederum die Entwickler auf die Idee, diese Figur in das Spiel zu integrieren.[134]

Rich Mbariket, Gründer der Community **Web Series Network** empfiehlt für das Publikmachen einer Web-Serie, die Zielgruppe genau zu analysieren. Dann müsse man da hingehen, wo sie sind – offline und online – und Teil ihrer Konversation werden. Dazu solle man sogar bezahlte Werbung für sein Format nicht ausschließen. »A lot of successful series (...) begin promoting the series well in advance of shooting by attending comic conventions or releasing viral campaigns, or creating a fan page and a website. They are building the foundation of a fan base«[135], meint Scott Staven.

Im Fernsehen werden Serienideen natürlich dahingehend beurteilt und schließlich beauftragt – oder auch nicht –, inwieweit ihre Grundidee originell ist und ob sie zu dem Senderprofil passt. Zumindest Letzteres fällt bei Web-Serien weg. Sie sind erst einmal plattformunabhängig.

Dies allerdings macht es nicht einfacher, im Gegenteil. Denn wo das Fernsehen nur ein paar hundert (oder sagen wir: ca. zwanzig ernstzunehmende) Konkurrenzsender hat, hat das Internet die größte Konkurrenz, die man sich vorstellen kann. Damit das Web-Format auffällt, muss es etwas Außergewöhnliches, etwas Eigenständiges bieten. Doch damit nicht genug. Es reicht nicht nur, etwas zu produzieren und dann damit zu rechnen, dass die Fans schon kommen werden. Scott Staven, Macher von *Hitman 101*. »You have to market and promote. Even if your series is the best ever, you may have to work just as hard to convince people to watch as you did to make it.«[136] Genauer beschreibt dies Julie Giles in ihrem frei erhältlichen E-Book *How To Build An Audience For Your Web Series*[137].

Einige Web-Formate sprechen gezielt zuerst ein kleines, ausgewähltes Publikum an: *Easy To Assemble*[138] ist eine Web-Serie, die für Ikea entwickelt wurde. Darin beendet Schauspielerin Illeana Douglas auf Anraten ihres Psychotherapeuten ihre Hollywood-Karriere und fängt in Burbank bei Ikea an. Sie will ein normales Leben leben – nur Hollywoods Showbiz lässt sie nicht. Das Format ist vollgepackt mit echten Hollywood-Stars, die plötzlich ebenfalls bei Ikea herumspringen. Es gibt mittlerweile vier Staffeln, die einzelnen Folgen sind zwischen fünf und sieben Minuten lang. Die Macher wendeten sich anfangs zunächst an die Top Ten Ikea Fan-Blogs, um das Format bekannt zu machen und zunächst war die Webserie nur auf diesen Blogs zu sehen. Damit erzeugten die Macher einerseits Verknappung und erreichten durch dieses geheimnisvolle Manöver viele Fans, die Teil des Besonderen sein wollten. Dann schrieben sie einen Wettbewerb aus: Der Blog, der am besten von den Fans angenommen wurde, wurde ins Staffelfinale geschrieben.

Zur Web-Serie benötigt man in der Regel eine entsprechende Webseite, auf der die Fans einfachen Zugang zu den Machern und weiteres Material bekommen. Je professioneller und besser die Seite aussieht, desto besser. Die meisten Formate gehen diesen Weg, dennoch bleibt der Markt beinahe unüberschaubar.

Die Plattform

The medium is missing something like a TV Guide for Web video — that magazine's owners and others are scrambling to become the industry standard. As a result, advertisers »sometimes have trouble navigating« the market.[139]

MyVideo und YouTube sind zumindest derzeit die größten und populärsten Plattformen. Abgesehen davon, dass es jedem möglich ist, seine Videos dort hochzuladen, gibt es auch das YouTube Partner Programm, das es den Mitgliedern einfacher möglich macht, mit ihrem Content Geld zu verdienen. Dabei werden – je nach Wunsch – Banner oder Werbespots im Film eingeblendet. Man kann selbst wählen, wie oft und an welchen Stellen unterbrochen wird und ein Spot zu sehen ist. Mehr Views bedeuten mehr Werbung und damit mehr Erlöse. Ebenfalls angeboten werden Pay-Per-View-Modelle. Darüber hinaus veröffentlicht YouTube mittlerweile Nischen-Kanäle, die bestimmte thematische Bündelungen vornehmen – eine Vorstufe (oder vielleicht die Zukunft) des Web-Fernsehens. Ähnliches gilt auch für Hulu Web Originals, die ja, wie bereits angesprochen, ebenfalls kräftig in den Markt investieren. Weitere (amerikanische) Plattformen sind My Damn Channel oder Blip, die sehr genau darauf achten, welcher Content hochgeladen wird: Der Fokus liegt auf der Qualität. Blip teilt die Werbeeinnahmen hälftig mit den Web-Serien-Machern. Yahoo! Screen, Funny or Die oder Vimeo sind ebenfalls relevante Plattformen. Das deutsche 3min.de, das zwei Jahre lang hochwertige Webserien ausstrahlen wollte, wurde Mitte 2011 von der Telekom eingestampft.

Die Plattformen beteiligen die Inhalteanbieter in unterschiedlicher Form an den Erlösen, die sie durch Werbung erzielen. Momentan sind die Einnahmen aus dem digitalen Vertrieb noch nicht mit denen aus z.B. den DVD-Verkäufen gleichzusetzen. Aber jene sind ohnehin rückläufig und es wird nicht mehr lange dauern, bis der digitale Video-On-Demand-Markt sein physisches Gegenstück, die DVD, verdrängt hat.

Ausstrahlung

Die klassische Webserie wird mit zwei Folgen die Woche à ungefähr drei Minuten ausgestrahlt – unabhängig von der Produktion. Dabei gibt es zwei grundlegend verschiedene Ansätze: Das eine Web-Format wird Woche für Woche veröffentlicht, während gleichzeitig gedreht wird. Bei anderen Web-Formaten ist die komplette Serie schon abgedreht und liegt vor, während es nach und nach veröffentlicht wird. Sicherlich ist das Genre hier entscheidend – je filmischer, desto größer die Wahrscheinlichkeit, dass man die Folgen, ähnlich wie einen Film, hintereinander weg dreht. Je aktueller der Bezug zum Tagesgeschehen ist, desto näher liegt der Produktionszeitpunkt an der Ausstrahlung.

Länge

Die meisten Web-Serien sind zwischen drei und zehn Minuten lang. Das bedeutet im Umkehrschluss, dass die meisten Staffeln rund eine bis anderthalb Stunden dauern. So lange also wie ein normaler Fernsehfilm. Die Länge des amerikanischen Formats *Chad Vader* schwankt zwischen vier und elf Minuten. Aaron Yonda: »The length of each episode is pretty much based on the needs of the story. Since it's totally our show and we get to decide how to make it we just make the episodes as long as we want.«

Die Kürze der Episoden ist gleichzeitig Reiz für den Zuschauer und auch Problem für den Macher: Schließlich muss eine einzelne Episode nicht nur eine (mehr oder weniger) komplexe Geschichte erzählen, sondern diese auch noch zu einem Ende bringen. Marian-Reinhart Grönwoldt:

> Wenn sich die Länge eines Formats auf wenige Minuten beschränkt, braucht es meistens witzigen Inhalt oder eine gute Pointe am Ende, um den Zuschauer zu fesseln. Das ist auch der Grund, warum humorvolle Inhalte im Internet so gut funktionieren. Einen Witz kann man sich immer mal nebenbei erzählen lassen, aber eine horizontale Erzählung mit mehreren Handlungsebenen und einer Entwicklung der Charaktere macht in dieser Kürze schlichtweg keinen Sinn.

Die Story / Dramaturgie

> I think what initially gets people in the door is the idea of Vader in a grocery store but then they continue watching because they get involved with Chad and the other characters – and the story. (Aaron Yonda)

Grundlage für den Erfolg einer Web-Serie ist – wie bei jeder anderen Serie auch – eine ansprechende Grundidee. Gerade im Internet sind die Grenzen offener für ungewöhnliche Ideen. Vielmehr: Um in diesem unübersichtlichen und gigantischen Konkurrenzumfeld Erfolg zu haben, muss man eine originelle Idee haben. Marian-Reinhart Grönwoldt:

> Einer der größten Fehler, den die meisten klassischen Medienvertreter nach wie vor machen: Sie denken, dass nur weil eine Serie über das Internet konsumiert wird, die

Zuschauer einen internetspezifischen Mehrwert erwarten. Aber das ist Unsinn, denn dem Zuschauer ist es völlig egal, über welches Medium er eine Serie konsumiert, wichtig ist nur, dass er eine gute Geschichte erzählt bekommt.

Was die Fallhöhe betrifft, so gibt es interessante Unterschiede zwischen den Viral Spots und (zumindest den deutschen) Web-Serien. Wo die Viral Spots auf Ungeheuerlichkeiten und möglichst große Konflikte setzen, geben sich Web-Serien wie *Wir sind größer als Gott, Candy Girls, Ninas Welt,* usw. eher harmlos und wenig provokativ.

Aber eine Idee allein reicht natürlich nicht aus. Mike Ajakwe jr, Gründer und geschäftsführender Direktor von The LA Web Series Festival:

The story has to move. The same rules of film, television and theater apply. You want a three-act structure – a beginning, a middle and an end. Every scene must mean something, must drive the story forward. You can have a show that looks great, but if it's not about anything, then it's not taking your audience anywhere.[140]

Natürlich sind die meisten Web-Serien deutlich kürzer als klassische Fernsehserien, aber das grundsätzliche erzählerische Prinzip verändert sich nicht. Genau wie bei den TV-Formaten gibt es Serien, die einen »Fall der Woche« haben (z.B. bei *Moabit Vice*[141]), wie auch andere, die auf horizontale Erzählbögen setzen.

Die meisten Web-Serien beschränken sich auf eine geringe Zahl von Locations und auf wenige Figuren. All das sind Auswirkungen der geringen Finanzmittel, aber sie haben natürlich auch dramaturgische Konsequenzen: Die wenigen Schauplätze konzentrieren den Inhalt, kondensieren ihn und die Autoren müssen die Handlung dennoch möglichst glaubwürdig halten. Warum eine Figur an einem bestimmten Ort anzutreffen ist, muss stets begründet werden, sofern sich das nicht organisch ergibt. Weniger Ortswechsel bedeuten aber auch eine andere Szenenführung: Wenn man nicht so leicht zwischen unterschiedlichen Schauplätzen hin und her schneiden kann, geraten die Dialogszenen oftmals länger. Timing – was gerade bei Comedy-Formaten wichtig ist – gerät so leicht außer Takt und das komische Potenzial wird verschenkt oder muss durch grobe Überspitzungen aufgefangen werden.

Eine geringe Zahl von Figuren bedeutet für den Autor, dass er die Konflikte im Figurenensemble von vornherein viel stärker zuspitzen und konzentrieren muss. Dies ist nicht unproblematisch, denn der B-Plot, in dem die Private Lines der Figuren oftmals beleuchtet werden, fehlt bei vielen kurzen Web-Formaten.

In einer klassischen Fernsehserie bringt man die Charaktere zu Anfang zusammen und führt oftmals über einen Dialog in die Handlung ein.

> But games dispense with the entire first act, the part that sets the plot in motion. When the story begins you're in a world – you have a gun, all hell is breaking loose, and your job as a player is to stay alive and figure out where you are.[142]

Einen ähnlich komprimierten Anfang scheinen Web-Serien zu haben. Folgt man dem Creator Playbook von YouTube (www.youtube.com/yt/creators/playbook. html), so muss der Hook der Geschichte innerhalb der ersten 15 Sekunden passieren. Denn innerhalb dieser Zeitspanne entscheiden die User, ob sie die nächsten Minuten mit dem Format verbringen wollen. *Scott Staven* über seine prämierte Web-Serie *Hitman 101*:

> I wanted every episode to push the story forward but still be engaging on its own merits. Each episode had its own originality and ended with an event that piqued viewer interest enough for them to want to see what happened next. I wrote it as one script with the 12 episodes.[143]

Das dramaturgische Prinzip von Wendepunkten, Teasern usw. ändert sich bei einer Web-Serie im Grunde genommen nicht. Man muss es allerdings der Länge des Formates anpassen. Je nach Format ist eine Cliffhanger-Dramaturgie unerlässlich. Die offenen Fragen am Ende einer Folge müssen, genau wie bei einer normalen Serie, so stark sein, dass man unbedingt weiterschauen will. Auch wenn es Parallelen zu normalen Serienformaten gibt, unterscheiden sich die Web-Serien vor allem hinsichtlich der Komplexität von TV-Serien. Aaron Yonda:

> You don't have to worry about a B-story plot and obviously it's shorter, but in essence I think it's very similar. When we were developing the show for TV (which never happened due to LucasFilm being a little skittish about it) we could see that we would have a little more time for character development and the pace wouldn't have to be as frenetic.

Inhalte der Webserien

High Maintenance[144] erzählt die Erlebnisse eines New Yorker Drogendealers, der in jeder Folge mit einem anderen Klienten konfrontiert wird. Ähnlich wie bei dem deutschen TV-Format *Der Tatortreiniger* geht es jedesmal um die Erforschung eines anderen Charakters und der Welt, in der dieser lebt: von dem pleitegegangenen Glamour-Paar über den heimlichen Schwulen, der vergeblich den Dealer anflirtet, bis hin zu dem Pärchen, das mit seinen neuen Mitbewohnern nicht zurechtkommt. Jedes Mal werden Figuren vorgestellt und deren Welt tragikkomisch beleuchtet. Ein Sozialpanorama, das innerhalb von je sechs bis sieben Minuten hochwertig gefilmt das heutige New York und dessen Bewohner abbildet.

Portlandia[145] ist eine Emmy-prämierte Web-Serie, die mittlerweile in der dritten Staffel ausgestrahlt wird. Aufwendig produziert und mit Gaststars wie Steve Buscemi, Chloe Sevigny, Aimee Mann, Heather Graham, Gus van Sant und Kyle MacLachlan ausgestattet, nimmt das Format die Hipster und Kreativ-Alternativszene in Portland aufs Korn. Die Episoden entziehen sich einem klaren dramaturgischen Aufbau, die durchgehende Handlung wird durch Sketche unterbrochen, welche manchmal keinen Bezug zur Titelgeschichte haben, sich aber über die Staffel hinweg in loser Folge durchziehen. Es geht also eher um Zustandsbeschreibungen und die Charaktere, die ein stark ironisches Bild der aufgeklärten, umweltbewussten Großstadtbewohner abgeben. Zum Beispiel, wenn sich ein Künstlerpaar in einem Restaurant über die Herkunft des zu verspeisenden Huhns erkundigt. Oder wenn der vegane Harcore-Fahrradfahrer an seiner Wohnungstür scheitert. Oder ein Besuch der Toilette in einem feministischen Buchladen in einer Katastrophe endet.

Ebenfalls ein modernes Thema greift *Wainy Days*[146] auf. Hier geht es um die »leicht fiktionalisierte« Suche von David Wain nach der Frau fürs Leben. Die ersten 32 Folgen sind als Staffel 1 bis 4 auf DVD erschienen, und dass es mittlerweile fünf Staffeln gibt, zeigt, dass der Protagonist offensichtlich große Schwierigkeiten damit hat, eine Frau zu finden: Er ist unsicher, nervös und absolut uncool. Kein Wunder, dass er immer wieder scheitert. Aber glücklicherweise ist es sehr witzig.

Einige etablierte Webserien sind Parodien, so etwa *Burning Love*[147], das sich auf Formate wie *The Bachelor* einschießt oder *Children's Hospital*, das seit 2008 läuft und es bislang auf vier Staffeln und insgesamt 30 Episoden à fünf Minuten gebracht hat. Auch hier ist David Wain beteiligt. Das Format parodiert die üblichen Krankenhausserien und wird sogar in dem Krankenhaus gedreht, in dem auch *Scrubs* realisiert wurde. Wie oft in Parodien wird eine Off-Stimme als Stilmittel genutzt, in Staffel 1 übernimmt Dr. Cat Black die Erzählerstimme, ab Staffel 2 Dr. Valery Flame. Der Perspektivwechsel – in TV-Formaten absolut ungewöhnlich – sorgt für zusätzliche Komik in diesem stellenweise bitterbösen, manchmal auch albernen Medical-Format.

Ebenfalls beim Sender adult swim gibt es das Format *NTFS:SD:SUV*. Eine Parodie auf Crime- und Action-Serien, wie alleine der Titel beweist: NTFS bedeutet Festplattenformatierung, SD steht für Standard Definition und ein SUV ist ein Sport Utility Vehicle, oder wie die Macher verlauten lassen: National Terrorism Strike Force: San Diego: Sport Utility Vehicle. Eine Episode ist elf Minuten lang und nach der erfolgreichen zwölfteiligen ersten Staffel wurde eine zweite in Auftrag gegeben. Das Format wurde zuerst in Form von gefälschten Werbespots während der Ausstrahlung der Webserie *Children's Hospital* beworben, ohne dass es *NTFS:SD:SUV* zu diesem Zeitpunkt schon gab. Es sind Trailer, die in Form eines *Public Service Anouncements* so tun, als würden sie wesentliche Tipps bereitstellen. Allerdings sind die Ratschläge völlig unangemessen, bzw. decken auf, dass überall Terroristen lauern: etwa der eigene Hund, die Mutter, die Verlobte usw.[148] Das Format ist hochwertig produziert und hat immer wieder Gaststarauftritte wie etwa von Jeff Goldblum, Jerry O'Connell oder Adam Scott.

Auch *Safety Geeks: SVI*[149] war eine Webserie, die das Krimi-Genre parodierte. Im Mittelpunkt stand das Team der Professional Occupational Safety Hazard (P.O.S.H.), das sich als fehlerhafter und inkompetenter erwies als alle Bösewichte, die es zu fangen versuchte. Das Format setzte besonders stark auf visuelle Effekte und wurde schließlich auch als Best 3D Television Comedy ausgezeichnet – obwohl es eigentlich eine Web-Serie war.
Darüber hinaus gibt es aber natürlich auch ernstzunehmende Crime-Formate. Die bereits angesprochenen Lilyhammer, Angel of Death (rund um eine Killerin, die von Tarantinos Lieblingsstuntfrau Zoe Bell gespielt wurde) oder eben *The Confession*[150]. Letzteres war eine zehnteilige Web-Serie, die mit Kiefer Sutherland und John Hurt prominent besetzt war. Vielleicht um sein durch *24* geprägtes Rüpel-Image abzulegen, spielte Sutherland einen Profikiller, der auf der Jagd nach seinen Opfer ist. Allerdings wird die Serie in Flashbacks erzählt, in denen der Killer mit einem Priester (Hurt) darüber diskutiert, ob die Opfer des Killers es verdient haben zu sterben. Eine eher theologische und ernsthafte Auseinandersetzung mit dem Thema Tod und Moral. Die Episoden waren zwischen fünf und sieben Minuten lang. Für die Drehzeit wurden neun Tage veranschlagt.

Solche Mainstream-Genres müssen, wenn sie sich im Internet durchsetzen wollen, etwas Besonderes bieten, das sich von der TV-Ware abgrenzt. Im TV ist der Krimi zu Hause, dort wird er mit weitaus mehr Geld und Aufwand produziert. In Sachen Look, Ausstattung kann das Internet einfach nicht mithalten (es sei denn, ein großes Hollywood-Studio oder eben Netflix o.Ä. engagieren sich). Entsprechend gibt es im Internet wenig »Butter-und-Brot-Formate«, wie man die normale TV-Ware auch bezeichnet: ein oder zwei Ermittler, die jede Woche auf solide Art und Weise einen ganz normalen Mord lösen. Die Internet-Crime-Version muss sich durch Fallhöhe, Erzählweise (siehe *The Confession*) und Stars davon abheben.
Es wäre falsch, das Internet als Nischen-Medium zu bezeichnen, aber grundsätzlich gilt schon: Hier findet jedes Special Interest seinen Platz. So auch in Web-Serien, deren Thematik für das Mainstream-Fernsehen zu gewagt, abwegig oder einfach zu »klein« ist. Dies gilt z.B. für das Genre der Studentenserie, mit der man im Fernsehen sicherlich nicht die erforderlichen drei oder vier Mio. Zuschauer er-

reichen könnte. Die *Pietshow*[151] wurde für das Netzwerk studiVZ produziert und griff seine Zuschauer dort ab, wo sie sich aufhielten.

Klassische Drama-Formate findet man im Internet eher selten. Als herausragendes Beispiel ist hier vielleicht *Anyone But Me*[152] zu nennen. Eine vielfach ausgezeichnete Serie (*Streamy Awards, Telly Awards, International Academy of Web Television Awards, Writers Guild Original New Media Award* usw.) behandelt das Leben von Vivian McMillan und ihren Freunden. Die lesbische 16-jährige Vivian zieht mit ihrem Vater zu ihrer Tante und muss sich nicht nur in dem neuen Umfeld behaupten, sondern auch die Fernbeziehung zu ihrer Freundin Aster aufrechterhalten. Die Webseite der Show bringt die Inhalte auf den Punkt – es geht um:

1. Hiding who you are. 2. Trying to fit in. 3. Trying NOT to fit in. 4. Dreaming large. 5. How annoying it is to eat in the cafeteria. 6. Wondering who likes you. 7. Making a long distance relationship work. 8. Finding your way in a new place and a complicated world. 9. Fighting stereotypes. 10. Coloring outside the lines 11. Wishing things could be different. 12. Old feelings coming back to haunt you. 13. Being blind to the person right in front of you. 14. Trying not to look like a fool. 15. Generations. 16. How do I look? What do I say? 17. Flirting. 18. Doing the right thing. 19. Making mistakes. 20. Not knowing what you want. 21. Having the time of your life. 22. Belonging.

In ihrem Verlauf hat die Serie über elf Mio. Zuschauer gewonnen. Dina Kaplan, Co-Gründerin von Blip-TV sagt deutlich, dass Drama-Serien, die auf den Mainstream schielen, im Internet ihr Publikum verfehlen. »Viewers can turn on the TV for that – what really draws people to the web are untold stories targeting specific communities hungry for content that can't be found on cable and network television.«[153]

Auch das vielleicht nicht sofort naheliegende Sujet Kirche wird in Webformaten aufgegriffen. *Church: Les mémoires d'une église*[154] ist ein französisches Format, das ebenfalls gerade in die zweite Staffel gegangen ist. Die lustigen Episoden sind elf Minuten lang. In ihnen erzählt der junge Daniel Bonvoisin aus seinem Leben als Sohn eines schwarzen Pfarrers. Einen ganz anderen Weg wählt das deutsche Format *Wolfgang – Der Mann für die Sünde*.[155] Die Webserie zeigt mit den bekannten deutschen Schauspielern Hannes Hellmann und Katharina Abt das Leben des etwas aus der Art geschlagenen Priesters Wolfgang, der selbst mit diversen Sünden zu kämpfen hat. Das Format wird vor meist statischer Kamera aufgezeichnet und die Schauspieler sprechen direkt in die Kamera. Damit steht die Serie formal in der Tradition von den Host-Web-Serien, in denen jemand auf möglichst originelle und witzige Art und Weise etwas kommentiert, erzählt oder vielleicht auch eifersüchtig vor sich hinleidet. *Daily Grace*[156] beispielsweise oder *You suck at photoshop*[157], das im Gegensatz zu den Host-Doku-Formaten den Protagonisten niemals zeigt, und trotz des sehr speziellen und eingeschränkten Themas (nämlich wie man bei Photoshop scheitert) sehr witzig ist. Dies liegt an der Art und Weise, wie der Protagonist Donnie seine Handlungen kommentiert: nerdig, hoffnungslos – und immer wieder scheiternd. Sicherlich ein Special Interest-Format, das auf diese Weise nur im Internet entstehen kann.

Das Sujet Technik findet sich aber auch in fiktionalen Formaten wieder, wie etwa in *offlife*. Die vom UFA-Lab produzierte zwölfteilige Webserie erzählt von Maya, die das Internet, Handys und ihr virtuelles Leben liebt. Doch genau deswegen verlässt sie ihr Freund – und Maya wünscht sich plötzlich, dass diese ganzen digitalen Medien verschwinden mögen. Als ihr Wunsch in Erfüllung geht, wird jedoch alles noch schlimmer.

Genau wie bei vielen transmedialen Formaten scheint das Technik-Sujet die Macher von Web-Serien anzusprechen, so dass sie dieses in die Handlung integrieren oder sogar zum zentralen Bestandteil machen – ob das jedoch auf gleiche Begeisterung beim Publikum stößt, sei dahingestellt.

social media News bu
work WEB internet START progra
code team
ocial media
team code design
BLOG social media
design code team
ork WEB
WEB network search business

games

6. Games

Games werden – wenn sie es noch nicht sind – Leitmedium wie es einst Film oder Fernsehen waren. Und man hätte ja in der Hochzeit des TVs nicht gefragt, welche Zielgruppen Fernsehen anspricht – sondern welche Sendungen welche Zielgruppen ansprechen sollen. Wir sind doch nicht mehr allzu weit von dem Punkt entfernt, an dem wir alle Gamer sind, so wie wir alle mal Fernsehzuschauer waren.
(*Gundolf Freyermuth*)

Computerspiele nehmen einen immer größeren Stellenwert in der Freizeitnutzung der Deutschen ein. Der Siegeszug der Smartphones (derzeit besitzen bereits 37% der Deutschen ein solches, im Vorjahr waren es noch 24%[158]) und Tablets führt zu einem anderen Medienkonsum. Und auch in der öffentlichen Wahrnehmung scheint das Bild des Gamers nicht mehr so abwertend zu sein und sich nur auf picklige pubertierende Jungs zu beziehen, die an Ego-Shooter-Games einen möglichen Amoklauf vorexerzieren. So ist auch der Anteil der Spieler zwischen 16 und 19 Jahren tatsächlich am geringsten[159], der deutsche Gamer ist im Durchschnitt 32 Jahre alt. Darüber hinaus wird quer durch alle Bildungsschichten gespielt, und es ist sogar zu beobachten, dass der Anteil der Gamer in höheren Einkommensklassen steigt. In den USA leben allein 183 Millionen aktive Gamer, die von sich behaupten, dass sie regelmäßig, im Schnitt 13 Stunden pro Woche, spielen. In Europa gibt es 100 Millionen Online-Gamer, 200 Millionen in China. Die Gamesindustrie setzt jährlich weltweit mit ihren digitalen Spielen für Computer, Mobiltelefone und andere Systeme rund 68 Milliarden Euro um.[160] Warum spielen so viele Menschen? Weil Games grundlegende menschliche Bedürfnisse erfüllen, die in der echten Welt offensichtlich derzeit nicht erfüllt werden: »Spiele überhäufen uns mit Belohnungen, wie sie in der Wirklichkeit nicht üblich sind. Sie lehren, inspirieren und begeistern uns, wie diese es nicht vermag.«[161] Wie schaffen Spiele das?

Computerspiele haben sich seit ihren Anfängen rasant verändert, wie man hier sehen kann.[162] Inga von Staden, Leiterin Interaktive Medien an der Filmakademie Baden-Württemberg: »Computerspiele sind mit ihren Action-, Serious-, Casual-, Social-Games und vielen anderen Genres so differenziert wie das Filmformat und mindestens so einnehmend.« Als audiovisuelles Medium scheint es selbstverständliche Parallelen zum Film – und damit auch in den narrativen Strukturen – zu geben. Und die Games haben in den letzten Jahren viel vom Film profitiert, indem sie zum Beispiel aufwendig produzierte Cut Scenes (filmische Sequenzen ohne Interaktion) verstärkt einsetzten, etwa um die Entwicklung von Atmosphäre oder Handlung voranzutreiben. Doch erst in den letzten Jahren nähern sich die beiden Medien verstärkt einander an, wie Dr. Maximilian Schenk, Geschäftsführer des BIU (Bundesverband Interaktive Unterhaltungssoftware e.V.) berichtet:

> Es gibt viele Beispiele der Kooperation mit anderen Medien: Die Zusammenarbeit mit Hollywood-Autoren bei Story-Konzeption von Games, bekannte Schauspieler/ Voice-Actors in Videospielen (Ellen Page/Willem Dafoe in *Beyond: Two Souls;* Mark Hamill als *Joker* etc); bekannte Komponisten, die in beiden Industriezweigen gefragt sind; Orchester, die mit Videospielmusik Konzertsäle füllen und ganz generell die Film- und Game-Universen, die im jeweils anderen Medium vertieft werden.

EA und die anderen großen Computerspielfirmen haben immer wieder die Rechte von großen Hollywoodfilmen gekauft, um zu dem Film ein Game zu produzieren. Abgesehen von *King Kong* und *Lord of the Rings* waren das aber meist nur Versuche, die Filmmarke auf möglichst billige Art und Weise auszuschlachten – wirklich narrativ herausragend war keiner der Filmadaptionen gewesen. Besonders erfolgreich ist jedoch die Adaption der Tom Clancy-Romane als Game. Deren Chefentwickler Richard Dansky dazu:

> What we actually do is work within the framework of the Tom Clancy's brand, which is to say that we create narratives that are Clancy-appropriate without necessarily adapting specific titles. The nice thing about working in a franchise like Clancy's is that there are such strong signifiers to it – the cutting edge tech, the global reach, the realism, the level of the threat – that it's easy to recognize what is Clancy and what isn't. That still leaves a lot of space within those boundaries to come up with new stories, new characters, and new situations.

Doch wo stehen Games in ihrer Entwicklung im Hinblick auf ihre narrativen Strategien? Das Medium Film hatte – gehen wir von dem 12-minütigen *Der große Eisenbahnraub* 1993 als Durchbruch für den erzählenden Film aus – 110 Jahre Zeit, um eine Meisterschaft darin zu entwickeln, dem Publikum Emotionen zu entlocken. Das Medium Video-Games hat diese Zeit noch nicht gehabt – aber es gibt bereits jetzt vielversprechende Ergebnisse. Auf dem Gebiet digitaler Spiele vollzieht sich gegenwärtig ein dreifacher Paradigmenwechsel. Wir erleben, wie Gundolf Freyermuth sagt,

> zum einen die Mobilisierung des Spielens, ermöglicht durch drahtlose Breitbandvernetzung des öffentlichen Raums und miniaturisierte Von-Neumann-Maschinen (Smartphones, Tablets etc.); zum Zweiten die Implementierung einfacher, weil durch Touch oder Gesten zu bedienender Game-Interfaces, sogenannter NUIs (Natural User Interfaces); zum Dritten die Durchsetzung einer neuen »einfacher« zu spielen-

den Kategorie von Games, sogenannten Social oder Casual Games, angelegt insbesondere fürs Spielen im Browser und / oder auf tragbaren Geräten.

Filme werden Games und Games werden zu Filmen – das ist verkürzt gesagt die These, auf die man sich heute gerne einigt. Um den ersten Teil zu erklären – immer mehr filmische Erzählformen arbeiten mit Interaktivität und diese zwingt den Konsumenten in eine aktive Rolle – so kann man von einem gewissen spielerischen Charakter sprechen. Anders herum haben immer mehr Spiele einen filmischen Charakter, nicht nur, weil die Technik immer besser wird, sich Motion Capture (zumindest bei den großen AAA Titeln, also den immens teuren und aufwendigen Premium-Produktionen der Game-Industrie) immer stärker durchsetzt. Maximilian Schenk:

In den letzten Jahren wurde bei Computer- und Videospielen der inhaltliche Aspekt noch wichtiger als er es schon war – die Erzählung bzw. die alternativen Erzählstränge, also das, worum es in dem Spiel geht, sowie kulturelle und gesellschaftspolitisch relevante Inhalte gewannen immer mehr an Bedeutung. Dass die Narration immer wichtiger wird, ist eine typische Entwicklung vieler Mediengattungen und hängt insbesondere mit den erweiterten technischen und digitalen Möglichkeiten zusammen.

Filmemacher könnten von Game-Designern lernen, wie man das Publikum über Anreize in eine Story hineinzieht, sie dann mit Bonuspunkten belohnt und zum weiteren Erkunden der virtuellen Welten animiert. Die Game-Seite könnte sich von Drehbuchautoren wiederum abschauen, wie man ein mediales Erlebnis aus der Perspektive einer packenden Geschichte heraus entwickelt, wie man glaubwürdige Avatare und noch spannendere Konflikt anlegt. Zudem sind die beiden Medien auch vergleichbar, was die Kalkulation angeht. Falko Löffler:

Jede Grafik kostet Geld, jede Hintergrundanimation, jede Figur kostet Geld. Wenn man es da durch Dramaturgie schaffen kann, einen Level nochmal zu verwenden, sind dann alle begeistert.

Wichtig ist es, im Skript bereits Anknüpfungspunkte für eine Ausgestaltung der Handlungsstränge in anderen Mediengattungen anzulegen. So können in einem Film etwa Indizien ausgelegt werden, die einem Nutzer dann im zugehörigen Spiel weiterhelfen. Als »echten Mehrwert« des transmedialen Erzählens bezeichnete die in London tätige Medienproduzentin Anita Ondine die Möglichkeit, das Geschichtenerzählen wieder zu einem »sozialen Erlebnis« zu machen. So wie sich früher die Familie am Abend vor dem Fernseher versammelte, könnten die miteinander verwobenen Spiele- und Filmwelten eine Art »neuen Marktplatz oder

Treffpunkt« über die Komponente der »sozialen Unterhaltung« schaffen.[163] Marcus Bösch, Gründer des Game Studios *the.Good.Evil* und Serious-Games-Fachmann:

> Spannend finde ich die Verbindung von digitalen Spielen mit Auswirkungen in der realen Welt. Wie kann ich ein Spiel bauen, das mir hilft, komplexe Sachverhalte zu verstehen oder gar zu beeinflussen? »Serious Games« werden meiner Meinung nach noch wichtiger werden. Und nicht nur die Ausbildung von Soldaten, Ärzten und Piloten maßgeblich bestimmen. Mich persönlich überzeugen im Moment gamifizierte Inhalte, zum Beispiel das FuelBand von Nike, dass mich durch einfache Mechanismen dazu bringt, öfter joggen zu gehen.

Auch im Bereich Serious Games erscheinen Verbindungen zwischen Büchern und Games vielversprechend, da sich die Wertschöpfungsketten so verlängern lassen. Denn das Buch zum Spiel und das Spiel zum Buch erzeugen für beide Seiten additive Umsätze, wie Thorsten Unger anführt. Er plädiert für eine kooperative Stoffentwicklung, also die verzahnte und koordinierte Generierung von sich ergänzenden Medien.[164] Robert Walter, wissenschaftlicher Mitarbeiter in der Entertainment Computing Group der Universität Duisburg-Essen, erklärt:

> Es wird seit Jahren viel diskutiert, warum Spiele noch nicht das Storytelling Medium #1 sind und was man ändern müsste, um dies zu erreichen. Ich denke, Spiele müssen das nicht erreichen. Wenn man aber das Potenzial von Spielen besser nutzen will, um sie als narratives Medium zu nutzen, muss man meiner Meinung nach begreifen, dass Spiele nicht besser geeignet sind als andere Medien, um Geschichten zu ERZÄHLEN, aber unglaubliches Potenzial haben, Geschichten zu ERLEBEN, zu GESTALTEN und zu ERFORSCHEN. Game Writer müssen also weniger Storyteller als vielmehr Storydesigner / narrative Designer sein, genau wie Game Designer ihren Spielern ein Rahmenwerk vorgeben, in dem sie sich austoben können.

Bevor wir die narrativen Strukturen in Games genauer betrachten, werfen wir einen Blick auf den Games-Markt – so können wir das Potenzial des Mediums und die damit verbundenen Chancen für Autoren besser einschätzen.

Der Markt

Insgesamt 2,5 Milliarden Euro wird die Spielebranche in Deutschland laut Verbands-Prognose im laufenden Jahr 2013 einnehmen – obwohl der Umsatz im Vergleich zum Vorjahr leicht sinkt, ist das immer noch sehr erfolgreich. Ein Großteil der Wertschöpfung findet außerhalb Deutschlands statt. Die wichtigen Entwicklungsstandorte (USA, Kanada, Japan) haben zwar immer noch einen enormen Vorsprung, aber der Standort Deutschland ist deutlich relevanter als früher, wie Maximilian Schenk berichtet. Gerade bei PC-, Online- und Mobile-Games ist man hier sehr stark. Es gibt gute Chancen, im internationalen Wettbewerb aufgrund der Erfolge der letzten Jahre im Bereich Online und Mobile aufzuholen. Allerdings haben die kostenlosen Browserspiele und mobilen App-Spiele für wenige Euro einen enormen Preisdruck ausgelöst.[165] »Was wir derzeit erleben, ist der dramatischste Umschwung, den diese Industrie je erlebt hat«[166], warnt Peter Moore von EA. Denn auch die Branche der Video- und Computerspiele wird mit dem gleichen digitalen Wandel konfrontiert, der auch der Musik- und Filmindustrie und den Buch- und Zeitungsverlagen Kopfschmerzen bereitet: In der so erfolgreichen Games-Branche brechen bewährte Geschäftsmodelle weg. Neue, kleinere Unternehmen mit innovativen Ideen drängen auf den Markt, finden Nischen und bauen diese aus, so dass eigentlich gar nicht mehr von Nischen die Rede sein kann. Der Berliner Spielehersteller Wooga beispielsweise – einer der neuen erfolgreichsten Player überhaupt – hat noch nie ein Spiel für den herkömmlichen Verkauf im Handel angeboten. Er konzentriert sich auf Online-Games in sozialen Netzwerken. Hier ist das Entwicklungsrisiko, wie auch im Mobilmarkt, geringer als bei klassischen Spielen: »Beim Start muss man erst einen relativ kleinen Teil eines Spieles fertig programmiert haben. Läuft es dann gut, kann man nachlegen, mehr investieren.«[167] Thomas Friedmann, Vorstandsvorsitzender von G.A.M.E. – Bundesverband der Computerspielindustrie und Geschäftsführer der Funatics Software GmbH:

> Die neuen Geschäftsmodelle sind eine enorme Herausforderung: FreeToPlay und Fremium. Sprich, der Spieler kann prinzipiell kostenlos spielen und bezahlt nur, wenn er will – für Spielinhalte, Zeitersparnis, Items etc.

Bei den *Free-To-Play-Browser*-Games liegt die Schwierigkeit für die Entwickler und die Studios nicht im Spiel selbst, sondern im Geschäftsmodell.[168] Und damit ist auch die Erzählweise betroffen. Diese Spiele sind, wie der Name schon sagt, erst einmal gratis. Jeder kann das Spiel spielen und niemand muss dafür bezahlen. Dies – so hoffen die Entwickler – werden die Spieler später tun, wenn sie angefixt sind. Hier gibt es unterschiedliche Modelle: Viele Spiele aus dem asiatischen Raum benutzen eine Paywall, d.h. zu Anfang ist das Spiel umsonst und erst nach einigen Leveln stellt der Spieler plötzlich fest, dass er zahlen muss, wenn er weiter in das nächste Level kommen will. Andere Spiele bieten grundsätzlich alle Level gratis an, bauen aber darauf, dass der Spieler irgendwann so in das Game involviert ist, dass er für Ausrüstungs- oder Einrichtungsgegenstände Geld ausgeben möchte. Denn wenn er relativ weit gekommen ist und viel Zeit investiert hat, wird er für einen besonders guten Transferspieler beim *Fußballmanager* oder eine besonders mächtige Waffe *Drakensang*, eine Rüstung oder vielleicht für eine kellygrüne Kuh in *Farmville* Geld ausgeben – Letztere gab es übrigens nur rund um den St. Patricks Day und wurde zu erhöhten Preisen angeboten. Hohe Erlöse werden vor allem für Waffen oder Fähigkeiten erzielt[169]: In dem Game *Age of Wulin* erstand ein chinesischer Computerspieler ein besonderes Schwert für 16.000 US-Dollar und machte sich dadurch unverwechselbar: Es wurde nämlich nur ein einziges Mal »hergestellt«. Wer im Spiel *Eve Online* einen Titan-Weltraumkreuzer sein Eigen nennen möchte, muss bis zu 7.500 Dollar investieren. Allerdings muss er nach dem Kauf besonders acht geben: Denn die Raumschiffe können in diesem Spiel tatsächlich im Kampf zerstört werden. In dem Spiel *Entropia* wurde 2009 die *Crystal Palace Space Station* für einen Preis von 330.000 US-Dollar verkauft. Für 26.500 Dollar wechselte im selben Spiel eine Insel den Besitzer, der Käufer bediente sich allerdings eines Tricks und ließ auf seinem virtuellen Eiland andere Spieler seltene Tiere jagen – womit er angeblich 100.000 Dollar jährlich einnimmt.

2010 wurden mit solchen virtuellen Gütern in Games weltweit 7,3 Milliarden Dollar umgesetzt, 2014 sollen es fast 14 Millarden werden.[170] Und das, obwohl »nur« etwa zehn Prozent der Spieler bereit sind, im Spiel echtes Geld auszugeben. Diese müssen mit immer neuen Updates und einer intensiven Produktpflege umsorgt werden.

Bis die Spieler soweit sind, muss das Spiel selbst Marketing betreiben und die Erzählung entsprechend strukturieren. In den beiden ersten Leveln beispielsweise muss die Story oder die Mission so spannend und mitreißend sein, dass sich der Spieler ins Spiel fallen lässt – es muss also ein anfänglicher Hook geschaffen werden, der trotz aller Exposition (die man so einfach und simpel wie möglich halten muss) packend ist. *Die Siedler* funktioniert auf diese Art und Weise und viele andere Games. Wenn die Spieler sich erst einmal immersiv in die jeweilige Spielewelt begeben haben und genügend Zeit und Energie investiert haben, sind einige von ihnen offensichtlich bereit, sich finanziell auch besondere stark zu engagieren. Aber warum geben sie für virtuelle Güter solche Summen aus? Nun, zunächst einmal: Wenn man sich einen Song als MP3-Datei herunterlädt, ist dies ebenfalls ein virtuelles Gut. Anfassen wie eine CD oder eine Vinylplatte kann man die Datei nicht. Wer den virtuellen Gütern skeptisch gegenüber steht, sollte sich darüber bewusst werden, dass wir auch im realen Leben Dinge kaufen, die nicht unbedingt einen Nutzen haben. Wir sind z.B. bereit, in einer Bar oder einem Café viel mehr Geld für ein Getränk auszugeben, als es im Supermarkt kostet. Weil wir die Umgebung, die Atmosphäre, das Flair des Cafés dazukaufen. Wir kaufen zudem Dinge vielleicht manchmal einfach aus der Lust am Kaufen. Oder weil wir sozialen Normen entsprechen wollen. Oder weil wir anderen gefallen möchten oder etwas Besonderes sein möchten. Und genau dieser Drang wird mit den besonderen virtuellen Gütern angesprochen. Die Belohnung winkt in Form von sozialer Anerkennung. In Bewunderung, im Neid der anderen Spieler. Und im eigenen

Interesse, das Spiel in einem neu gekauften Level weiterspielen zu können. Die Belohnungsstrukturen sind bei manchen Games so simpel wie überzeugend: Bei *Farmerama* klickt man zweimal, um ein Feld zu düngen, dann poppt ein Fenster auf: »Huhui! Sehr gut!«. Wenig später erscheint nach der Ernte die Botschaft »Toll! Das hast du großartig gemacht!« Die Spieler, von denen die Mehrzahl Frauen über 40 Jahre sind, scheinen diese Art von positiver Verstärkung zu goutieren.[171] Wahrhafte Gamer lassen sich von solchen Mechanismen allerdings kaum überzeugen. Ihnen bietet man zum Beispiel Sonderlevel. Im ersten Teil von *Diablo* standen in der Nähe der Stadt etwas ambitionslos drei Kühe herum. Unter den Spielern entstand daraufhin das Gerücht, man könne durch Klicken auf die Kühe in einer bestimmten Reihenfolge einen Geheimlevel öffnen. Die Spieleentwickler von Blizzard dementierten damals – und zwar auf game-typische Art und Weise. In das Strategiespiel *Starcraft* bauten sie den Cheat-Code »There is no cow level« ein. Letztendlich aber machten sie die Legende wahr und bauten in *Diablo II* einen Kuhlevel als Easter Egg ein – mit bewaffneten Rindern als Gegner.

Immer mehr Spiele öffnen sich sozialen Formen – sie werden zum Beispiel an soziale Netzwerke angedockt. Damit gibt es ein permanentes Wechseln zwischen Kommunikation und Spielen, und aufgrund der Kurzweiligkeit und der Einfachheit der meisten Produkte, sind diese auch für wenig erfahrene Spieler zugänglich. Wichtigster Erfolgsgrund ist aber, wie Maximilian Schenk betont, die soziale Interaktion mit dem bestehenden Netzwerk des Spielers. Viele Games sind für Multiplattformen angelegt und der treibende Faktor für den User ist auch hier sein sozialer Status. »Die Story findet also nicht in linearer Form wie im Film statt, wohl aber im Erlebnis des Spiels, der erlebten Welt und nicht zuletzt im Austausch mit anderen Nutzern.«[172] Das unerhört erfolgreiche kollaborative Computerspiel *Minecraft*[173] zeigt die Macht des Miteinanders in sozialen Netzwerken. In gewissem Sinne, so sagt Game-Pionier Don Daglow, ist das Spiel dem Film und dem Theater in bestimmten Dingen überlegen. In den anderen Medien nehmen die Zuschauer gemeinsam an einer Aufführung teil, sie konsumieren das Theaterstück oder den Film gemeinsam. Beim Spiel aber *erleben* sie gemeinsam eine Geschichte. Sie tun sich zusammen, um gemeinsam einen Widersacher zu töten, den Schatz zu finden usw. Sie diskutieren die Optionen, treffen gemeinsam Entscheidungen – sie bilden eine Gemeinschaft. Kein Wunder, dass Social Games so erfolgreich sind. Der Medienwissenschaftler Ian Bogost hatte eine satirische Variante dieser Games, wie sie auf Facebook kostenlos zu finden sind, programmiert. In *Cow Clicker*[174] mussten die Spieler alle sechs Stunden einmal auf eine digitale Kuh klicken. Dazu gab es stupide Statusmeldungen (»I'm clicking a cow«), doch leider ließ sich kaum jemand von dem idiotischen Spielprinzip mit seiner absurd langen Wartezeit abhalten: Abertausende spielten Cow Clicker, in manchen Monaten sogar über 50.000. Und sie alle wollten zwei Dinge: neue Kühe und neue

Funktionen. Bogost zögerte lange – und gab dann schließlich nach. Er führte neue Kühe ein, die aber keinerlei Funktion hatten – und veranschlagte aberwitzig hohe Preise. Doch die Kunden zahlten …

Der Spiele-Autor Falko Löffler gibt generell Entwarnung, was die Dominanz der Free-To-Play-Spiele betrifft: »Im Gegensatz zur Buchbranche, die wegen der E-Books plötzlich aus allen Wolken fällt, transformiert sich die Spielebranche am laufenden Band. Alle vier Jahre ändert sich etwas: neue Controller, neue Konsolen, neue Erzählweisen. Wir haben gerade die Browsergames als großes Ding, aber das nimmt schon wieder ab.« Und Spiele-Autor Stefan Köhler fügt hinzu:

> Browsergames/Social Games sehe ich nicht per se als Bedrohung für storylastige Spiele, da sie zwar durch technische Beschränkungen erst wieder bei *Pong* & Co anfangen mussten, nun aber im Zeitraffer dieselbe Entwicklung wie Computerspiele im Allgemeinen zu nehmen scheinen. Allerdings könnten sich durch die Tatsache, dass Browsergames davon leben, das Verhalten der Nutzer zu quantifizieren, um sich deren Vorlieben immer besser anpassen zu können, die Anforderungen an das Schreiben für Spiele drastisch verändern, zum Beispiel hinsichtlich der Frage, wie viele Zeichen zur Verfügung stehen, um eine Quest zu beschreiben.[175]

Sind mit den Browser- und Free-To-Play-Games die großen Zeiten der edlen und aufwendigen, bis zu 100 Millionen Euro teuren Mega-Titeln vorbei? Nein – aber der Kuchen wird kleiner, denn all die Minispiele für 0,79 Cent nagen natürlich am Gewinn der großen. Das iPhone-Spiel *Tiny Wings* des deutschen Entwicklers Andreas Illgner war 2012 ein riesiger Erfolg: In 49 Ländern belegte es den ersten Platz der Verkaufscharts in Apples App-Store und wurde mehr als zwei Millionen mal verkauft. Interessanterweise veröffentlichen die Entwickler des vergleichbaren *Angry Birds* zu dem Mini-Spiel eine 52-teilige Serie im Fernsehen.

Thomas Friedmann, Vorstandsvorsitzender von G.A.M.E. – Bundesverband der Computerspielindustrie und Geschäftsführer der Funatics Software GmbH, stellt die Bedeutung von Tablets und Smartphones heraus, die in den letzten Jahren eine immer größere Bedeutung gewonnen haben und damit gänzlich neue Märkte mit ganz neuen Möglichkeiten eröffnen.

> Man hat hier durch Touch und Gesten völlig neue Bedienmöglichkeiten für Spiele, die Spiele sind überall und immer verfügbar, weil man diese Geräte stets bei sich trägt, aber man spielt meist nur wenige Minuten am Stück – als Pausenfüller. Beides hat enormen Einfluss auf das Gamedesign. Darüber hinaus bieten die App-Stores neue Vermarktungsmöglichkeiten, die es auch kleineren Studios ermöglichen, selbst als Vermarkter zu agieren. Allerdings sind die Preise in der Stores weit weit unter dem, was bei Box-Spielen üblich ist, und das ändert natürlich das Wertigkeits-

Empfinden gegenüber Spielen und die Bereitschaft der Spieler, für den Kauf eines Spiels 40 Euro und mehr auszugeben.

Der Trend zum Casual Gaming wird von deutschen Firmen vorangetrieben, die von einer tiefgreifenden Veränderung im Markt profitieren: Ralph Haupter vom deutschen IT-Verband Bitkom erklärt: »Einerseits wird immer mehr gespielt, andererseits verlagert sich die Nachfrage mit hohem Tempo vom traditionellen Handel ins Internet, aus der Offline- in die Onlinewelt, vom stationären Bildschirm zum mobilen Handy, vom Action- zum Denkspiel.« Marcus Bösch: »In den letzten Jahren konnte man eine generelle Verspielisierung beobachten. Neue Zielgruppen, die sogenannten Casual Gamer spielen dank Smartphone, Facebook oder Tablet-PC. Diese Zielgruppen werden sich zum Teil professionalisieren und komplexere Spiele wünschen.« Denn gleichzeitig ist festzustellen, dass es immer mehr ältere Spieler gibt. »Der Anteil der 30- bis 49-Jährigen stieg von 27 Prozent im Jahr 2008 auf 38 Prozent in diesem Jahr, der der Frauen von 22 auf 28 Prozent.«[176] Die Zeiten, in denen die Gruppe der Gamer nur aus jungen Männern bestand, sind vorbei.

In Bezug auf unser Thema war der Games-Markt bislang in zwei Richtungen geprägt: Filmstoffe werden in Games umgesetzt, um auch auf diesem Markt Käuferschichten mit der bekannten Marke anzusprechen. Zu beinahe jedem großen Hollywood-Film gibt es das dazugehörige Spiel. Es gibt jedoch auch Verfilmungen von bekannten Games, die als große Hollywood-Produktionen umgesetzt werden. Diese Filme müssen stets zwei Zielgruppen zugleich ansprechen: Die Spieler, die keine zu großen Abweichungen vom Spielmodus und -handlung verlangen. Und das Mainstream-Publikum, das meist nicht zu den Spielern gehört und ganz normale Zuschauererwartungen an den Film hat. Ein schwieriger Spagat, der viele Flops hervorbringt (*Max Payne, Alone in the Dark*) und selten erfolgreich (*Resident Evil, Prince of Persia*) ist.

Die Computerspielentwicklung ist mittlerweile so teuer geworden – die Produktionskosten von einigen Blockbustergames übersteigen zum Teil die von Hollywoodfilmproduktionen –, dass die Konzerne umdenken müssen: Um die vielen Entwickler und alle anderen Beteiligten zu bezahlen, müssen die Geschichten so umfassend sein, dass sie auf mehrere Spiele ausbaubar sind: »That's why (…) a prospective title for Microsoft must have a narrative arc, that will carry it through multiple games.«[177] Robert Walter:

Ich denke, dass sich der Markt an sich nicht signifikant verändern wird. Es hat schon immer gute, stark narrative Spiele gegeben und dabei auch immer wieder Spiele, die lange heiß diskutiert wurden, ob sie eine neue Ära des Storytelling einleiten (zuletzt *Heavy Rain*). Alles in allem wird sich da aber nicht viel mehr tun in den nächsten

> Jahren. Die Trends sind weiterhin eher in der Veränderung der Eingabegeräte (Wii U, Xbox 720, PS4), und in der ganzen Mobile/Web-Game-Bewegung.

Daneben gibt es aber eine Vielzahl sehr unterschiedlicher Trends, wie Maximilian Schenk betont und diese grundsätzlich so zusammenfasst: diversifizierter, inhaltsvoller, mobiler, leichter zugänglich, sozial vernetzter und erwachsener. Dies ist naheliegend, schließlich hat die Games-Branche in den letzten Jahren immer mehr Zielgruppen erreicht, entsprechend gibt es auch immer häufiger sehr unterschiedliche digitale Spiele. Der Spiele-Autor Stefan Köhler glaubt,

> dass sich der Markt für Games noch stärker an den Strukturen der Filmbranche orientieren wird: Also einerseits Blockbuster, deren Story die Aktionsmöglichkeiten eines Hardcore-Spielers unterfüttert, wie zum Beispiel in der *Call of Duty*-Reihe, und auf der anderen Seite Indie-Games, wie etwa *Limbo*, als Art Autorenfilme, dazwischen neu aber auch mehr storylastige Spiele, die durch ihr Serien-Episoden-Format und technologische Entwicklungen wie Tablets in der Gemütlichkeit des Wohnzimmers als kurzweilige Unterhaltung dienen und dabei hoffentlich das hohe Niveau amerikanischer Serien erreichen (siehe »Telltale Games«).

Thomas Friedmann sieht auch positive inhaltliche Überschneidungen, wenn die Synergien zwischen Film und Game gestärkt würden:

> Das Wissen und die jahrzehntelange Erfahrung aus dem Filmbereich könnten sicherlich dazu beitragen, die Qualität manch einer Story oder Charakterzeichnung in Games zu verbessern und damit das Spielerlebnis für den Spieler zu optimieren. Allerdings haben Spiele die Besonderheit, dass sie eine Geschichte nicht linear und ohne »Störung« erzählen können wie in einem Film, da Spiele ein interaktives Medium sind, bei dem der Spieler die Handlung zu weiten Teilen bestimmt oder sogar selbst erst erzeugt. Hier müssen das Wissen aus der Games–Entwicklung und der Film-Erzählung kombiniert werden und man muss geeignete Wege finden, die Interaktivität zu berücksichtigen und trotzdem die Geschichte angemessen zu transportieren.

Erzählen in Games

Gamer scheitern zu 80 Prozent während ihrer Spielzeit an den Aufgaben, die ihnen gestellt werden. Wie kommt es, dass wir trotz dieses im Grunde negativen Erlebnisses so gerne weiterspielen? Macht es Gamern Spaß, zu versagen? Definitiv ja, wie Jane McGonigal belegt. Denn die Spieler sind trotz, oder gerade weil sie in einer Situation gescheitert sind, gespannt auf das Kommende, auf den neuen

Versuch. Sie sind aufgeregt und optimistisch. Ein gut designtes Spiel bietet dem Spieler nämlich die Chance, die Aufgabe zu wiederholen. Ein positives Spielerfeedback stellt genauso eine Belohnung dar, wie ein Sieg über einen gegnerische Instanz: Wenn wir das Gefühl haben, den Spielausgang selbst kontrollieren zu können, entsteht Zuversicht: *Wenn wir uns nur mehr anstrengen, werden wir es im nächsten Versuch schaffen.* Jedes Spiel ist so designt, »dass sich mit genügend Zeit und Motivation jedes Rätsel lösen, jede Mission erledigen und jedes Level zu absolvieren ist.«[178]

Die *Self-Determination-Theorie* beruht auf der Grundannahme, dass Menschen drei fundamentale Bedürfnisse haben: Das Bedürfnis nach Kompetenz – was einerseits durch soziale Rückmeldungen und andererseits durch optimale Herausforderungen, also weder Über- noch Unterforderung, erzeugt wird. Dann folgt das Bedürfnis nach Autonomie – Menschen wollen das Gefühl von Selbstbestimmung haben. Und drittens das Bedürfnis nach Beziehung – also von verlässlichen sozialen Verbindungen.

Traditionelle Medien setzen primär auf Unterhaltung. Transmediale Medien aber können diese drei Bedürfnisse mitunter punktgenauer ansprechen. So versuchen viele – besonders erfolgreiche – Spiele, diese drei Komponenten zu berücksichtigen. Und schließlich gilt auch hier: Computerspieler betrachten ein Geschehen nicht nur – sie handeln in diesem. Und oft als Teil eines sozialen Netzwerks.

Das stärkste Suchtpotenzial haben sogenannte MMORPGs *(Massively Multiplayer Online Role-Playing Games)*. Hier müssen die Spieler gemeinsam mit zahlreichen Gleichgesinnten Aufgaben in einer virtuellen Welt meistern. Durchschnittliche Spielzeiten von rund 30 Stunden pro Woche sind da durchaus üblich.

In Spielformen wird ein Grundbedürfnis anders als in anderen Medien thematisiert. Die bereits oben angesprochene Selbstbestimmtheit äußert sich im Gefühl der Handlungsfreiheit, die ein Spieler hat. In GTA wird dies auf die Spitze getrieben, aber auch in normalen Spielen kann sich der Gamer frei fühlen, in der Art und Weise, welchen Lösungsweg er nun in einem bestimmten Level einschlägt. Problematisch ist es, wenn der Gamer zu wenig Handlungsfreiheit hat – dann wird er sich schnell bevormundet fühlen. Oder wenn er zu viele Freiheiten hat – dann wird er unter Umständen orientierungs- und hilflos sein. Vor allem geht es in Games vornehmlich darum, das »Gefühl von Handlungsfreiheit« zu entwickeln – auch wenn der Spieler vielleicht in einem engen festgesteckten Rahmen agieren muss. Dazu muss der Game Designer *indirekte* Kontrolle ausüben. Einfaches Beispiel: »Welches Tier mögen Sie am liebsten?« und »Welches Tier mögen Sie am liebsten? A) Hund B) Katze C) Pony« unterscheiden sich in der Wahlfreiheit schon sehr stark. Und wenn man »B) Katze C) Pony« in »B) Nacktmull C) Made« umwandelt, dann ist die Antwortwahrscheinlichkeit für A) um ein Vielfaches potenziert worden.

Ludologie vs. Narratologie

Laut Jesse Schell gibt es in »den meisten erfolgreichen Spieletiteln (…) ein starkes Story-Element«.[179] Robert Walter relativiert dies:

> Storys in Spielen müssen sich immer dem Gameplay unterordnen. In Spielen geht es darum, dass das Spiel Spaß macht. Darby McDevitt hat das sinngemäß so beschrieben: Ein Spiel mit großartiger Story aber schlechten Spielmechaniken stirbt einen einsamen Tod im Händlerregal. Ein Spiel mit tollen Mechaniken und hanebüchener Story kann durchaus erfolgreich sein.

Es gibt Spiele, deren Narration lediglich durch die grundlegenste Minimalstruktur (»Eine Ausgangssituation geht durch die Veränderung in mindestens einem Merkmal in eine Endsituation über«) geprägt sind. Markus Bösch:

> Wenn ich Tennis als Videospiel spiele, brauche ich keine explizite dramatische Figur und keine Hintergrund-Story. Oder um es etwas überspitzt mit dem Game-Forscher Markku Eskelinen zu sagen: »If I throw a ball at you, I don't expect you to drop it and wait until it starts telling stories.« Trotzdem funktionieren seit jeher natürlich Spiele gut, die dem Spieler oder der Spielerin die Möglichkeit einräumen, eskapistische Wunschträume als Superheld, Kaiser, Ninja oder Kriegsheld zu durchleben. Spiele, die intrinsisch motivieren und eine temporäre Alltagsflucht zulassen.

… genau wie es Filme ihren Zuschauern immer wieder anbieten. Der wesentlichste Unterschied zwischen Film und Games liegt jedoch in der Beteiligung des Spielers/Zuschauers. Robert Walter: »Ich habe in Spielen unglaublich tolle Geschichten erzählt bekommen, genauso wie in Büchern und in Filmen. Was aber ein Spiel wirklich abhebt ist, wenn ICH nach dem Spielen und Erleben dieses Spiels zum Storyteller werde, und voller Begeisterung meinen Freunden von *meiner* Spielerfahrung erzählen kann … « Sofern der Film keine interaktiven Elemente hat, rezipiert der Zuschauer das Geschehen passiv zurückgelehnt. Bei einem Game muss sich der Spieler allerdings aktiv beteiligen. Gundolf Freyermuth: »Medienästhetisch erfüllen Filme und Spiele mit ihren unterschiedlichen Rezeptionsmustern so verschiedene Bedürfnisse wie die Lust am passiven Konsum oder das Verlangen nach Partizipation und Interaktivität.«

Inwieweit sind Games überhaupt eine Erzählform, hängt nicht alles vom Spieler ab, der seine eigene Erzählung schafft? Nun, die Wendepunkte im Spiel sind natürlich nur vermeintlich dem Spieler vorbehalten – es sind die Spieleentwickler, die das Spiel mit all seinen Möglichkeitsräumen erdenken und den Spielern Grenzen setzen und so – auf eine mehr oder weniger intensive Art und Weise – die

Narration steuern. Spieler steuern das Tempo der Handlung, ihren Fortlauf und schließlich auch das Happy End oder die Niederlage. Marcus Bösch:

> Über die Relevanz von Narration im Spiel wurde in der recht jungen Disziplin der Spieleforschung lange und munter gestritten. Im Mittelpunkt der sogenannten »Ludologie vs. Narratologie«-Grundsatzdebatte stand die Frage, ob ein Spiel nun eher ein Regelsystem oder doch eher eine Art Erzählung sei. Festhalten kann man, dass ab dem Aufkommen von ersten Text-Adventures Ende der 1970er-Jahre und Shigeru Miyamotos *Donkey Kong*, als erstem Jump'n'Run, das Thema Narration im Kontext Videospiele vielschichtiger wird.

Die Narration spielt in Games also erst seit dem *narrative turn* der 70er-Jahre eine Rolle und selbst danach wurde noch lange Jahre nicht audiovisuell erzählt. Marcus Bösch:

> *Zork* (1980) ist stellvertretend für die Text-Adventures, die erstmals die Geschichte in den Mittelpunkt von Computerspielen gestellt haben. Vorher ging es beim Daddeln meist nur um die Mechanik (springen, fliegen, fressen …). Aus Text-Adventures wurden dann bald Grafik-Adventures, die das Ganze bebildern. Eines der bekanntesten ist *Monkey Island* (1990). Der Egoshooter *Half-Life* (1998) wird als bahnbrechend angesehen, weil Zwischensequenzen, die die Geschichte weitererzählen, nicht vom Spiel getrennt sind. Die Handlung läuft ab, und der Spieler behält die Kontrolle. Die storylastigen Rollenspiele des Entwicklers Bioware sind bedeutsam, weil sie den Spieler vor moralische Entscheidungen stellen, die den Fortgang der Geschichte beeinflussen. Ein frühes Beispiel ist *Star Wars: Knights of the Old Republic* (2003), später folgten die Serien *Mass Effect* und *Dragon Age*.

Das stark audiovisuelle Erzählen beginnt demnach erst mit dem *(hyper-)realistic turn* in den 90ern. Thomas Friedmann nennt da vor allem »*Half Life* als Urgestein einer guten Story und echten Spannungsbögen in einem 3D-Action-Spiel. *Tomb Raider*, weil hier ein Spielcharakter zu einem echten Weltstar geworden ist. *Medal of Honor*, weil es mit cinematischen Effekten und gescripteten Elementen »Hollywood«-Feeling in Games etabliert hat.«

Einig sind sich alle Experten, dass Computerspiele als narratives Medium aber noch in den Kinderschuhen stecken. Frank Game-Autor Raki: »Eine einheitliche Grammatik des Erzählens hat sich fürs interaktive Storytelling noch nicht herausgebildet. Wir wissen nicht, was alles funktioniert und erkunden das Terrain erst. Es gibt viel zu entdecken.« Und Gundolf Freyermuth fügt hinzu:

Ich denke, wir stehen noch sehr am Anfang. Ob Spiele wie *Heavy Rain* oder *Beyond* überhaupt in die richtige Richtung gehen oder vielleicht in einer Sackgasse des »Mitspielfilms« enden, ist ja noch nicht ausgemacht. Hybridität ist in der Geschichte der Medien ja fast immer eine Übergangsphase.

Die genannten Spiele, wie auch *L.A. Noire,* arbeiten sich im Grenzgebiet von Film und Game an Genregrenzen ab. Aber was unterscheidet Games und Film nun?

Immersion

Immer wieder ist von Spielern zu lesen, die stundenlang und weltvergessen in ihrer Spielewelt versinken – Immersion[180] ist eine Besonderheit des Mediums, an die nicht einmal der Serienkonsum mancher Zuschauer herankommt, die an einem Wochenende eine ganze Staffel konsumieren. Doch Games sprechen das Belohnungssystem im Spieler optimal an. Ist er erfolgreich, schafft er es, eine Aufgabe zu lösen, erlebt er Hochgefühle. Hauptsächlich verantwortlich dafür ist ein Neurotransmitterstoff im Gehirn: das Dopamin. Es wird grundsätzlich im Gehirn aktiv, wenn wir uns besonders gut fühlen. Wenn wir etwas Schönes erleben oder vielleicht auch nur daran denken, gleich etwas Erfreuliches zu erleben. Je öfter wir ein Erlebnis haben, bei dem Dopamin ausgeschüttet wird, umso stärker ist der Impuls, diese Handlung zu wiederholen. Logisch, dass Spieler mitunter die Zeit vergessen und völlig in dem Spiel aufgehen: Sie sind im *Flow*.

Mihály Csíkszentmihályi gilt als der Erfinder des *Flow*-Gedankens. 1975 beschrieb er als Erster den Effekt, der beim Spieler eintritt, wenn er in der Lage ist, die Herausforderung zu meistern. Dann ist der Spieler am meisten engagiert und taucht mental völlig in die Aktivität ein. Er vergisst alles um sich herum.

Natürlich kann man den Flow-Zustand auch in anderen Situationen erleben, aber gerade Spiele eignen sich hervorragend, das Flow-Erlebnis herbeizuführen: Sie haben eine klare Aufgabe, die den Spieler herausfordert. Das Ziel ist eindeutig. Es gibt ein Feedback. Und der Spieler hat die Möglichkeit, das Ergebnis selbst zu beeinflussen. Marcus Bösch:

Notwendig ist letztlich nur, den Spieler oder die Spielerin im Flow-Channel zu halten. Was das bedeutet? Das Spiel darf den Spieler im Verlauf weder komplett über- noch unterfordern, sondern muss die Aufgaben so anpassen, dass mit steigender Spieldauer auch richtig dosierte steigende Anforderungen an den Spieler gestellt werden.

Erlebt der Spieler stets kleine oder größere Erfolgserlebnisse, will er den Zustand stets wieder aufs Neue herbeiführen. Aus diesem Bedürfnis heraus entsteht mitunter die Spielsucht (die rein biologisch nichts anderes ist als etwa Alkoholsucht).

> Nothing gets the seeking system more excited than an unpredictable payoff. The dopamine system makes us vulnerable to anything that schedules rewards this way. We really pay attention when we hit the jackpot, and the next thing we want is to try to hit it again.[181]

In Spielen können wir einen intensiven Gefühlsrausch erleben, den man mit dem italienischen Wort für Stolz beschreibt: *Fiero* ist ein spezielles Hochgefühl, das wir empfinden, wenn wir eine gegnerische Instanz besiegt haben. Je größer das Hindernis, umso stärker ist Fiero. Den meisten Menschen sieht man das Hochgefühl auch körperlich an: Sie reißen die Arme hoch, jubeln und signalisieren ihren Triumph auch anderen damit. Selbst wenn sie alleine im Zimmer vor dem Computer sitzen.[182]

Aber Psychologieprofessor David Zald konnte in einer Untersuchung belegen, dass der Ausstoß an Dopamin genau dann besonders hoch ist, wenn wir mit einer Belohnung rechnen, aber nicht sicher sind, wann wir sie bekommen. Übertragen auf Gaming bedeutet dies, dass die Erzählweise nicht zu linear sein darf. Und dass mit Überraschungen gearbeitet werden muss. Und Überraschungen entstehen durch Wendepunkte. Autor Frank Raki:

> Man kann den Spieler durch Entscheidungen, die er treffen soll, in die Geschichte hineinziehen. Das beginnt mit einfachen Wahlmöglichkeiten: Willst du ein Magier sein oder ein Krieger? Willst du eine Waffe kaufen oder eine Rüstung? Solche Entscheidungen kann man dann auch bedeutungsvoll zuspitzen und den Spieler in spannende Dilemmata stürzen. Zum Beispiel: Erschießt du als Undercover-Agent deinen Kollegen, um das Vertrauen der Gangster zu gewinnen oder weigerst du dich und riskierst, dass die Schurken dich ebenfalls töten? Das ist nicht nur eine taktische Entscheidung, sondern auch eine zwischen inneren Werten. Und je klarer die Konsequenzen einer solchen Wahl sind, umso fesselnder wird es für den Spieler, weil er Macht über den Verlauf der Ereignisse zu haben scheint.
>
> Zusammenfassend lässt sich sagen, dass alle Spiele vier Grundelemente beinhalten: Sie haben ein **Ziel**, das der Spieler im Laufe des gesamten Spiels zu erreichen versucht. Es bindet seine Aufmerksamkeit und lenkt ihn in die richtige Richtung. So bekommt sein Handeln einen Sinn. Nicht anders ist es auch in der Filmdramaturgie.

Ein Spiel hat **Regeln**, die die Versuche des Spielers eingrenzen, ans Ziel zu gelangen. Er muss kreativ und strategisch denken, um am Ende zu reüssieren.

Ein **Feedbacksystem** gibt Rückmeldung darüber, wie weit oder nah der Spieler von seinem Ziel entfernt ist, sei es dadurch, dass er Punkte oder Informationen sammelt, dass es einen Fortschrittsbalken oder einen Highscore gibt.

Die **freiwillige Teilnahme** an dem Spiel garantiert, dass eine im Kern anstrengende und schwierige Aufgabe als angenehm und lohnend empfunden wird.[183]

Game und Geschichte

Es gibt einen Zusammenhang zwischen Story und Gameplay. Die Geschichtenerzähler der Games sind – im Gegensatz zu den Autoren anderer Medien wie Serien, Bücher, o.Ä., – mit einem Medium konfrontiert, bei dem sie nicht wissen, welchen Verlauf ihre Geschichte nehmen wird. Nachdem die Computerspiele die erste Phase überwunden hatten, in der sie noch traditionelle Brettspiele o.Ä. abbildeten, wurde tausendfach mit verschiedenen Konstruktionen von Story und Gameplay experimentiert. Es gab Erfolge und Tiefschläge – insgesamt belegten die Versuche doch, »dass es möglich war, Erlebnisse mit einer Verbindung der Elemente Gameplay und Story zu schaffen. Und diese Tatsache stellte die Annahme, dass Geschichten und Spiele verschiedenen Regelsätzen unterliegen, infrage.«[184]

Zusammengefasst ist das größte Problem also die Rolle und Funktion einer Geschichte im Gesamtprodukt »Spiel« richtig einzuordnen und entsprechend zu gestalten. Robert Walter:

> Das führt zu Problemen allerorten. Auf Seiten der Entwickler, da diese lange die Story sehr stiefmütterlich betrachtet haben. Jetzt, mit dezidierten Autoren, passiert oft das umgekehrte Problem: Autoren mit einem Background im Screenwriting tun sich schwer, die Rolle von Geschichten in Spielen richtig einzuordnen.

Denn schließlich wollen Spieler eine Welt erkunden – und weniger eine Story ›erzählt‹ bekommen. Sie möchten ihre eigene Geschichte *erleben*. Man darf allerdings nicht vergessen, dass es sehr unterschiedliche Spielertypen gibt. Game-Autor Falko Löffler unterscheidet:

> Hardcore-Gamer wollen Rätsel lösen, je kniffliger desto besser. Andere Spieler wiederum wollen am liebsten einen Knopf haben, der das Rätsel automatisch löst. Sie sind viel mehr daran interessiert, wie die Geschichte weitergeht …

Bei der Gewichtung von Storys in Computerspielen gibt es alle Varianten: *Final Fantasy* ist stark plotgetrieben, ebenso das Spiel *Schach*, wenngleich auf einer sehr subtilen Art und Weise. Aber dennoch steckt in dem Kampf zwischen Schwarz und Weiß der Konflikt zweier Königtümer. Thomas Friedmann weist darauf hin, dass sehr viele Spiele einen mehr oder weniger ausgeprägten Story-Aspekt besitzen. Am offensichtlichsten und ausgeprägtesten ist das im Genre der Abenteuer- oder Rollenspiele der Fall, aber auch bspw. in Action- oder Strategie-Spielen

spielen eine gute Geschichte und starke Charaktere oft eine wichtige Rolle. Spiele-Serien wie *Call of Duty, Crisis* oder *Battle Field* kann man fast schon als interakti-ves Kino bezeichnen, da hier die jeweilige Story im Spiel mit »enorm großem Auf-wand und durchaus kinoreif erzählt wird.« Frank Raki sieht inzwischen unzählige Games mit sehr gelungenen Storys. »Sei es *L.A. Noire*, die *Uncharted*-Serie, die *Grand Theft Auto*-Serie, oder *Mass Effects* – fast alle Triple-A-Titel der letzten Jahre warten mit Geschichten auf, die Filmstorys in nichts nachstehen.« Thomas Friedmann sieht die Gründe darin, dass die

> internationalen Topproduktionen sich inzwischen ausgiebig der Techniken und Stil-mittel aus dem Filmbereich bedienen, um das Spielerlebnis für den Spieler weiter zu verbessern. Darüber hinaus gibt es auch Titel wie *Heavy Rain*, die sich besonders dem Erzeugen von Emotionen verschrieben haben und wo die Entscheidungen des Spielers auch echte Konsequenzen im weiteren Spieleverlauf haben.

Heavy Rain hat, was die Erzählweise betrifft, wie alle Titel des Autors David Cage, eine Sonderstellung. Der düstere Thriller rund um ein verschwundenes Kind schafft es brillant, Emotionen beim Spieler zu erwecken.[185] Frank Raki: »*Heavy Rain* gelingt es in einigen Szenen – und zwar in denen, die sich nicht auf einen Plotfortschritt konzentrieren, sondern ganz bei einem Moment bleiben –, uns in ein nachdenklich machendes Drama zu versetzen.« Auch das neue Game des Ent-wicklers, *Beyond two Souls*[186] wartet mit einer starken, sehr düsteren Geschichte auf. Das Spiel umfasst 15 Jahre aus dem Leben der Protagonistin Jodie (dargestellt von Ellen Page aus *Juno* und *Inception*), die über besondere Fähigkeiten verfügt – nur weiß sie nicht, woher sie diese hat und (anfangs) wie sie zu kontrollieren sind. Ihre Suche nach sich selbst wird von dem Psychologen Nathan Dawkins begleitet (gespielt von Willem Dafoe) und gerät zu einem starken Psychothriller. Das ist – wie alle Spiele von David Cage – herausragendes Geschichtenerzählen.

Wie werden Geschichten in Computerspielen aufgebaut? Eine oft genutzte Dra-maturgie in Games ist das **Perlenkettenmodell**. Hierbei wird zunächst eine Sto-rysequenz etabliert (durch Text, Bilder, Animation, Videosequenz), gefolgt von einer aktiven Spielesequenz. Hat der Spieler diesen Abschnitt, in dem er innerhalb einer bestimmten Struktur Handlungsfreiheit hat, abgeschlossen, folgt die nächste Story-Sequenz. Es gibt also Plot – Spiel – Plot – Spiel – Plot usw. Der Spieler erlebt eine Geschichte, die immer wieder von eigenen Herausforderungen unterbrochen wird. Das kann sehr befriedigend sein, wenn eine gute Balance zwischen Selbst- und Fremdbestimmung gewährleistet ist (also der Einsatz von Cut scenes entspre-chend gewichtet ist), und wenn der Plot und der Spielmodus genug Spannung und Reiz beinhalten.

> Die Kontrolle der Autoren auf das Spielgeschehen muss außerdem zu der Kontrolle des Spielers in einem ausgewogenen Verhältnis stehen, damit der Spieler den Eindruck hat, das Spielgeschehen sowohl selber zu gestalten als auch von diesem überrascht und unterhalten zu werden. Dies zeichnet Games in fundamentaler Weise aus und lässt eine befriedigende Adaption in das kollektive Medium Film in Zeiten der zunehmenden Individualisierung beinahe unmöglich erscheinen.[187]

Der **Geschichtenautomat** ist ein anderes Modell: Betrachtet man Geschichten als eine Abfolge von Ereignissen, so gibt es viele Spiele, die ihre Geschichten aus sich selbst heraus entwickeln. Ganz einfach, indem die Spieler tun, was sie tun – nämlich spielen. Interessanterweise ist es so, dass die Spieler desto mehr interessante Geschichten entwickeln, je weniger Vorgaben ihnen die Game Designer machen. Spiele wie *Die Sims* oder *Roller Coaster Tycoon* funktionieren auf diese Art und Weise. Verkürzt gesagt wird hier der Spieler zum Autor.

Hat das Spiel eine Story, dann ist die Herangehensweise meist Folgende: Nach dem Beginn lässt man dem Spieler bestimmte Optionen offen. Entscheidet er sich für eine Option, bedingen sich daraus wieder andere Optionen. Und daraus wieder andere. Ein Storybaum entsteht – letztlich ein ungleich komplexes Gebilde, das dem Autor viel abverlangt: Wenn er dem Spieler in jeder Szene zehn Optionen bietet, die jeweils zu einem weiteren Ereignis führen, was dann jeweils drei weitere Optionen möglich macht – dann ist man schon bei 88.573 Endfassungen für die Geschichte. Das ist kaum machbar. Deswegen müssen verschiedene Optionen immer wieder zu einem Schluss zurückführen und an einem Punkt zusammenlaufen. Allerdings ist das dann oft nicht mehr ganz zwingend logisch, und man muss viele Kompromisse eingehen, sodass die Gefahr besteht, dass die Geschichte geschwächt wird. Der Autor muss dennoch die Kontrolle behalten, wie Frank Raki sagt:

> Man sollte sich die Geschichte in einem Game übrigens nicht wie eine festgelegte Kette von Ereignissen vorstellen, sondern mehr wie ein Patchwork einzelner Elemente. Der Autor platziert die Story-Elemente im narrativen Raum des Games, damit der Spieler sie während des Spiels »aufsammelt«. Manche Elemente sind dabei verpflichtend, weil sie zum Beispiel die Spielziele betreffen, und manche sind optional, weil sie helfen, die Atmosphäre der Welt zu verstärken.

Es gibt auch im Game-Bereich Tendenzen zu seriellem Erzählen. In der *Mass Effects*-Trilogie sind die Spiele nicht nur durch ihre äußere Gestaltung und ihren Markenkern miteinander verbunden, die einzelnen drei Teile hängen auch inhaltlich zusammen. Spielentscheidungen, die der Spieler in Teil 1 trifft, werden in Teil 2 (und später auch in Teil 3) hochgeladen und beeinflussen das Spielgeschehen. Wenn der Spieler den dritten Teil spielt, hat er also schon mehrere Stunden mit einem Charakter verbracht, den er selbst (zumindest anteilig) geschaffen hat und eine Welt kreiert, für die er ebenso mitverantwortlich ist. Hier wird die Individualisierung des Games nochmals deutlich: Kein *Mass Effects*-Spiel wird dem anderen ähneln, denn durch Entscheidungen zwischen Unter- und Nebenzielen formuliert jeder Spieler eine andere Geschichte – wenngleich der Hauptstrang von den Game-Autoren vorgegeben ist. Aber

zusammen mit der Investition der Spieler und Spielfigur und -welt hat dies im Falle von MASS EFFECT 3 dazu geführt, dass die Entscheidung der Autoren, die Trilogie in einem kollektiven, von allen individuellen Entscheidungen der Spieler unabhängigen Finale enden zu lassen, zu einem Aufschrei von Millionen verärgerter Spieler geführt. Das individuelle Erlebnis wollten die Spieler sich nicht mehr nehmen lassen.[188]

Noch klassischere serielle Erzählformen findet man in den Adventures des Entwicklers *Telltale* und seinen Game Series. Nicht nur bei der Adaption der US-TV-Serie *Law and Order*, in der der Spieler jede Folge einen anderen Fall löst, sondern auch bei Games wie *Walking Dead* wird das Spiel in mehrere Folgen unterteilt. Es liegt eine klassische Episodenstruktur zugrunde, und das gesamte Game wird, wie bei einer Serie, Season genannt. Die Dauer einer Spielfolge ist ungefähr zwei Stunden. Wenn man sie durchgespielt hat, muss man dennoch eine Woche lang warten, bis die neue Folge erscheint. Dann erst kann man dann sie herunterladen und spielen. Das ist ein Ausstrahlungsrhythmus wie bei einer normalen Fernsehserie. *Tales of Monkey Island* unterscheidet sich von den anderen Formaten dadurch, dass es fünf monatlich erscheinende Episoden gibt, die insgesamt eine fortschreitende Geschichte erzählen und ein großes, überraschendes Ende haben. Telltale Games werden zwar oftmals kritisiert, weil sie zu wenig Gameplay bieten – vor allem die letzte Folge besteht meist nur aus Cut Scenes und es gibt nur wenige Rätsel zu lösen – aber der Erfolg gibt den Entwicklern Recht.

Klassische dramaturgische Techniken in Games

Filme und Games sind beide dazu prädestiniert, Geschichten in Bildern zu erzählen. Physisch ausgetragene Konflikte – also alles, was wir unter dem Begriff Action subsumieren – funktionieren darum hervorragend in diesen Medien. Das umfasst Dynamiken wie Kampf, Flucht, Jagd, Eroberung, Überleben und so weiter. (*Frank Raki*)

Die angesprochenen Konflikte und Handlungsmomente lassen sich in Games – trotz ihrer oftmals non-linearen und interaktiven Erzählweise – oft mit ganz klassischen Elemente der Dramaturgie erzählen. Denn wie Thomas Friedmann sagt, bietet die klassische Dramaturgie »ein solides Regelwerk, auf das man zugreifen kann, wenn man Charaktere und Geschichten entwerfen will. Egal, ob für ein Spiel, ein Buch oder einen Film. Das ist ›Handwerk‹, das man beherrschen sollte und das überall einsetzbar ist. Nichtsdestotrotz lässt sich das aufgrund der Nicht-Linearität von Spielen nicht einfach auf Games übertragen.« Gundolf Freyermuth fügt hinzu:

> Ich kenne kein Spiel, das im linearen Sinne Akte hätte, ob nun drei oder fünf oder sieben. Aber natürlich braucht jede der uns bekannten Formen von Narration nicht nur Anfang, Mitte und Ende (wenn auch nicht unbedingt in dieser Reihenfolge, wie Godard bekanntlich sagte), sondern auch narrative Verlaufsformen, die Handlungen bündeln und entflechten und wieder bündeln, also strukturieren. Diese Formen von Verlauf – Arrangement und Montage in Zeit und Raum – allerdings müssen keineswegs den aristotelischen Prinzipien oder gar denen des klassischen Hollywoodkinos folgen. Ja, sie müssen in Spielen vor allem auch keineswegs dramatisch, sondern können auch episch sein.

Das Game *Alan Wake* zum Beispiel ist insgesamt eigentlich sehr nahe an einer Romanstruktur. Und es gibt viele weitere Games, die sich ganz klassischer Strukturen bedienen. Frank Raki:

> Um Spannung zu erzeugen, ist erstmal wichtig, dass der Spieler ein klares Ziel bekommt. Hat er das, dann kann man ihm auch die entsprechenden Hindernisse entgegenwerfen und so das Erreichen des Ziels in Frage stellen. Das ist die Hauptdynamik, die ein Spiel spannend macht. Darüber hinaus steht einem aber das ganze übrige Arsenal der Erzähltechniken zur Verfügung: Foreshadowing, Zeitdruck, Suspense, usw.

Auch strukturell gibt es deutliche Überschneidungen, angefangen bei der Ausgangssituation, die oftmals Parallelen zur *Hero's Journey* nach Joseph Campbell hat. »Berücksichtigen Sie die Heldenreise«, findet auch Jesse Schell.[189] Sie soll nicht als Grundmuster, aber als Ergänzung dienen, wenn man seine Geschichte mit archetypischen Elementen optimieren will. Aber zugleich gilt auch hier: Zu viele archetypische Momente machen die Geschichte vorhersehbar und damit langweilig.

Ein Spielheld startet seine Reise häufig in seiner gewohnten Welt und erhält dann aufgrund eines einschneidenden Ereignissen den Ruf des Abenteuers. So beginnt etwa *Final Fantasy X* in einer »Ordinary World«, und der Spieler wird mehr oder weniger von seinem Mentor in den Krieg »befördert«. Und in *God of War 2* beginnt der Spieler als allmächtiger Kriegsgott, wird aber sehr schnell von Zeus all seiner Mächte beraubt und in den Fluss Styx geworfen, der ihn in den Hades führt, aus dem er ohne übermenschliche Kräfte entkommen muss. Frank

Raki: »Storys mit einer zugrundeliegenden Reisestruktur eignen sich gut für Fil-me und Games. Das Fortschreiten durch immer neue Räume gibt uns das Gefühl, dass etwas vorangeht, was insbesondere beim Spielen wichtig ist, damit sich keine Frustrationen entwickeln.«

Eine klassische Dramaturgie baut sich kontinuierlich auf und weist keine Brü-che auf. Spiele unterscheiden sich hier jedoch, wie Falko Löffler klarstellt:

> Die Illusion einer geschlossenen Welt wird immer wieder gebrochen. Denn kein Spieler hat Lust, endlos von A nach B laufen, um die Mission zu beginnen. Entweder muss dann der Weg so spannend gemacht sein, oder es gibt über das Menü eine Ab-kürzung, einen Shortcut. Ein elliptisches Erzählen, wie man es im Film hat sozusagen.

Strukturell jedoch gibt es große Unterschiede zwischen dem Erzählen in Games und im Film. Zwar sind oftmals klassische Aktstrukturen wie Anfang und Ende zu finden, jedoch werden sie anders gewichtet. Frank Raki: »Ein entscheidender Unterschied ist, dass Games den ersten Akt ihrer Geschichte gerne kurz halten. Ziel ist, schnellstmöglich in den eigentlichen Konflikt, in die Action zu kommen – und oft muss auch kein ausgeformter Charakter, sondern nur eine Spieler-Rolle exponiert werden.« Es gilt, so wenig Exposition wie möglich zu haben; der Spieler möchte direkt loslegen und sich nicht mit ellenlangen Vorgeschichten aufhalten. Zudem muss er jedesmal die Spielweise erlernen und sich z.B. die Tastenbelegung aneignen. Wenn er erstmal die Buttonbelegung auswendig lernen muss, kann er sich emotional gar nicht auf das Spiel einlassen. Idealerweise fängt das Spiel an und man ist mittendrin. Am Anfang kann man nur zwei Klicks machen und all-mählich immer mehr und irgendwann nach einer Stunde merkt man: Ich beherr-sche das Spiel. Daher wird die Exposition oft interaktiv gestaltet – ein Tutorial zu Anfang, in dem der Spieler Schritt für Schritt die Mechaniken erlernt und dabei etwas über die Geschichte erfährt, funktioniert meist gut. Robert Walter:

> Betrachtet man die 3-Akt-Struktur bzw. die 5-Akt-Struktur, so ist es in Spielen so, dass sich ca. 98% auf den Mittelteil fokussiert. Das heißt, Spiele legen nicht viel Wert auf die Einleitung oder die Hinführung zum Höhepunkt, genauso wenig wie die Auflö-sung am Ende. Diese Abschnitte werden – wenn überhaupt im Spiel – über Intros/ Cut Scenes/Outros abgedeckt. Digitale Spiele sind also sehr auf den Climax / Konflikt fokussiert.

Der Fokus auf den langen Mittelteil, in dem sich fast die gesamte Spielzeit von zehn Stunden oder mehr konzentriert, führt dazu, dass Games hier laut Frank Raki deutlich »mehr Inhalte als bei einem 90-minütigen Kinofilm benötigen. Vie-le Gamestorys lassen sich darum dramaturgisch eher mit einer Fernsehserie ver-gleichen, die ihren Bogen über eine ganze Staffel spannt. Eine Mission im Game ähnelt dann einer Serienepisode, die jeweils ihren eigenen Spannungsbogen und ihre eigenen Twists and Turns hat«.

Klassische dramaturgische Techniken wie den Tiefpunkt am Ende des zweiten Aktes findet man in Spielen immer wieder. Marcus Bösch: »Klassischerweise verliert man z.B. nach zwei Dritteln des Spiels all seine Ausrüstung, oder eine Hauptfigur stirbt.« Falko Löffler gibt ein weiteres Beispiel:

Halo unterteilte die Geschichte in zehn Kapitel und das Hauptziel war, eine Alienbasis zu stürmen und zu zerstören. Doch das 7. Kapitel war ungefähr das, was dem 2. Wendepunkt, dem Tiefpunkt im Film entspricht. Denn plötzlich erfährt man über die Alienrasse, die man die ganze Zeit bekämpft, ein fürchterliches Geheimnis – und man bekommt einen neuen Gegner. Auch produktionstechnisch war das geschickt, denn man musste plötzlich nur die Wegrichtung ändern, nicht mehr in die Basis *hinein*finden, sondern *heraus* und konnte dasselbe Setting zweimal benutzen.

Das macht die Produktion billiger – es ist genau wie beim Film: Jedes neue Setting bedeutet neue Kosten. Auch Game-Autoren müssen die Produktionskosten im Blick haben. Auch wenn sie letztlich nicht die Macht darüber haben. Richard Dansky:

In the Clancy games, we've traditionally sort of chopped things up into an act structure, but something to bear in mind is that as you advance through development, you often find yourself cutting things. You can write a narrative for 15 planned missions, but when the logistics say that four of those have to get cut, well, the audience isn't going to accept »we had a better story but hunks got hacked out of it and we didn't bother to repair the damage«. You've got to be able and willing to take that sort of thing in stride, and craft narratives that are flexible and, for lack of a better word, ablative – that can adjust to having missions go away. If you don't do this, if you make a storyline that can't stand to have its plot points shifted when a level has to be cut for technical reasons, then you're in trouble.

Jesse Schell stellt die Bedeutung der Geschichte für die Game-Entwicklung nochmal klar:

Ein häufig gemachter Fehler ist, der Story auf Kosten der anderen Elemente {Gameplay, Technologie und Ästhetik, Anm. des Autors} zu sklavisch zu folgen. Und ein besonders dummer Fehler dazu, weil die Story in mancherlei Hinsicht das veränderlichste aller Elemente ist. Story-Elemente lassen sich oftmals mit nur ein paar Worten verändern, während das Ändern von Gameplay-Elementen Wochen des Ausbalancierens und das Ändern von Technologie-Elementen Monate der Umprogrammierung bedeuten würden.[190]

Der zweite Plotpoint ist in Games oftmals der Schlusspunkt. Robert Walter: »Spiele enden im Vergleich zu Geschichten wie *Lord of the Rings* dann aber meist direkt nach dem *Ordeal*, was wieder unterstreicht, dass gerade der letzte Akt in Spielen keine wirkliche Rolle spielt«. Zwar ist der Moment der entscheidenden Prüfung in Christopher Voglers Modell mittig im zweiten Akt angeordnet, so fungiert er hier aber als Schluss- und Höhepunkt. Robert Walter: »Das, was in klassischen Dramen den Höhepunkt darstellt, ist in Spielen oft der Endkampf gegen den ›Oberschurken‹, danach ist das Spiel oft vorbei.«

Die unbedingte Finalität, die Hollywoodfilme mit ihrem geschlossenen Ende stets betonen, ist auch bei Games wichtig. Filmzuschauer wie auch Gamer wollen meist ein klar definiertes, abgeschlossenes Ende haben, weil es ihnen die größte Befriedigung verspricht. Bekommen interaktive Geschichten verschieden endende Finales, sind die Spieler oft verunsichert: Denn entgegen der Annahme, dass sie erfreut sind, wenn sie beim erneuten Spielen plötzlich ein alternatives Ende erleben, sind sie irritiert: Ist das das »richtige« Ende?

Der Unterschied der klassischen Dramaturgie zum Game liegt in folgenden Problemen: Gute Geschichten sind in sich geschlossen. In der klassischen Erzählweise etabliert eine Geschichte nach wenigen Minuten (je nach Genre und Format zwischen wenigen Sekunden und 20 bis 30 Minuten) ihren Grundkonflikt. Dieser bestimmt nun jegliches weiteres Handeln und führt am Ende zu einer Auflösung. Bei einer Aschenputtel-Geschichte geht es darum, dass das Mädchen ihren Traumprinzen findet – und am Ende gegen alle Widerstände mit ihm zusammenkommt. Egal, ob das nun der tschechische Film *Drei Nüsse für Aschenbrödel*, der US-Blockbuster *Pretty Woman*, die US-Serie *Once Upon a Time*, Disneys Zeichentrickfilm *Cinderella* oder Prokojews Ballett *Soluschka* ist. Auch als Spiel wäre das durchaus denkbar – aber was, wenn man dem Spieler alle Freiheiten lässt?

Wenn Aschenputtel lieber Finanzbeamtin wird, sie mit dem Goldschürfen beginnt oder plötzlich zum Zombie mutiert – dann wäre die Geschichte zerstört. Der Spieler muss also das tun, was der Game-Creator von ihm erwartet. Um zu verhindern, dass der Spieler einen Spannungsbogen einfach zerstören kann, indem er nicht das tut, was man von ihm erwartet, ist es wichtig, wie Thomas Friedmann erklärt,

sich Mechanismen auszudenken, wie man so ein »Fehlverhalten« verhindert und den Spieler da hinführt, wo man ihn haben will. Viele Spiele nutzen dafür beispielsweise sogenannte »Scriptsequenzen« (oder *Cut Scenes,* Anmerkung d. A.). In diesen ist der Handlungsspielraum des Spielers stark eingeschränkt, dafür bekommt er viel besser mit, was um ihn herum geschieht. Mit solchen Sequenzen kann man auch sehr gut Spannungsbögen und Überraschungen aufbauen. Spiele wie die oben genannten Action-Titel nutzen solche Methoden in stetem Wechsel mit freien Spielteilen, in denen der Spieler alle Freiheiten hat, die er sich wünscht. Sprich, man sucht nach Kompromissen, um den beiden gegenläufigen Zielen Interaktivität und Dramaturgie gerecht werden zu können.

Die angesprochenen Cut Scenes sind also passive »Filmschnipsel«, die rein zur Fortführung der Geschichte eingebaut sind. Man findet sie u.a. in *Metal Gear Solid 4*, in der *Final Fantasy-Reihe* oder der *Uncharted*-Reihe. Sie werden manchmal sogar erst im Nachhinein geschrieben und die Dialoge daraufhin überarbeitet. Richard Dansky:

> Cut scenes are like anything else – they're a tool in a writer's kit. Used well, they can do amazing things and serve as a tremendous reward to the player. What I don't like about cut scenes is the constant temptation to use them poorly. Cut scenes shouldn't be a crutch for storytelling. Using them for massive infodumps bores the player and wastes their potential. Showing things the player wouldn't be able to see otherwise is one thing; having the main character do something the player will never be able to do is another.

Oftmals werden Cut Scenes also eingesetzt, um narrative Wendungen zu gestalten. Es gibt aber auch Gegenbeispiele, in denen entscheidende Wendepunkte aufgrund von Spielerentscheidungen herbeigeführt werden, wie etwa in dem rund 100-stündigen Spiel *Tales of Symphonia,* in dem eine ganz entscheidende Spielszene vom Spielerverhalten abhängt, wie Robert Walter berichtet: Gegen Ende muss der Spieler einen Arzt in einem Dorf aufsuchen, um eine seiner Gefährtinnen heilen zu lassen. Abhängig davon, welchen Weg der Spieler im Dorf wählt, um zum Arzt zu gelangen, sieht er einen seiner anderen Gefährten mit sich hadern, ob er den Spieler am Ende verraten soll oder nicht. Erst wesentlich später im Spiel wird dieser Verrat dann ausgeführt – oder eben nicht.

Der Einsatz von *Cut Scenes* ist mit Bedacht zu wählen, denn in den Momenten, in denen die Spielhandlung von Videosequenzen unterbrochen wird, wird dem Spieler die Kontrolle genommen. Hier schaltet sich der Designer ein und übernimmt das Heft. Bei dem Spiel *Metal Gear Solid* dauern die Videosequenzen bis zu einer halben Stunde und lassen den Spieler nervös mit den Finger kneten, bis er endlich weiterspielen darf. Insgesamt dauern die Filmsequenzen hier fast acht Stunden. Angesprochen auf den Einsatz der Filmsequenzen sagt der Schöpfer des Spiels *Hideo Kojima,* dass er damit den Spieler auch auf emotionale Weise ansprechen möchte, anstatt ihm nur ein sensorisches Ereignis zu bieten.[191] Will Wright, der Schöpfer der *Sims* widerspricht: »When People tell me stories from their gaming experiences, they don't describe the cut scenes. (…) They have no investment in those, because they didn't create them.«[192] Ken Levine, Entwickler des Egoshooters *Bioshock Infinite* stimmt dem zu – und plädiert für einen autarken Spieler. Denn mit den Cut Scenes …

> … räumen wir den Spieler aus dem Weg, damit wir unsere verdammte Geschichte erzählen können. Das ist einfacher, es ist gut für den Entwickler, aber nicht so gut für den Spieler, finde ich. Das hat einen psychologischen Aspekt: Wenn man selbst etwas entdeckt, einen ganz eigenen Moment erlebt, ist das viel eindrücklicher. Jedes unserer Spiele setzt das Experiment fort, wie viel Geschichte man erzählen kann, wenn man den Spieler frei herumstreifen lässt. Die Welt selbst übernimmt dabei viel vom Erzählen, deshalb stecken wir so viele Daten, so viel Information in die Welt.[193]

Eine Reaktion der Spieler auf die Bevormundung der Game Designer ist das Genre der *Machinima*. Damit werden Filme bezeichnet, die mittels der Game-Engines »gedreht« werden. Die ersten Machinimas wurden durch das Programm LMPC (Little Movie Processing Centre) des Physikers und Programmierers Uwe Gierlich ermöglicht. Er hatte 1996 den Quellcode des bekannten Shooters *Quake* analysiert und mit seinem Programm möglich gemacht, dass der Spieler filmartige Sequenzen innerhalb des Spiels erstellen konnte.

Zuerst reagierten die Spieler wie so oft in einem Wettkampf-Gedanken: Sie zeigten in ihren Filmen, wie gut sie das Spiel beherrschten, in *Trickruns* welche Tricks oder in *Speedruns* wie schnell sie das Spiel durchspielen konnten. Dann aber erschienen erste Kurzfilme, die eine eigene Handlung hatten. *Diary of a Camper* erzählte die Geschichte eines Campers, der – anstatt aktiv den Kampf zu suchen – auf seine Gegner wartet. Als ihn fünf Ranger angreifen, tötet er zwei von ihnen, bis er selbst stirbt. Neu waren die Dialoge: Wenngleich sie als Untertitel eingeblendet wurden, der Film war unvertont. Einer der bekanntesten Machinima-Filme ist *Apartment Huntin'* aus dem Jahre 1999, in dem zwei Holzfäller auf Wohnungssuche in New York sind. Der Film zog sogar ein Sequel nach sich. Diese Filme waren damals genauso ungelenk und grobpixelig wie die Spiele, aus denen sie sich ihre Figuren und Welten borgten. Aber diese Nachteile konnten sie durch witzige und originelle Dialoge ausgleichen.

Aus den ehemals kurzen Filmchen entstanden im Laufe der Zeit größere Erzählungen, bis hin zum dreistündigen *Tales of the Past 3*[194], das auf der Game-Engine von *Warcraft* beruhte. Machinimas haben längst den Weg vom Nerdstück bis zum Mainstream geschafft. Und die Industrie hat sich das Genre zurückerobert: *When the Postman Spits Twice*[195] war ein Werbespot der Deutschen Post, der damals für eine Filiale in dem Spiel *Second Life* warb. Kristian Costa-Zahn hatte diesen realisiert. »Einmal als Werbefilm, dass die Post nun in *Second Life* aktiv ist. Und einmal als Intro für ein Game, das wir dann in *Second Life* veranstaltet haben. Das war damals ganz erfolgreich.« Auch jetzt ist Machinima durchaus noch ein Thema – einer der bestlaufendsten YouTube-Kanäle in den USA ist tatsächlich machinima.

com. In der *Southpark*-Folge *Make love, not Warcraft*[196] wird das Genre in eine Episode integriert, welche dafür auch prompt 2007 den Emmy Award bekam.

Abgesehen von Cut Scenes, die die Geschichte sowohl beschleunigen als auch verlangsamen können, benutzen viele Spiele eine Missions- oder Levelstruktur, um die Geschichte voranzutreiben. Es gibt darüber hinaus weitere narrative Elemente, die den Plot vorantreiben. Genau wie in der Drehbuchdramaturgie lassen sie sich unter dem Begriff Informationsverteilung zusammenfassen. Robert Walter nennt zum Beispiel In-Game-Artefakte: »Buchseiten (*Kingdom Hearts, Alan Wake, Resident Evil 4*) , Audioaufnahmen (z.B. in *Batman: Arkham Asylum, Bioshock 1+2, Dead Space*), oder andere Dokumente, die der Spieler findet. Diese können auch optional sein, sprich, der Spieler kann entscheiden, wie viel er über die Welt in Erfahrung bringen will.« Darüber hinaus gibt es Scripted Events, die schwieriger allgemein zu beschreiben sind. Grundsätzlich jedoch geht es hierbei darum, dass der Spieler durch bewusste oder unbewusste Aktion ein Ereignis im Spiel anstößt. Diese Events können laut Robert Walter »passiv sein (Mini-Cut Scenes, wie z.B. Kamerafahrt nach Betreten eines Raumes), oder interaktive Events, in denen man durch ›Quick-Time Events‹ (schnelles Drücken der richtigen Tasten, wie bei *Resident Evil 4, God of War 1-3, Heavy Rain*) Einfluss nehmen kann«.
Auch Dialoge werden selbstverständlich zur Informationsvermittlung benutzt, wobei sie im Game aktiv (der Spieler führt selbst ein Gespräch) oder passiv (der Spieler hört anderen zu) gestaltet werden können. Falko Löffler glaubt stark daran, dass die gesprochene Sprache in den Games immer wichtiger wird.

> Siri auf dem iPhone ist ein erster Schritt und das ist ja nur in der Betaphase. Aber wenn ein Spiel wirklich mit mir sprechen kann – anstatt dass ich den »A«-Knopf drücken muss – dann wird das spannend. Momentan habe ich Multiple-Choice-Dialoge mit vier Möglichkeiten zur Auswahl. Aber wenn das Spiel wirklich semantisch und inhaltlich erkennt, was ich ihm sage, sogar den Tonfall, wie ich das sage und die Figuren reagieren entsprechen – dann wird das eine ganz neue Erfahrung. In den 60ern gab es die ersten KI-Experimente, aber das war eigentlich nur vorgetäuscht.[197]

Normalerweise macht das Schreiben von Dialogen 70 Prozent der Autorentätigkeit in der Spielebranche aus. Falko Löffler nennt *Assassins Creed* als Beispiel:

> Man kann die ganzen Passanten anrempeln. Aber wenn jeder Passant mit »Hey, lass das!« reagieren würde, vielleicht auch noch mit der gleichen Stimme, wäre das langweilig. Also muss der Autor hunderte Varianten schreiben, wie jemand reagiert, wenn er angerempelt wird. Und das muss im Tonstudio noch mit idealerweise 50 oder 60 Stimmen eingesprochen werden.

Den gleichen Aufwand müssen Autoren für die sogenannten »Acknowledgements« betreiben. Falko Löffler erklärt: »Bei manchen Strategiespielen äußern die einzelnen Figuren ihre Bereitschaft, eine Aufgabe zu übernehmen, wenn man sie anklickt mit »Hallo, ich bin bereit.« Aber es gibt vielleicht zehn verschiedene Völker und jedesmal hundert Varianten. Da kommen doch schon 2.000 Varianten zusammen.« Dialoge können durch Verzweigungen noch sehr stark mit ins Gameplay integriert werden und den Spielern die Illusion von oder tatsächlichen Einfluss auf den Spielverlauf geben lassen. Wie im Film gilt aber auch hier, dass der Spieler den Überblick nicht verlieren darf. Falko Löffler:

> Games spielt man selten am Stück. Die dauern meist 20 Stunden Spielzeit, aber die meisten spielen die Strecke über Tage und Wochen hinweg. Also weiß kein Spieler mehr, was die Figur vor ein oder zwei Wochen gesagt hat. Diese Informationshäppchen muss man dann nachreichen. Entsprechend sind die Erzählstrukturen kürzer und auf das Spielverhalten angepasst.[198]

Wie immer gilt es, hier die richtige Gewichtung zu finden. Denn das größte Problem der meisten Spiele ist, dass sie zu viel erklären.

> Filme leben davon, dass etwas weggelassen wird, und regen so die Phantasie an. Zuschauer müssen die Handlung im Kopf zusammensetzen und machen auf diese Weise die Geschichte für sich greifbar. Spiele dagegen neigen dazu, alles zeigen zu wollen. Immer wieder halten Kameras auf Details am Wegesrand, kommentieren Begleiter die Ereignisse des Spiels. Die Spieler sollen ja nichts verpassen, und so werden sie entmündigt und ihrer Phantasie beraubt. Sie können sich nichts mehr ausmalen, es ist alles vorgegeben. Ausnahmen bestätigen die Regel.[199]

Linearität

In den anderen Medien wie Film oder Buch besteht das Interesse des Lesers vornehmlich darin zu erfahren, welche Entscheidungen eine Figur trifft, warum sie dies tut und wohin diese führen. Bei Spielen ändert sich die Fragestellung – nicht im grundsätzlichen Gestus, aber in ihrem Fokus. Jetzt steht der Spieler, der Konsument im Vordergrund. Und er fragt *sich*: Was soll *ich* machen? Wenn ich dieses tue, wohin führt *mich* das? Richard Dansky:

> Games differ from any non-interactive narrative form in that they are built on the notion of player agency. In other words, the audience makes their specific, detailed story by interacting with the game elements instead of passively receiving precisely what the writer intended. By and large, the big points stay the same, but the moment to moment decisionmaking on the player's part means that they control the

fine particulars of the story of the game that they played. Aragon says the same thing in every copy of *The Lord of the Rings*. Aragon-as-played-by-someone-in-a-game may hit the same high points, but he's going to get to them in his own way.

Die große Herausforderung für Game-Autoren ist also der Umgang mit der Interaktivität. Gundolf Freyermuth:

> Interaktives Geschichtenerzählen unterliegt Meta-Strukturen, die auch Drama, Roman, Film oder TV-Serien gemein sind – wie etwa die Heldenreise –, aber in jeder dieser linearen Gattungen und Formen unterschiedlich realisiert werden und selbstverständlich erst recht im nonlinearen Erzählen nach dessen Erfordernissen und Möglichkeiten eine andere Gestaltung finden müssen.

Ebenso wie in manchen Romanen und manchen Filmen durchbrechen diverse Spiele tradierte Formen klassischer Linearität. Marcus Bösch:

> Notwendig beim Umgang mit interaktiven Strukturen ist ein Gesamtentwurf, der alle spielbaren Möglichkeiten zusammenbindet und plausibel macht. Das ist bei narrativen Strukturen nicht trivial, da die Möglichkeiten sich potenzieren. Einfacher ist hier ein ludischer Zugang. So wurden bis jetzt noch nicht mal annähernd alle möglichen Varianten des Schachspiels inklusive aller möglichen Zugkombinationen gespielt. Trotzdem funktioniert jedes Schachspiel.

Ein Problem des interaktiven, nicht-linearen Erzählens ist, dass, wie Frank Raki darstellt,

> schon ein paar Entscheidungssituationen schnell in so viele Plot-Zweige münden können, dass es einen nicht zu bewältigenden Entwicklungsaufwand darstellt. Mit Plot-Verzweigungen erschafft man eine Hydra: Wachsen aus jedem abgeschlagenen Hals zwei oder drei neue nach, hat man bald eine unüberschaubare Menge an Enden, um die man sich kümmern muss. Normalerweise begrenzt man die Plot-Verzweigung daher stark – zum Beispiel, indem man Zweige wieder zusammenführt oder indem man Verzweigungen nur ganz am Ende der Geschichte zulässt.

Thomas Friedmann konkretisiert die Problematik an einem simplen Beispiel:

> Man stelle sich vor, ich habe mich als Ermittler in einem First-Person-Krimi gegen zahlreiche Widerstände endlich bis zum letzten lebenden Zeugen eines Mordes durchgekämpft. Diese Person kann mir endlich die für mich lebenswichtige Information geben, wer der Mörder war und aus welchen Motiven er gehandelt hat. Die Person spricht mich an – und ich drehe mich um und renne einfach davon, ohne zu-

zuhören. Zum einen würde ich die wichtige Information nicht mitbekommen, zum anderen zerstöre ich durch mein Handeln auch die bis dahin bereits aufgebaute Spannungskurve total. Darauf muss das Spiel[200] vorbereitet sein – und die Geschichte auch.

Robert Walter unterstreicht, dass Spiele, mit unterschiedlichen Story-Pfaden, die zum gleichen oder auch zu unterschiedlichen Ergebnissen führen, »lediglich Illusionen von Freiheit sind, da jeder Pfad mehr oder weniger vorgegeben ist.« Der Autor muss jedoch stets im Spannungsfeld zwischen »der Spieler hat die Freiheit zu tun, was er will« und »die Geschichte soll weitererzählt werden« agieren. Dabei sind dies oft konträre Ziele. Richard Dansky:

> I view my role as being there to build the framework elements, the narrative structure that the player picks up and builds their personal gameplay story out of. That means leaving space for the player's interpretation. That means taking advantage of all the tools available – visual storytelling, animation, in-game artifacts, you name it – and also being willing to have stuff that I work on not get picked up by the player. And most of all, it means viewing the narrative experience as part of the player experience, not a distinct and separate thing.

Hinzu kommt noch ein Spielerverhalten, das ganz andere Problematiken aufstellt. Thomas Friedmann:

> Die Spieldauer – und damit die Dauer der Geschichte – eines Spiels ist deutlich länger als bei einem Film und wird oft von (allein vom Spieler bestimmten) Spielpausen unterbrochen. Hat man also gerade mühsam einen Spannungsbogen aufgebaut und will den nun effektvoll auflösen, und der Spieler schaltet das Spiel ab und spielt erst eine Woche später weiter, kann man sich vorstellen, was mit dem Spannungsbogen inzwischen passiert ist. Bei einem Film passiert das eher selten, da dieser nach maximal zwei Stunden zu Ende erzählt ist. Und solange hält ein Zuschauer auch meist am Stück durch …

Es gibt Spiele, oder vielmehr Spielversionen, die die Frage nach der Autorschaft anders auflösen. Warum soll nicht der Spieler der Autor sein? Bei den *Sims*, das *Myst* noch hinsichtlich des Erfolgs überholte, war das der Fall. Hier hat der Spieler alle Möglichkeiten: Er kann einen freien Charakter erstellen und seine Welt so gestalten, wie es ihm gefällt – allerdings nach gewissen Grundregeln, die in dieser Welt gelten. Aber eine klare Handlung gibt es nicht. Solche non-linearen Spiele werden als *open-ended* bezeichnet. Im Vergleich zu den vielen linearen Spielen gibt es hier kein Ziel, was man erreichen muss. Es gibt nicht *diesen einen richtigen Weg*, wie man das Spiel auflösen muss.

Einige von diesen Spielen lassen sich im *Sandbox*-Mode spielen. Damit ist gemeint, dass der Spieler bestimmte Regeln ignorieren oder sogar ausschalten kann, dass er sich das Spiel völlig zu eigen machen kann. Kein Wunder, dass man auch vom *God-Mode* spricht, wenn der Spieler plötzlich alle Waffen oder sonstige Items zur Verfügung hat oder wenn er einfach alle Gegner ausblendet, um ungestört (und friedlich) die gesamte Spielwelt zu erkunden und auf diese Weise vielleicht zu Orten kommt, die er vorher nicht erobern konnte.

Grand Theft Auto ist ein immens erfolgreiches Spiel, das in einer linearen Weise mit Videosequenzen und bestimmten Missionen gespielt werden kann. Der Spieler ist ein kleiner Gangster, der ein Kartell beeindrucken möchte, indem er Auträge übernimmt. Schafft er eine Mission, bekommt er Geld und kann langsam aufsteigen. In *Grand Theft Auto III* (und seinen Nachfolgern) gab es aber eine entscheidende Neuerung: Der Spieler musste sich nicht mehr an die Missionen halten, sondern konnte völlig frei Dinge tun – die in der Mehrzahl natürlich moralisch inkorrekt waren. Ob man einer alten Frau die Handtasche klaute, ein Auto stahl oder damit in eine Menschenmenge fuhr – der Spieler war völlig frei in seinen Entscheidungen. Kein Wunder, dass das Spiel für Diskussionen sorgte, nicht nur wegen Gewaltverherrlichung oder Rassismus. In *Grand Theft Auto: San Andreas* gab eine Mod namens *Hot Coffee*, die innerhalb des Spiels ein Mini-Sex-Spiel freischaltete. Das Spiel musste in den USA und Australien kurzzeitig aus dem Handel genommen werden.

Wenn Spiele daraufhin programmiert werden, dass sie auf das Feedback seitens der Spieler reagieren, dann muss die Game-Maschine auch gut genug sein. Bei dem Spiel *Black and White* stellten die Entwickler fest, dass die Figur nicht wie erwartet reagierte: Sie war darauf programmiert worden, nach Nahrung zu suchen. Bei dem ersten Test allerdings schnappte sich die Figur ihr eigenes Bein und verspeiste es. Es war das Nahrhafteste, was sie in dieser Situation finden konnte.[201] *Black and White*, *The Sims*, *Grand Theft Auto III* waren Spiele, bei denen die Figuren nicht innerhalb festgesteckter Rahmen agierten. Erstmals konnten die Figuren die Situation, in der sie sich befanden, auf eine gewisse Art wahrnehmen und sie konnten erstmals einige grundlegende Emotionen zeigen, wie zum Beispiel Angst.

Mittlerweile gibt es erste Games, die die Emotionen der Nutzer in das Gameplay einbeziehen. *Sophia* ist ein Horrorgame, das von Forschern der Uni Regensburg entwickelt wurde. Es passt die Handlung den Reaktionen und Gefühlen der Spieler an. Mittels eines *Eye Trackers* wird registriert, wohin der Spieler auf dem Bildschirm blickt. Wenn er sich einem Alien gegenüber sieht und an Flucht denkt (und seine Augen sich auf einen bestimmten Fluchtpunkt richten), »erkennt« das Alien den Plan – und lauert ihm dort auf. Bislang sind solche Games aufgrund der verwendeten Technik noch nicht ganz marktreif, aber z.B. die neue Microsoft Xbox One ist mittels ihrer integrierten Kamera womöglich ein potenzielles Abspielgerät für solche Art von Spielen.

Emotionalität

Emotionen werden stets über Identifikation geweckt. Mit Charakteren vor allem, aber auch mit Welten, Lebensweisen etc. In diesem Punkt unterscheiden sich digitale Spiele nicht von anderen Audiovisionen. Sie unterscheiden sich freilich durch die Art und Weise, wie sie identifikatorische Prozesse möglich machen und gestalten. Transmediale Games bieten alles, was Filme bieten: dieselbe Vielfalt – plus Interaktivität und Non-Linearität. (*Gundolf Freyermuth*)

Filmische Erzählungen haben eine (sofern sie gut gemacht sind) starke emotionale Wirkung auf den Zuschauer. Auch Spiele leisten dies – vielleicht im Gegensatz zur vorherrschenden Meinung. Frank Raki:

Emotionen wie Angst, Ekel oder Schrecken lassen sich sehr einfach erzeugen. Darum funktionieren Action oder Survival-Horror so gut als Game-Genres. Und zur Ehrenrettung der ›positiven Gefühle‹: Auch Bewunderung, Ehrfurcht oder Entspannung sind möglich, wie Spiele wie *Journey* und *Cloud* von thatgamecompany meisterhaft zeigen.

Oft versuchen Spiele, Emotionen auf filmische Weise zu erzeugen, z.B. mittels der Zwischensequenzen. Nicht immer funktioniert das, denn der Spieler ist vielleicht gerade auf Daddeln konditioniert, anstatt der Geschichte zu folgen. Falko Löffler: »Emotionen im Spiel sind schwer herzustellen. Denn eigentlich muss ich als Spieler, wenn ich das Rätsel lösen oder eine Ausnahmesituation bestehen will, völlig cool werden.«

Auch wenn es keine Patentrezepte für die Herstellung von Emotionen gibt[202], die die Fachleute immer wieder betonen, ist es vorrangig die Bindung an die Figuren, die zu den größten Emotionen führt. Robert Walter: »Wenn ich ein Spiel spiele, in dem ich stundenlang mit virtuellen Charakteren interagiere, wachsen sie mir schon ans Herz und in kritischen Situationen möchte ich sie z.B. verteidigen.« Wenn die Figuren im Spiel glaubwürdig sind, hilft dies bei der Identifikation. Bis zu einem gewissen Zeitpunkt war es Figuren in Spielen nicht möglich, einander zu berühren. Mal abgesehen von Kampfspielen natürlich, in denen man seinen Gegner schlug. Mit *Fable III* änderte sich dies. Die Theorie dahinter war, dass der Spieler in dem Moment, in dem er seine Tochter in den Arm nahm oder einen Kameraden umarmte, mit diesen Figuren eine emotionale Verbindung einging.[203]

Nichtsdestotrotz ist die Situation paradox. Denn der Spieler hat nie eine kontinuierliche Bindung an die Figur, weil sie stets durch das Gameplay durchbrochen wird. Das schreckliche Monster, das mir plötzlich gegenübersteht, besiege ich beim ersten Mal nicht. Ich bin erschrocken, idealerweise sogar etwas panisch. Wenn ich dem Monster beim zweiten Versuch begegne, sterbe ich wahrscheinlich wieder, aber ich bemühe mich, im Kampf die Schwachpunkte aufzudecken. Beim dritten Mal bin ich ruhiger und analytischer: Wird die Strategie jetzt funktionieren?

Jedesmal aufs Neue löst sich der Spieler aus der Situation und koppelt sich kurz von der Figur ab. Ich sterbe und muss mich von der Figur lösen um aufs Neue zu beginnen. Jedoch sind die »Trennungsphasen« so kurz – und der Ehrgeiz, es beim nächsten Mal zu schaffen, so groß –, dass die Bindung nicht nachhaltig gestört wird. Marcus Bösch:

> Der Tod einer Figur in einem Jump´n´Run wird als das akzeptiert, was es ist. Ein Feedback in einem freiwilligen Korsett aus Regeln. Das ist nicht weiter dramatisch. Dramatisch wird es erst, wenn ich in einem komplexeren Spiel Stunden, Tage oder Monate mit einem Charakter verbringe und eine intensivere Bindung aufbaue. Auch hier hängt alles ganz stark vom Genre ab. Zudem ist vieles noch nicht abschließend ausverhandelt. Diverse Spiele spielen mit dem Tod der Figur, der bisweilen einfach ausgeblendet wird. Im Spiel wird kurz zurückgespult und es geht weiter.

Zudem haben Spiele im Vergleich zu anderen Medien ganz spezielle Möglichkeiten, Emotionalität zu vermitteln. Robert Walter:

> Man kann in Spielen nämlich die vermittelte emotionale Lage an die Handlungen des Spielers anpassen. Z.B. kann man die Hintergrundmusik, die Kameraposition, oder das Farbschema (allg. die Bildsprache) dynamisch an das Verhalten des Spielers anpassen. So werden teils sehr individuelle Emotionen erzeugt. An einer solchen Technologie für dynamischen Sound arbeitet z.B. das deutsche Unternehmen »Periscope« aus Hamburg sehr erfolgreich.

Für Marcus Bösch erreichen Spiele die stärksten Emotionen beim Spieler dann, wenn die Handlung direkten Einfluss auf die Spielmechanik hat.

> Der unwiderrufliche Tod einer spielbaren Nebenfigur schmerzt mich stärker als der einer nicht spielbaren Hauptfigur. Überraschend ist meiner Meinung nach, wie wenig Spiele brauchen, um Emotionen zu erwecken. Das Spiel *Passage* von Jason Rohrer hat eine sehr begrenzte Handlung, eine sehr begrenzte Grafik und eine sehr begrenzte Dauer. Trotzdem steht es von der emotionalen Schlagkraft sagen wir einem Film wie *Vom Winde verweht* in nichts nach.[204]

2012 erschien *Papo & Yo*, das eine tatsächlich berührende Geschichte erzählt, obwohl es ein Jump´n´Run ist. Wenn das Spiel mit den Worten beginnt; »To my mother, my brothers and my sisters, with whom I survived the monster in my father«, dann ist der Ton und eine Ernsthaftigkeit gesetzt, die das Spiel bei allem Rätselspaß auch nie verliert. Der Schöpfer Vander Caballero verarbeitet darin seine eigene Kindheit in Kolumbien mit seiner Familie und seinem alkoholkranken Vater. Nur portiert Caballero diese Geschichte in eine durchaus poetische Welt, in der der kleine Junge Quico mit Hilfe seines Spielzeugroboters Lula und einem gefräßigen Monster seiner Spielkameradin hinterherspürt und sich durch ein verlassenes südamerikanisches Dorf und einige Unterebenen schlägt. Zu dem Monster geht Quico eine ambivalente Beziehung ein – es hilft ihm, aber es ist unkontrollierbar, wenn es einen der grellgrünen Frösche gegessen hat. Dann verwandelt sich das Monster in eine gefährliche Feuerkreatur, die auf alles und jeden einschlägt. Wenn man als Spieler plötzlich der wilden Gewalt des Monsters ausgesetzt ist, nimmt es einem erst einmal den Atem. Man erkennt sofort die Angst, die Caballero vor seinem Vater und dessen Wutausbrüchen hatte. Es geht ihm nicht um die Beherrrschung des Monsters, es geht ums Überleben. In den meisten Spielen gehe es darum, dass man nur lange genug üben muss, bis man etwas schafft, sagt Caballero, »aber das Leben ist nicht immer so. Manchmal ist es egal, wie sehr man sich bemüht. Man wird es trotzdem nicht schaffen.«[205] Und aus diesem Grunde verzichtet er auch auf ein klassisches Happy End. Aber, so viel sei verraten, das Ende schließt das Game auf passende Art und Weise ab.

In dem Spiel *The XCOM: Enemy Unknown* gibt es keine Autoren: »This is a game where the players are writing the backstory and motivations of a villain, who happens to be another player!«[206] Und dennoch – oder vielleicht gerade deswegen schafft das Game starke Emotionen, wie der Macher DeAngelis erklärt, zunächst auf Basis des Plots:

> We certainly have an overarching narrative, with the traditional story points that writers have mastered. (…) This external narrative is generally high-level and delivered when the player is in their headquarters, conversing with different personnel. And actually, the external story is very important to the internal stuff. It's the framework for the player to conceive their own story elsewhere.[207]

Doch in diesem Spiel können die Spieler die Figuren benennen und ihr Äußeres verändern, was zu emotionalen Verwicklungen führen kann. Schließlich handelt es sich um einen Shooter und es ist einfach nicht schön anzusehen, wenn neben einem die eigene Mutter auf dem Schlachtfeld gegen die Aliens stirbt. Und im Gegensatz zu anderen Spielen kann man diese Figuren nicht wieder auferstehen lassen – es sei denn, man beginnt das Spiel von ganz Vorne. Im Grunde genommen ist das ein simpler Trick, durch den die Figuren und ihr »Leben« aufgewertet werden – aber es funktioniert. Doch DeAngelis weist darauf hin, dass das nicht immer funktioniert: »However, many players today ultimately prefer to participate in designed experiences. Emergent narratives aren't for everyone.«[208]

Andere Spiele schlagen eine weitaus stärkere Brücke zwischen Fiction und Realität, um Emotionen zu erzeugen. Das 3DS Game *Spirit Camera* soll in die Welt des Spielers Geister hineinzaubern – mit Hilfe der eingebauten Kamera und Augmented-Reality-Technologie. Der Spieler muss zunächst zwei Fotos seines Zimmers machen, und diese werden dann später in das Spiel integriert. Auch wird er zu einem bestimmten Zeitpunkt aufgefordert, ein Foto von sich selbst zu machen – was dann sofort von einem Geist in Beschlag genommen wird. Auf diese Art und Weise wird die Welt des Spielers von *Spirit Camera* in Besitz genommen. Ein gruseliger Kurzfilm[209] zeigt das Game und sein Potenzial, was jedoch unterschiedlich kommentiert wird:

> Das sieht immer wieder sehr überzeugend aus, lässt aber einige lang erprobte Grundlagen des Horrors außer Acht, zum Beispiel: Horror funktioniert am besten, wenn es dunkel ist. Damit »Spirit Camera« funktioniert, muss es hell sein.[210]

Das ist bei *Zombies, Run*[211] nicht unbedingt vonnöten. Diese Runners-App macht dem Jogger Beine, allerdings auf völlig andere Art und Weise wie die sonstigen Jogging- oder Fitness-Programme. Hier wird der Sport-Aspekt mit einer Geschichte kombiniert: Der Spieler, Runner 5 genannt, muss in 13 Audiomissionen bestimmte Versorgungsgüter in ein umkämpftes Gebiet bringen – leider wimmelt es dort nur so von Zombies. Der jeweilige Standort des Spielers wird per GPS erfasst, während er mit der App auf dem Smartphone und den Kopfhörern im Ohr läuft. Seine Aufgabe ist es, während des Laufens bestimmte Gegenstände aufzusammeln, abzuliefern und den Zombies auszuweichen. Wenn der Spieler nach dem Joggen seine gesammelten Informationen »abliefert« – sich also per Internet mit der Plattform und anderen User verbindet, bekommt er eine Belohnung: mehr Informationen darüber, was eigentlich passiert ist und warum diese Welt voller Zombies ist. Das ist das große Geheimnis und die Zielsetzung des Spiels. Hier werden also sportliche Ziele, Game, Realität und Fiction miteinander verknüpft.

Ziel und Figur

Menschen wollen Ziele haben, sagt Rajat Paharia in einem Vortrag über *Driving User Behaviour*, den er bei einer Konferenz der *Casual Games Association* gehalten hat.[212] Paharia ist Gründer und Chief Production Officer of *Bunchball,* die die NBC beim das Dunder Mifflin Infinitiy Game beraten haben. Auf der Internetseite www.dundermifflin.com können sich die Fans der amerikanischen *The Office*-Variante als fiktive Arbeitnehmer in dem Unternehmen anstellen lassen, in dem die Serie spielt. Paharia führt weiter aus, dass Menschen für etwas belohnt werden wollen. Sie wollen Punkte sammeln, ein Level weiter kommen, Dinge sammeln.

Und sie wollen, dass das, was sie sammeln, irgendwann vollständig ist. In seinem Kurs[213] an der Stanford University zeigt er die Umsetzung für das Spiel auf dundermifflin.com. Dort können die fiktiven Angestellten der Firma Punkte sammeln und damit auf Ranglisten wie Top Ten *Movers & Shakers* oder *Employee of the Month* aufsteigen. Sie bekommen einen eigenen virtuellen Schreibtisch, den sie mit Dingen bestücken können, die sie mit der spieleigenen Währung *Schrute Bucks* kaufen können. Dieses Geld können sie verdienen, indem sie Videos hochladen, etwas bewerten oder sich an einer Diskussion beteiligen. Je mehr Geld sie verdienen, desto größer sind die Chancen, dass sie aufsteigen. Also: Es geht um Wettbewerb!

Und es geht um Werbung. Denn nicht nur NBC ist mit dem Online-Spiel zufrieden, auch die Werbepartner wie Toyota oder MasterCard. Der Autohersteller verkaufte im spieleigenen Shop ein Miniatur-Auto, die Kreditkartenfirma gab den Spielern einen Geschenkgutschein über 200 Dollar, die sie im Spielshop umsetzen konnten. Product Placement, das den Spieltrieb des Spielers anspricht. Frank Raki fasst zusammen:

> Die Geschichte muss sich in den Dienst des Gameplays stellen, und das basiert meistens nicht auf Charakteren und ihren emotionalen Beziehungen, sondern auf Objekten. In der Spieldynamik geht es um Waffen, Erste-Hilfe-Kästen, Rätsel, Strategien usw., nicht um Menschen und ihre Probleme. Meist sorgt die Story deshalb dafür, dass der Spieler klare Ziele erhält und nicht gelangweilt die Segel streicht.

Das Ziel der Hauptfigur des Spiels wird auch zum Ziel des Spielers. Geht es in Filmen darum, eine Frau zu erobern, einen Boxkampf zu gewinnen, eine Verschwörung aufzuklären und für Gerechtigkeit zu sorgen, so haben Spiele grundsätzlich dasselbe Muster: Auch hier will man einen Boxkampf gewinnen (von *Tekken* bis zu *Punch Out* auf der Wii), eine Frau erobern (*Donkey Kong*, *Supermario*, usw.) oder etwas aufklären und für Gerechtigkeit sorgen (*Heavy Rain* bis *Star Wars*).

Genau wie im Film wird Interesse dadurch erzeugt, dass die Figur auf dem Weg zu ihrem Ziel Hindernisse in den Weg gelegt werden, die sie überwinden muss. Nichts anderes passiert in einem Spiel, egal ob es durchgehend ist oder in Level unterteilt wird. Diese bilden dann mit ihren Abschlüssen sogenannte Mini- oder Etappenziele, aber das übergeordnete Ziel darf nicht aus den Augen gelassen werden. Das gilt auch für die Art der Hindernisse, die stets konform mit der Grundidee und dem Ziel gehen müssen. Anders gesagt: Wenn ich einen Ego-Shooter spiele und mir in einem Level den Weg in einen Bunker ebnen muss, so erwarte ich, dass ich das mit Waffengewalt und Geschicklichkeit tun muss – und nicht dadurch, dass ich plötzlich eine »Vier gewinnt«-Variante spielen muss.

> Sollten Sie die Spieler vor Herausforderungen stellen, die in keinem Zusammenhang
> mit den Widrigkeiten stehen, die die Hauptfigur bewältigen muss, beeinträchtigen
> Sie das Erlebnis empfindlich. Wenn Sie aber einen Weg finden, den Herausforderun-
> gen im Spiel Bedeutsamkeit zu verleihen, werden die dramatischen Widrigkeiten,
> denen der Hauptcharakter ausgesetzt ist, ebenso wie ihre Story- und Spielstruktur
> zu einem großen Ganzen verschmelzen – und das ist bereits ein großer Schritt um
> den Spieler das Gefühl zu geben, sie seien Teil der Story.[214]

Auch was den Aufbau der Hindernisse betrifft, so folgen Games einem linearen
Muster – genau wie die Filmdramaturgie: Hindernisse müssen sich steigern. Sie
müssen eine gewisse Fallhöhe aufweisen, sonst werden sie als zu leicht empfun-
den (und das Sehvergnügen sinkt – genau wie das Spielvergnügen). Sie müssen
im Zusammenhang mit dem Antagonisten stehen. Die sind in den Games – im
Gegensatz zu vielen Filmen – meist völlig überzeichnet. Hier geht es selten um
Glaubwürdigkeit, sondern vielmehr um den Kampf gegen das »absolut Böse«.
Frank Raki:

> Der Unterschied zwischen den Figuren eines Films und denen eines Games liegt in
> der Art und Weise, wie wir uns mit ihnen identifizieren. Den Protagonisten eines Films
> erleben wir immer von außen. Wir nehmen seine Gefühle und Gedanken als gege-
> ben hin und lassen uns empathisch auf seine Geschichte ein. Wenn uns erzählt wird,
> dass der Held sich einsam und verlassen fühlt, dann leiden wir mit ihm mit. In Games,
> die aus der First-Person-Perspektive erlebt werden – also wenn der Spieler selbst im
> Kopf des Helden steckt –, funktioniert das nicht. Der Spieler-Charakter mag vor Be-
> ginn der Geschichte den Tod seines Bruders verschuldet haben – der Spieler wird es
> nicht fühlen. Der Spieler-Charakter kann sich auch nicht einfach in die hübsche Spio-
> nin verlieben – der Spieler selbst muss berührt werden. In First-Person-Games lassen
> sich eigentlich alle Emotionen, die das Zwischenmenschliche betreffen – wie Trauer
> über einen Verlust, Sehnsucht, Sorge – nicht unmittelbar hervorrufen. Der Spieler
> erlebt seine Figur ja von innen und lässt sich daher keine Gefühle unterschieben.
> Nur mit Zeit und einigen Tricks kann man dafür sorgen, dass der Spieler sein Herz an
> gewisse NPCs hängt, und damit kann man dann arbeiten.

Stefan Köhler weist darauf hin, dass auch das Genre eine entscheidende Rolle bei
der Ausgestaltung der Figuren spielt: Während in Action-Spielen die Aktions-
möglichkeiten eine Figur ausmachen (also: Was kann ich mit ihr tun?), kommt
in storylastigen Spielen die Frage dazu, »in welchem emotionalen Verhältnis der
Charakter mit der Spielwelt und sich selbst (also auch seinem Nicht-Können!)
steht«. Grundsätzlich jedoch gilt: Die Hauptfigur in Games, der Avatar, ist oft eine
reine Leerstelle. Sie wird durch den Spieler gefüllt. Richard Dansky:

In my opinion, the sort of storytelling we're doing in games moves the role of the hero away from the protagonist and towards the player. The hero isn't driving the story, the player is once they put on that role, but it's the player's decisions and not the author's that define how things progress. Even in a tightly constrained linear game narrative, there's always room for player choice along the way – how fast to advance, which items to use, which choices to make.

Im Drehbuch kann man den Charakteren vieles mitgeben, was die Schauspieler subtil in ihr Spiel integrieren. Manches verblüfft sogar den Erschaffer der Figuren, wie Ken Levine über die Spielfigur Elisabeth in *Bioshock Infinite* berichtet:

Ich habe sie mal beim Spielen aus dem Augenwinkel dabei ertappt, wie sie sich die Hand vor den Mund gehalten und ein Keuchen unterdrückt hat, weil sie eine Wache um die Ecke kommen sah. Von seiner eigenen Schöpfung so überrascht zu werden, das ist wundervoll.

Meist ist es jedoch so, dass solche Subtilitäten aufgrund der Kette der Werkstufen verlorengehen. Falko Löffler: »Man müsste den Grafikern Bescheid geben, wie eine Figur sich zu setzen hat, beispielsweise. Genauso den Sprechern, die die Dialoge meist ohne Kenntnis der genauen Spielsituation nacheinander wegsprechen. Da geht die Subtilität verloren.« Grundsätzlich gilt laut Frank Raki:

Wie stark man dann die Charaktere ausformt, hängt von vielen Faktoren ab: von der Idee des Games, dem Genre, dem gewünschten Spielerlebnis und so weiter. Geht es um einen Sidescroller im Cartoon-Stil, sind Charaktere mit psychologischer Tiefe eher nicht gefragt. In Games mit starkem Rollenspielanteil, die aus der First-Person-Perspektive gespielt werden, sollten die NPCs dagegen autonom und lebendig wirken. Sie brauchen eine Persönlichkeit, eigene Ziele, Handlungsoptionen und einen großen Sprachschatz.

Die Grundfrage ist laut Spieleentwickler Ken Levine immer: »Wie hält man eine Figur, deren Verhalten man über diesen Zeitraum nicht per Skript vorgeben kann, über zwölf oder 15 Stunden lebendig?« Durch eine Mischung verschiedenster Techniken – denn die Emotionalität der Begleiterin des Avatars in *Bioshock Infinite* erzeugt sich aus dem »Drehbuch, aus den Dialogen, die ich schreibe, den Darstellungen der Motion-Capturing-Schauspielerin und der Voice-over-Schauspielerin.«[215]

In dem Videospiel zu James Camerons *Avatar* nimmt der Spieler nicht die Perspektive des Protagonisten Jake ein – aber er spielt eine Figur, die ähnlichen Problemen ausgesetzt ist. An einem bestimmten Punkt im Spiel muss er – genau wie der Protagonist im Film – eine Entscheidung treffen: Will er mit den Menschen kämpfen, die den Planeten zwecks Abbau von Bodenschätzen urbar machen sollen? Oder will er mit den Na'vi für ihre friedliche Welt kämpfen? Je nachdem, wie der Spieler sind entscheidet, projiziert er die nächste Spielzeit seine Sympathien auf die eine oder die andere Gruppe – ein wichtiger Scheitelpunkt in der Geschichte. Allerdings ist die Realisierung nicht wirklich überzeugend gelungen: Die Menschen und ihre Gier sind so eindeutig negativ dargestellt, dass die Entscheidung viel zu leicht fällt, die andere Perspektive einzunehmen.

Mehr noch als bei anderen Filmen hat die *Star Wars*-Reihe das Spielverhalten unzähliger Kinder beeinflusst. Ich rede hier nicht von der dazugehörigen Comic-Serie und nicht von der Zeichentrick-TV-Serie – sondern von den dazugehörigen Spielfiguren, die eine Zeitlang auf den Schulhöfen der letzte Schrei waren. Mit ihnen spielte man Situationen aus dem Film nach oder erschuf sich vielmehr eigene Plots. Wichtig allerdings bei jeder Flexibilität in den Geschichten – die Charaktere der Filmfiguren wurden immer beibehalten. Luke war der Gute, Han Solo der Draufgänger und Darth Vader war der Böse. Immer. Die Rollenpattern wurden also nicht angetastet. Bis Mitte der 80er-Jahre waren die Figuren extrem erfolgreich, doch nach *Return of the Jedi* brach das Geschäft zusammen.

Jetzt allerdings, nach einigen weiteren Filmen und dazugehörigen Formaten boomt es wieder – bis Mitte 2008 wurden mit den Licensing-Produkten von Star Wars 15 Milliarden Dollar verdient. Das ist mehr als mit den Filmen, die aber immerhin 4 Milliarden Dollar einspielten.

Heute hat sich das Spielverhalten rund um die Charaktere aus dem Star Wars-Universum nicht verändert, obwohl die Spielfiguren heute andere sind: Lego produziert nun die Star Wars-Figuren und vermarktet sich sehr erfolgreich. Gerade auf der Website von Lego kann man sehen, welche transmedialen Formate dort rund um das Star Wars-Epos gestrickt werden: Es gibt Mini-Spiele, Comics, Filme, und man kann mit einem Comic-Builder[216] eigene digitale Comic-Strips erzeugen und so Geschichten erzählen. Eine bunte, vielfältige und spannende Welt für die junge Zielgruppe.

Die »Welt« in Games

»You need characters (…). You need plotlines that can be extended and moved to other media to create a more robust world«[217], sagt Jordan Weisman von Microsoft über das Gestalten von Welten. Er will nicht nur das Game selbst, sondern auch darüber hinaus eine Welt erschaffen. Romane, die zum Spiel geschrieben werden, ein Spielfilm sogar – das expandiert diese Welt.

In Filmen entwirft der Autor eine Geschichte, in Spielen entwirft er eine Welt. Und (bedingt) die Figuren, die sie bevölkern. In Games geht es in erster Linie darum, dass der Spieler in diese Welt eintauchen will, dass die Figuren und ihre Ziele ihm so sympathisch sind, dass er damit Zeit verbringen möchte. Frank Raki:

> Entscheidend ist sicher, dass das Developmentteam eine Welt erschafft, die einen in den Bann schlägt. Games leben von der Atmosphäre einer anderen, besonderen Welt. Der Spieler soll vergessen, dass er vor einem Bildschirm sitzt und einen Controler bedient, und stattdessen voll und ganz in der anderen Welt aufgehen. Dazu braucht es ein Setting, das faszinierend und detailreich ist. Der Autor kann hier natürlich eine wichtige Grundlage legen.

Welten in Spielen haben laut Jesse Schell zwei wesentliche Merkmale: Sie sind zum einen schlichter als die Realität und zum anderen bieten sie eine gewisse Transzendenz., d.h. sie sind mächtiger und stärker als in der normalen Welt. Sowohl historische, futuristische als auch Fantasy-Welten sind oft unterkomplex. Niemand setzt sich in Zukunftswelten mit realistischen Problemen wie Landflucht, Erderwärmung, dem Rentensystem oder zu komplizierten Handytarifen auseinander. Stattdessen ist die Welt meist apokalyptisch und man kämpft zwischen rauchenden Ruinen gegen Zombies, Außerirdische oder den bösen Staat. Die Waffen sorgen hier für Transzendenz – genauso wie im Mittelalter, wo sie oft durch Magie ersetzt werden. In modernen, aktuellen Welten wird das transzendentale Merkmal der höheren Wirkungskräfte und Fähigkeiten anders betont: Bei *Grand Theft Auto* wird man mächtig, wenn man sich nicht an Gesetze hält. Und bei den *Sims* spielt man ohnehin Gott. Die Kombination von Transzendenz und Schlichtheit sollte optimal sein – den Spieler nicht überfordern und ihm gleichzeitig einen angemessenen Reiz bieten. Anders gesagt: In einem Action-Spiel wie *Pirates of the Caribbean* will man nicht lernen müssen, wie man ein Schiff im Wind segelt – man will andere Schiffe angreifen und man will mit Kanonen schießen. Also müssen die Segelboote bitte genau so zu steuern sein wie Motorboote. Robert Walter: »Man kann vielleicht schon sagen, dass in Spielen die Welt aufgrund von Gameplay-Einschränkungen (also z.B. das Level Design) einen größeren Einfluss auf die Geschichte hat. Aber es gibt auch Gegenbeispiele, wo sehr klassische Geschichten in eine extravagante Gamewelt gepackt werden. Z.B. ›Enslaved‹, das die Geschichte ›Journey to the West‹ von Wu Cheng'en erzählt.«

Auch in Games folgen die Welten bestimmten Regeln und genau wie im Film müssen diese konstant sein: Wenn man Gegenstände einpacken und mitnehmen kann, und der Spieler das schon mit einer Pistole und einer Flasche durchexerziert hat, dann muss das auch mit einem Bügelbrett möglich sein (wofür er das auch immer brauchen mag). Stefan Köhler:

> So wie es im Film heißt, dass jede Einstellung Bedeutung hat, würde ich tatsächlich sagen, dass es in einem räumlichen Medium wie dem Computerspiel wichtig ist, dass die dargestellte Welt in all ihren Details stimmig ist, dass also außerhalb von das eigentliche Spiel unterbrechenden Cut Scenes Figuren und Story als Teile einer Welt nicht wichtiger sind als sämtliche anderen Elemente, aus denen sich diese zusammensetzt, wie zum Beispiel Landschaft, Architektur und Aktionsmöglichkeiten.

Dabei gibt es in Games durchaus mehr Kuriositäten als in Filmen. Die Spieler sind eher bereit, sich auf exzentrische und außergewöhnliche Dinge einzulassen. Zu viele Kuriositäten könnten allerdings verwirren und unzugänglich wirken. Also sollten Kuriositäten vorsichtig eingesetzt werden und wenn möglich sogar geplanted werden: Schell berichtet von einer Hamsterkanone[218], die in einem Spiel gebraucht wurde, in dem zwei verliebte Hamster in einer Tierhandlung zueinanderkommen wollen. Aber gibt es Hamsterkanonen im realen Leben? Nein. Doch sobald die Game-Designer zu Anfang ein Schild ins Schaufenster gemalt hatten »Sonderangebot! Hamsterkanonen reduziert«, war das alles kein Problem mehr.

Genauso vorsichtig wie im Umgang mit Kuriositäten sollte man mit Klischees sein. Gerade im Game-Bereich scheinen einige Bereiche gänzlich überbeansprucht: der Kampf gegen böse Aliens, böse Drachen oder böse Zombies. Keine Spiele mit diesen Themen mehr zu entwickeln ist aber auch keine Lösung. Denn Klischees fördern oft den Zugang der Spieler zum Spiel und wenn es gelingt, ein Klischee mit etwas Neuartigem zu verknüpfen – da sind sich alle Geschichten in allen Medien gleich –, dann kann das sehr befruchtend sein und dem Konsumenten einen schnellen Einstieg in die Geschichte verschaffen. Wenn er etwa an der Seite von guten Aliens kämpft, die aber nur so groß wie Ameisen sind. Oder er selbst ein Zombie ist oder ein kleiner Drache in der Vorschule. Oder man dreht das Spielprinzip um: Bei *Dishonored* ist der beste Kampf eigentlich der, den man vermeiden konnte. Denn natürlich können wir alle unsere Gegner mit Schwert oder Armbrust niederstrecken. Aber die Ratten vermehren sich umso stärker, als man sie bekämpft. Und die Figuren, die sich uns in den Weg stellen, könnten – falls wir sie am Leben lassen – uns später hilfreich sein, die Prinzessin zu befreien. Falko Löffler fasst zusammen: »Bei Spielen geht es immer nur um die Welt und die Frage: Was kann der Spieler darin machen?«

Spielentwicklung und Autorenrolle

Der Anstoß für die Entwicklung eines Spiels kann alles sein: ein Geschäftsmodell, ein Konkurrenzspiel, eine fixe Idee, ein Film oder auch ein Buch. Alles denkbar. Grundsätzlich muss man sich bei der Entwicklung eines Games die Frage stellen: Braucht mein Spiel überhaupt eine Geschichte? Und warum werden sich die Spieler dafür interessieren?[219] Diese Fragen stellt sich ein Autor allerdings bei jeder Geschichte – egal in welchem Medium. Für Computer-Games kommt allerdings noch hinzu: In welcher Form unterstützt und födert die Geschichte die anderen Ebenen wie Technologie, Gameplay und Design? Kann man das noch optimieren? In der Tendenz muss man feststellen, dass die technologische Ebene für die meisten Games und Gamer im Mittelpunkt steht. Falko Löffler: »Storytelling ist für Spielentwickler nur beigeordnet.« Thomas Friedmann betont, dass das Spielprinzip im Vordergrund steht.

> Das ist immer der Kern des Spiels, und die beste Geschichte wird nicht helfen, wenn das Spiel langweilig ist und die Spieler nach 10 Minuten das Spiel in die Ecke werfen. Dann bekommt nämlich keiner mehr die noch so tolle Geschichte mit, die das Spiel für einen bereithalten mag. Spielt die Geschichte eine wichtige Rolle, muss man sich aber natürlich auch schon bei der Wahl des Spielprinzips Gedanken machen, wie man die Geschichte erzählen will. Das muss beides zusammenpassen, sonst wird es nicht funktionieren.

Im Film geschieht die Entwicklung linear: Zuerst gibt es die Idee der Geschichte, dann wird diese entwickelt und im Drehbuch fixiert, dann folgen Vorproduktion, Dreh und Postproduktion. Bei Games ist der Prozess ein anderer. Geschichten sind – in der Mehrzahl – nur beigeordnet. Sie sind nicht der zugrundeliegende Kern, der Ausgangspunkt für alles ist, sondern entstehen sozusagen parallel, während die anderen Elemente des Spiels programmiert werden. Spieleentwicklung ist technologiebasiert. Falko Löffler: »Beim Filmdreh muss ja das Buch auch immer angepasst werden, aber die einzelnen Phasen passieren nacheinander: Vorproduktion, Produktion, Postproduktion usw. Beim Spiel passiert alles gleichzeitig.« Und die Entwicklung der Spiele ist je nach Genre total unterschiedlich. Bei einem Film spielt das Genre keine Rolle. Man braucht das Drehbuch, um zu wissen, wo und was man dreht und wie die Dreharbeiten zu organisieren sind. Falko Löffler: »Ein Ego-Shooter wird aber völlig anders entwickelt als ein Adventure, ein Browsergame anders als ein iPhone-Spiel, usw. und ein Egoshooter auf dem Browser ist wiederum anders als einer fürs iPhone.« Richard Dansky führt aus:

> There's a wide range of what »writing for games« is – the experience of writing for a AAA game with a single player campaign is very different from writing for a casual game, or a MMO. What does hold, however, is that the experience really does have to be collaborative because writing for a game is not the sum and total of the creation, nor is it the absolute foundation the way a script is for a film or a graphic novel. The words you create for a game are assets, and they're also going to be handled by sound, by localization, by level design – they're part of the larger mechanism of development.

Niemals aber geht ein Autor auf eine Firma zu und präsentiert einen Pitch für ein Game. Gekauft wird das Gameplay und nicht die Geschichte. Falko Löffler: »Mir ist kein Fall bekannt, in dem ein Vollzeit-Autor eine Spieleentwicklung angestoßen hätte.« Nichtsdestotrotz plädiert Richard Dansky dafür, die Autoren so früh wie möglich einzubinden:

> The earlier a writer is on board, the better. Narrative is part of the player experience, and the earlier it gets integrated into the development process, the better it is for the player experience. Ideally, you want to develop a narrative that supports the gameplay features that are at the core of play, and that means working together from the beginning to make sure the integration of all those elements is as smooth as possible. If, for example, you've got a run-and-gun FPS with lots of explosions and spectacle, you want to be in position to develop a narrative that will allow for lots of opportunities to blow things up in spectactular fashion. The sooner that the writer knows precisely how those giant explosions are going to happen, the better they can craft a story that includes that sort of thing instead of stopping for them.

Je nach Spielgenre hat ein Autor eine mal mehr, mal weniger wichtige Rolle. Dennoch geht der Trend bei hochwertigen Produktionen zu immer größerer Professionalisierung, und dazu gehören Experten in allen Bereichen der Entwicklung – auch beim Storytelling. Maximilian Schenk sieht den Grund in der Komplexität des Mediums Game, welches eine Aufgabenteilung erfordert: »Game Autoren« als solche sind in der Regel nicht in einer Person vereint, sondern Game-Designer, Story-Writer, Character-Developer, Level Designer etc. Auch erkennen die Game-Developer zunehmend, dass der früher eingeschlagene Weg, den Autor erst spät in den Developmentprozess einzubeziehen, nicht funktioniert. Frank Raki:

> Wenn das Game in allen anderen Aspekten bereits steht, kann der Autor nichts mehr zur Entwicklung beitragen, sondern nur eine Geschichte liefern, die sich notdürftig ins bestehende Gameplay einfügt. Oft wirkt die Story dann aufgepropft und holprig. Genauso unglücklich ist der umgekehrte Weg: Ein Developer bestellt bei einem renommierten Autor ein Exposé und versucht, die Geschichte anschließend ohne Autoren-Beteiligung in ein Game zu verwandeln. Auch das passiert zum Glück immer seltener. Der Königsweg für Spiele, die sich um eine starke Story drehen, ist der, den Autor von den frühen Konzeptphase bis weit in die Produktion hinein zu einem integralen Teil des Design-Teams zu machen. Nur so erreicht man eine organische Verbindung von Gameplay und Story. Darin unterscheiden sich gute narrative Games von schlechten.

Stefan Köhler unterscheidet grob drei Fälle, in denen ein Game-Autor im Rahmen einer Spielentwicklung herangezogen wird Entweder ist er von Anfang an dabei, entwickelt die Story und damit oft auch das grobe Game Design oder er wird eher gegen Mitte der Entwicklung gebeten, das Spiel mit Content in Form von Texten zu füllen oder er stößt ganz am Ende zur Produktion, um das Spiel mit Cut Scenes zu ergänzen bzw. bereits vorhandene Texte zu veredeln.

> In allen Fällen ist die Beziehung zwischen dem Game-Autor auf der einen Seite und dem Game-Designer auf der anderen sehr wichtig (sofern sie nicht eine Person sind), also die Frage, wie weit der Autor in das Feld des Game-Designers eingreift, aber auch andersherum, wie viel Freiraum der Game-Designer dem Autor lässt.

Der Lead-Game-Designer hat die künstlerische Vision des Games. Frank Raki: »Der Autor – oder die Autoren – sind Teil eines Developmentteams, und die Story ist nur ein Teil dessen, was ein gutes Game am Ende ausmacht. Man sollte also die Fähigkeit zu kollaborativem Arbeiten mitbringen. Je enger der Austausch zwischen den Abteilungen, umso besser für das Game.« Doch wie immer in kreativen Prozessen laufen diese nicht ohne Probleme ab. Stefan Köhler:

> Das Verhältnis zwischen Game Autor und Game Designer ist oft schon dadurch angespannt, dass Letzterer als Allrounder in vielen Fällen auch die Aufgaben des Game Autors übernimmt und diesen damit als Spezialisten überflüssig macht. Wie man sich anhand einer so jungen Industrie denken kann, gilt dasselbe für Praktikanten, da sich in vielen Studios immer noch hartnäckig der Glaube hält, jeder könne schreiben … oder noch schlimmer: Den Spielern wären Spieltexte egal, also bräuchte man sich auch keine Mühe hinsichtlich Stil und Orthographie zu geben.

Wenn ein Autor anfangs damit beauftragt wird, etwa ein Fantasyspiel in einer komplett neuen, unbekannten Welt zu entwerfen, sieht der Prozess, wie Falko Löffler bestätigt, folgendermaßen aus:

> Der Autor schreibt – ganz normal in einem Word-Programm – die Story Bible. Das bekommen die Grafiker, die machen Scribbles, irgendwann wird das in 3D umgesetzt, usw. Aber meistens wird der Autor dann schon nicht mehr gebraucht und die Arbeit von den Producern umgesetzt: Die einzelnen Texte für die Dialoge zu schreiben ist eine sehr dynamische Arbeit. Da wird ein Level entworfen, in dem der Spieler etwas machen soll. Da gibt es dann aber plötzlich viele Einschränkungen: Die Welt kann nur so groß sein. Es kann nur eine bestimmte Zahl von Figuren geben. Es gibt nur soundsoviele Sprechrollen. Und das hat immer Auswirkungen auf den Text.

Frank Raki konkretisiert, dass ein Game nicht top-down entwickelt wird, sondern von Anfang an auf verschiedenen Ebenen gleichzeitig: »Gameplay, Grafik, Programmierung, Story. Beginnend bei einem Prototyp wird das Game dann so lange umgebaut, bis es das bestmögliche Spielerlebnis bringt. Das kann für den Autor große Änderungen mit sich bringen. Ein ganzer Story-Abschnitt oder sogar das interaktive Dialogsystem kann plötzlich wegfallen. Da muss man dann ideenreich Lösungen finden.« Thomas Friedmann führt fort:

> Ein Drehbuch kann man linear auf Papier schreiben, die Story in Spielen hat oft zahlreiche Entscheidungsknoten, Abzweigungen, Alternativstränge, Zusammenführungen, Auswahlmöglichkeiten etc. Das macht es natürlich weitaus schwieriger und komplizierter, weil man alle Eventualitäten im Vorfeld berücksichtigen und trotzdem eine gute Geschichte erzeugen muss. Dafür gibt es auch Tools, die einem technisch unter die Arme greifen, aber es bleibt trotzdem eine komplexe Aufgabe.

Richard Dansky betont den Stellenwert von Recherche seitens des Autors:

> There's a lot of time and energy that goes into keeping up on what's going on out there – not just on the front pages, but the things that are brewing in the background, the long-term trends and the developing points of conflict. There was a big fuss made a while back about how, in the original *Ghost Recon*, the inciting incident for the game was a Russian invasion of Georgia in 2009. Fast forward to 2009, and suddenly, we've got a Russian invasion of Georgia. It's not that Brian Upton, who wrote that storyline, was psychic back in the day. What it does mean, however, is that a combination of research and understanding the Clancy framework puts us in a position to develop storylines that are appropriate, realistic and believable.

Genauso wie die Prozesse bei der Game-Entwicklung nach außen hin eher unstrukturiert – weil parallel ablaufend – erscheinen, gibt es kein Standardtextformat für Spiele. Falko Löffler:

> Jeder weiß, wie ein Drehbuch aussieht, aber im Gamebereich gibt es das nicht. Je nach Firma sieht der Text völlig unterschiedlich aus. Manchmal sind es Textdateien, manchmal Exceltabellen. Für die Firmen ist Text im Spiel nur eine Ressource von anderen und dementsprechend meist nicht so wichtig.

Zwingend ist aber ein *Exporter*, der alle Texte in eine Exceltabelle exportiert – so kann man das Spiel in die verschiedenen Sprachen lokalisieren. Bei Browsergames ist das unerlässlich: Sofort bei Start muss das Spiel in 60 Sprachen da sein. Es muss also in dem Spiel eine Schnittstelle geben, um die Texte zu übersetzen. Oder um die Arbeit im Tonstudio vorzubereiten.

Die Tätigkeit des Autors für Games divergiert stark von anderen Autorentätigkeiten. Zum Teil liegt es daran, dass es den »klassischen« Game-Autor nur selten gibt. Das hat laut Falko Löffler historische Gründe:

> In den 80ern wurden Computerspiele nur von Einzelpersonen geschrieben – die mussten alle programmieren: Die Grafik, den Sound und es gab eigentlich nicht die technischen Möglichkeiten, um große Geschichten zu erzählen. Das bombastische Rollenspiel war da eigentlich die Ausnahme. Die Leute, die heute als Legenden gelten, weil sie damals die Game-Genres erfunden und geprägt haben, kommen alle aus der Programmiererecke – keiner von denen kommt rein aus dem Storytelling.

Auch heute fallen viele der Autorentätigkeiten in den Bereich des Game-Designs. Aber es gibt natürlich auch spezielle Autoren, die Story, Charaktere und Dialoge für Spiele schreiben. Frank Raki:

> Ein Game-Autor schreibt kein universales Manuskript, das das ganze Werk abbildet, sondern eine ganze Anzahl verschiedener Dokumente: eine Story-Synopsis, die komplette Story, Dialogtexte, Charakterprofile, Cut Scenes, In-Game-Texte und anderes mehr. Dabei arbeitet man oft an mehreren Dokumenten gleichzeitig. Während man noch die Story-Outline schreibt, muss man zum Beispiel eine Szene für eine Game-Demo verfassen. Man sollte also simultanes Arbeiten mögen und auf häufiges Umschreiben gefasst sein.

Und die Arbeit ist aufwendig und kleinteilig. Falko Löffler:

> Ein großes Rollenspiel mit hunderten Charakteren, die alle etwas sagen sollen und mit denen ich Dialoge führen kann – da sprechen wir von Millionen Wörtern. Selbst bei einem kleinen iPhone-Spiel haben wir oft schon 30.000 bis 40.000 Wörter. Das ist ja schon ein halber Roman. Aber der ist wenigstens linear. Die Entwicklung bei einem Game folgt dem meist nicht: Die Grafiker haben z.B. schon angefangen, Level 6 zu entwerfen. Also müssen zuerst alle Dialoge geschrieben werden, die in Level 6 vorkommen. Danach wechseln wir dann in Level 3 usw. Und dann wird Level 6 umgebaut und spielt nicht mehr auf der Bergspitze, sondern in der Wüste.

Oftmals ist es der Leveldesigner, der eine Episode schreiben soll – und am Ende wird dann doch ein Autor dazugeholt, der die Texte dann überarbeitet. Und diese Professionalisierung ist wichtig, wie Inga von Staden deutlich macht:

> Gamedesigner sind lausige Geschichtenerzähler und Drehbuchautoren entwickeln furchtbar langweilige Games. Was wir aber sehr wohl sehen, ist, dass (Drehbuch)Autoren von Gamesfirmen angefragt werden, um die Story oder Content Bibles für die

Content Worlds zu schreiben, auf denen die Games, TV-Serien und Hollywood Content Brands heute basieren. Hier tut sich also ein neues Berufsbild auf.

Auch Frank Raki sieht die guten Voraussetzungen, die Drehbuchautoren für die Arbeit als Game-Autor mitbringen.

Man hat filmisch erzählen gelernt, man kann Szenen und Dialoge schreiben, man kann Figuren entwickeln und längere Spannungsbögen bauen. Das ist ein großer Teil der Anforderungen, die an einen Game-Autor gestellt werden.

Deswegen greifen Developer und Publisher häufig auf Drehbuchautoren zurück. Game-Autor Stefan Köhler sieht die wachsende Konkurrenz durch die Drehbuchautoren, die oft noch mit einer Filmförderung als Trumpf in der Hand in den Markt drängen, positiv, denn es »könnte ein sich langsam entwickelndes Bewusstsein stärken, dass Game-Autoren als Spezialisten eine Daseinsberechtigung und Wichtigkeit in der Produktion von (storylastigen) Spielen haben.« Thomas Friedmann bestätigt, das die Durchlässigkeit für Autoren aus Film, Literatur und TV gegeben ist, allerdings müssen die Autoren ein Verständnis für die »Herausforderungen durch die Interaktivität von Spielen mitbringen und dafür Lösungen erarbeiten können. Und das dann eben in enger Zusammenarbeit mit dem Game-Design, was die Regeln eines Spiels festlegt.« Frank Raki fügt hinzu:

Außerdem sollte ein Autor das Medium Games natürlich mögen und ein Grundwissen in Sachen Game-Design besitzen. Es lohnt sehr, ein paar Spiele danach zu analysieren, aus welchen Elementen sie bestehen und nach welcher Dynamik sie funktionieren. Ein Verständnis für die technische Seite, das heißt für die Kunst des Programmierens, kann ebenfalls nicht schaden.

Falko Löffler bestätigt den Trend, immer wieder bekannte Roman- oder Drehbuchautoren für die Spieleentwicklung einzuplanen. Doch »das geht in der Regel schief, wenn der Autor von Spielen nichts versteht und mit Interaktivität nicht umgehen kann.« Also gilt hier, was überall für Autoren gilt: Drehbuchautoren müssen Filme und Serien schauen, Romanautoren Romane lesen. Und Spielautoren müssen spielen. Richard Dansky:

First and foremost, they should play games. It's a truism, but it's vital – you need to be intimately familiar with the rhythms, needs and structures of game writing to do it well, and the best way to do that, to understand them, is to play. To understand a medium is to be a consumer as well as a producer of it, as it were.

Auch muss der Autor über Abstraktionsvermögen verfügen, denn bei Games – im Gegensatz zu Filmen usw., in denen er nur die Akteure auf der Leinwand entwickelt – kann sich der Spieler selbst in das Spiel einbringen: »The best stories in video games are the stories the player tells himself.«[220] Dem müssen die Autoren in ihrer Arbeit Rechnung tragen. Richard Dansky:

> As game writers, we're not writing our own stories. We're writing to the possibility space of player action, whereby everything we do supports the player experience and makes the player's every move feel logical, natural, and well-integrated into the narrative flow. I call this the »player-shaped hole in the narrative« – the fact that you're writing for anything the player might do. And what's important for a writer in that is setting aside your auctorial ego, being able to write so as to support the player in taking the lead and driving the story. If you can't do that, if you have to get out in front and make sure the player has the exact experience you want them to, then you're potentially going to run into trouble with the whole »interactive« nature of games.

Die Arbeit von Game-Autoren ist also komplex und vielschichtig. Dennoch gibt es nur wenige Autoren, die ausschließlich für Games arbeiten. Und selbst diese arbeiten, laut Falko Löffler, meist nicht nur als Autor, sondern verfolgen parallel andere Tätigkeiten: Übersetzungen von Game-Titeln beispielsweise.
Stefan Köhler sieht die Chancen für Game Autoren – und im Besonderen für freiberufliche – im Moment (noch) sehr gering, denn viele bekommen nur durch ein über die Jahre gut ausgebautes Netzwerk an neue Aufträge. Neulinge sind oft gezwungen, Projekte erst jahrelang unentgeltlich mit anzuschieben, bevor diese Profit für den Autor abwerfen. Richard Dansky sieht die Entwicklung positiv:

> »Authorship« in games has already evolved into something new, I think. You do have auteur projects like Braid or Dust, but if you're looking at a AAA title, the development of the story is so intimately entwined with all of the other aspects of development that the sort of traditional model doesn't necessarily apply. That's not to say that there shouldn't be someone with ownership of the story even in the most collaborative of environments, but the way story is so enmeshed with other disciplines means that authors have to learn to function in new ways. And as the media we have to tell stories in – games and otherwise – continue to change and to get more interactive, that diffusing of the border of authorship is just going to continue.

E-BOOKS

7. E-Books

Die Zukunft des Buches (…) liegt im Digitalen.[221]

Dieser These scheinen sich fast alle Verlage einig zu sein. Uwe Naumann, Programmleiter Digitalbuch Plus bei Rowohlt sagt im Hinblick auf das E-Book ganz deutlich: »Man muss das machen. Das ist eine Zukunftsinvestition.« Nur in der Art und Weise, wie diese Zukunft ausgestaltet werden soll und was das womöglich inhaltlich für die Bücher bedeutet, ist noch unklar. Fest steht, dass die Digitalisierung des Buches völlig neue Erzählweisen ermöglicht. Doch wohin führt das? Werden die E-Books – wenn die technischen und finanziellen Mittel es zulassen – zu völlig neuen Erlebnisangeboten werden, in denen wir interaktiv in Geschichten eindringen können und dort völlig immersiv aufgehen? Ist ein solches Szenario übertrieben oder bald Realität? Und ist es überhaupt erstrebenswert?

Zunächst jedoch müssen wir differenzieren zwischen den E-Books, die nur als elektronische Version des Papierbuchs erscheinen und dem ursprünglichen Text nicht Neues hinzufügen. Und den anderen E-Books, ob sie nun *enhanced* oder wie auch immer genannt werden, die dem Ganzen neue Erzählweisen hinzufügen, die ein anderes Erlebnis schaffen wollen. Hier sind die Formen, wie wir später sehen werden, sehr unterschiedlich: Es gibt transmediale Formate, Bücher, die mit Bildern oder Filmen operieren, solche, die ein Hörbuch integrieren, usw. Bücher jedenfalls, die mit diesem anderen Leseerlebnis vielleicht eine andere Form von Leserbindung, zumindest aber eine andere Form von Erzählen schaffen wollen. Von ihnen wird in diesem Kapitel die Rede sein.

Doch zunächst müssen wir uns folgende Fragen stellen: Gibt es eine generelle Abkehr vom Prinzip Buch? Verliert das Buch seinen Stellenwert in dem viel vielfältigeren verfügbaren Medienspektrum? Verlagern die multifunktionalen »Wisch«-Mobilgeräte die Leseaufmerksamkeit und drängen längere und komplexe Texte in den Hintergrund? Verliert die austauschbare Massenware an Anziehungskraft, ähnlich wie sich der Musikkonsum durch die Digitalisierung verändert hat ? (Es werden viel weniger Alben gekauft, sondern öfter nur noch einzelne Songs. Und die Raubkopien sind bei großen Mainstream-Titeln häufiger als bei kleinen Special Interest-Bands.) Oder ist das Buch als Slow-Media ein nachhaltiges Medium, das niemals an Wert verlieren wird? Uwe Naumann: »Ich bin ganz entspannt: Die Bücher werden nicht untergehen. Aber die Art und Weise, wie wir mit ihnen umgehen, wird sich ändern.«

Betrachtet man den Buchmarkt und seine Leserstruktur, fallen sofort die unterschiedlichen Zielgruppen ins Auge. Es sind vor allem Konsumenten zwischen 30 und 39 Jahren und zwischen 50 bis 59 Jahren, die E-Book-Downloads kaufen.

Nur 29% geben an, dass sie E-Books vorrangig unterwegs lesen, 32% lesen sowohl unterwegs als auch auf dem heimischen Sofa, und die Mehrheit (insgesamt 39%) liest vor allem zu Hause.[222] Das ist in mehrfacher Hinsicht überraschend, denn bislang ging man davon aus, dass ein wesentlicher Mehrwert der digitalen Bücher auf die Vorteile der Reisesituation (geringeres Gewicht und Speicherkapazität) zurückzuführen ist. Aber vielleicht spielen auch 24-Stunden-Verfügbarkeit und der Platzmangel im Bücherregal eine wichtigere Rolle als man angenommen hat.

Es gibt Leser, die die elektronische Bücher schon vollständig in ihren Alltag integriert haben, andere, die dem E-Book skeptisch gegenüberstehen. Letztere haben Befürchtungen, dass die enhancend E-Books ihnen die Fantasie stehlen, dass die eigenen Bilder, die beim Lesen im Kopf entstehen, zunichte gemacht werden. Oftmals ist die Ablehnung nicht unbedingt rational begründet, wenngleich ungleich emotional: »Das E-Book ist ein Buch ohne Sinnlichkeit, ohne Geschichte, ohne Leben. Es ist das ausgezehrteste Buch, das sich denken lässt, die Reduktion der Reduktion.«[223]

Das Argument hört sich ähnlich an wie das der Vinylhändler vor drei Jahrzehnten: Gute Musik könne man nur auf der analogen Rille hören – die CD mache jede Lebendigkeit tot. Uwe Naumann: »Dieser Konsumumbruch, der bei den jungen Menschen schon im Verzicht auf den Fernseher angefangen hat, der ist bei den älteren noch gar nicht angekommen. Und das wird in vergleichbarer Weise auch auf dem Buchmarkt stattfinden. Und was das bedeutet – auch für Autoren – kann man jetzt noch gar nicht absehen.« Fest steht, dass die junge Zielgruppe ein völlig anderes Mediennutzungsverhalten entwickelt. Uwe Naumann: »Ich erlebe für meinen Bereich des Sachbuchs, dass da Einbrüche sind in Bereichen, die mir wahnsinnig weh tun. Rowohlt-Bildmonografien haben praktisch keine Zukunft mehr. Die jungen Menschen heutzutage wissen genau, wo sie sich die Informationen im Internet holen können. Wenn die ein Referat über Brecht o.Ä. halten müssen, dann brauchen die keine Bücher mehr.«

Abgesehen von inhaltlichen Befürchtungen, sind es auch ganz andere Konnotationen, die beim Medium Buch mitschwingen. Denn für viele Menschen sind Bücher immer noch Teil der Selbstdarstellung und tragen zum Selbstbild bei – eine Bücherwand in der Wohnung sagt viel über den Bewohner aus. Die digitale Literatur entwertet natürlich diese Funktion – es sei denn, auch das Bücherregal würde digital präsentiert und sofort vom Besucher wahrgenommen, aber davon sind wir noch weit entfernt. »Große« Literatur wird es auch aus diesem Grund wahrscheinlich immer in Papierform geben, Unterhaltungsliteratur allerdings sehr wohl und immer häufiger als E-Book.

Letztlich hängt es aber auch davon ab, mit welcher Erwartungshaltung der Leser an den Text herangeht. Will er das neue Lieblingsbuch seines Stammautors einfach nur digital lesen oder z.B. mit vielen anderen Büchern in den Urlaub nehmen und möglichst wenig schleppen? Dann sind E-Books sicherlich eine gute Wahl.

Und wie steht es mit der Rolle der Autoren? Wird diese ebenfalls durch die Digitalisierung beeinflusst? Seit dem Mittelalter haben immer mehr Menschen angefangen zu schreiben. War die Schrift vorher Reichen, Adeligen, Mönchen oder Gelehrten vorbehalten, wuchs mit der Verbreitung der Schrift auch die Zahl derjeniger, die sich literarisch ausdrückten. Es gab immer mehr Autoren und spätestens im letzten Jahrhundert hat die Zahl derer, die schreiben, einen Höchststand erreicht. Allerdings gab es bislang immer ein Auswahlverfahren, das einen Großteil aller Hobby-Autoren davon abgehalten hat, ihre Werke zu publizieren: die Verlage und namentlich ihre Lektoren, deren Schreibtische sich unter den unverlangt eingesandten Manuskripten bogen. Sie selektierten unter den Aspekten von Qualität und Marktpotenzial und waren so eine natürliche Hürde, die die Autoren überwinden mussten.

Nur im digitalen Zeitalter zählt dies nicht mehr. Natürlich werden die Buchverlage weiter existieren und auch die Lektoren verrichten nach wie vor eine wichtige Arbeit – aber die Texte, die bislang unveröffentlicht blieben, können nun von den Autoren selbst an die Öffentlichkeit gebracht werden – mit wenigen Mausklicks als E-Book. Die Vorstellung angesichts gewisser Inhalte und Qualitätsschwächen mag wenig erfreulich sein – allerdings sind so vielleicht gewisse Perlen zu entdecken, die sonst nie das Licht der Welt erblickt hätten.

Unter der *Demokratisierung* des digitalen Buchmarktes leiden natürlich gewisse Sparten der Branche: Wozu braucht man noch Book on Demand-Verlage, wenn ich die primäre Dienstleistung, die diese Verlage angeboten haben, selbst übernehmen kann, indem ich mein Buch im Eigenverlag publiziere?

Fanfiction gab es immer schon. Nur waren die Fanmagazine meist selbstkopiert und sprachen nur einen kleinen Leserkreis an – den nämlich, den man in der eigenen unmittelbaren Umgebung oder durch ein Netz von Postadressen erreichen konnte. Heutzutage bekommt diese Fanliteratur durch das Internet großen Auftrieb. Nie zuvor konnten mit so wenig Aufwand so viele Menschen erreicht werden. In dem Moment, in dem sich das E-Book auch bei der breiten Masse durchsetzen wird, wird sich der Absatz der Fanfiction nochmals potenzieren. Und es gibt auch noch andere positive Aspekte, wie der Antiquar Tenschert betont:

> Ich würde mir wünschen, dass man später einmal sagen wird, dass das E-Book dabei geholfen hat, die Illiteraten unserer Tage an das Buch, die Literatur, die Kultur heranzuführen.[224]

Auch der Autor und Unternehmensberater Karl Olsberg sieht in dieser Entwicklung gesellschaftlich und kulturell wesentlich mehr Vor- als Nachteile: »Die Veränderung, die wir zurzeit erleben, ist durchaus vergleichbar mit der Erfindung des Buchdrucks, und das war sicher eine der größten kulturellen Errungenschaften der Menschheit. Gefahr besteht natürlich für alle, die von dem bisherigen System gut gelebt haben – auch für etablierte Schriftsteller.«

Wie sehen nun die Strategien der Verlagen aus? Frank Sambeth, Vorsitzender der Geschäftsführung / CEO der Verlagsgruppe Random House, erläutert die Konzernstrategie:

> Es gibt nur wenige Konstellationen, bei denen wir keine E-Books machen. Dann etwa, wenn uns nur eine Taschenbuchlizenz eingeräumt wurde und das E-Book-Recht beim Hardcover-Verlag liegt. Außerdem haben wir buchnahe Produkte im Portfolio, die nicht unbedingt E-Book-tauglich sind. Ein Rätselblock oder sog. Buch-Plus-Produkte – ein Kochbuch beispielsweise, das zusammen mit einer Backform ausgeliefert wird. Das lässt sich als Gesamtprodukt ganz offensichtlich schwer digitalisieren. Und manchmal gibt es Schwierigkeiten bei internationalen Co-Produktionen. Aber grundsätzlich: Wir machen das E-Book.

Auch beim S. Fischer Verlag wird jeder Titel auch als E-Book veröffentlicht, sofern der Verlag die Rechte daran hat. Aber das ist nicht immer der Fall. Ein Problem ist die Backlist, wie Michael Justus, kaufmännischer Geschäftsführer des Verlags, darstellt:

> S. Fischer hat 6.000 lieferbare Titel; bei einigen davon haben wir nur die Taschenbuchrechte, und bei vielen anderen lohnt sich die Produktion eines E-Books ökonomisch betrachtet nicht mehr. Aber bei allen in Frage kommenden Titeln muss über die Rechte für das E-Book verhandelt werden. Manche Autoren sind dann der Meinung, dass der Verlag den Titel schon refinanziert hat und wünschen sich eine 50/50 oder 60/40 Erlösbeteiligung. Aber das können wir nicht machen. Die Digitalisierung ist dafür zu teuer.

Denn will man die digitalen Daten vielfältig verwenden, muss man pro 100 Seiten an die 1.000 Euro Kosten rechnen. Die Verlage haben schließlich einen Anspruch auf Qualität: »Wenn man nur ein pdf auf den Markt schmeißt, dann ist das nicht teuer. Aber wenn man neben dem Standard-e-pub-Format auch die Apple-Variante und das Amazon-Format ansteuern möchte und zudem eine vernünftige Benutzerführung haben will, dann wird das teuer. Erst recht, wenn es ein Sachbuch wird, das Fußnoten hat, ein Literaturverzeichnis usw.« Auch Rowohlt veröffentlicht jedes Buch zeitgleich auch als E-Book, sofern die Rechte vorliegen. Manche Formate sind allerdings so kompliziert, etwa bei Bildbänden, dass sich der Aufwand nicht lohnt. Nach Möglichkeit werden bei Lizenzkäufen bereits die entsprechenden E-Book-Rechte dazugekauft, wenngleich das nicht immer einfach ist. Michael Justus vom S. Fischer-Verlag erklärt, dass »einige große Bestseller-Autoren E-Books wie die Pest hassen. Die geben auch die Rechte dafür nicht her.«

Alle Verlage testen verschiedene Möglichkeiten und Formen der digitalen Veröffentlichung aus. Genau wie die Verlage Edel oder Haffmanns & Tolkemitt bringt Rowohlt ab Herbst 2012 Neuerscheinungen als Buch und E-Book zusammen heraus. Das E-Book ist einzeln für weniger Geld erhältlich, das Buch allein nicht. Im gedruckten Buch ist ein Code enthalten, mit dem man sich das E-Book herunterladen kann – ohne dass dieses besonders kopiergeschützt wäre. Laut Till Tolkemitt sei die Reaktion bei Lesern und Buchhändlern positiv: Rund 20% der Bundle-Käufer laden sich das Buch herunter, was angesichts der E-Book-Leserzahl in Deutschland sehr hoch sei.[225]

Technik

Ein kurzer Überblick über die Geschichte des E-Books zeigt, wie stark das Medium E-Book von den technischen Entwicklungen abhängig ist. Schon 1971 wurde das Projekt Gutenberg ins Leben gerufen, eine kostenlose digitale Bibliothek von Werken, deren Urheberrecht erloschen ist oder die als Public Domain frei verfügbar sind. In dieser Darreichungsform wurde auf Titelbilder und schönes Innenlayout verzichtet. In den 1980er-Jahren gab es in Deutschland dann erste Versuche, Romane in digitaler Form zu verkaufen. Stellenweise *Dikomane* genannt, wurden einige Titel auf Disketten veröffentlicht[226], mit wenig Resonanz. 1988 erschien als erstes elektronische Buch, das sich käuflich erwerben ließ, William Gibsons *Mona Lisa Overdrive* auf Floppy-Disk. Als Sony in den 1990ern den Data Discman herausbrachte, wurden auf CD-ROM erste Romantitel verkauft. Doch letztlich scheiterten die Versuche an dem zu kleinen Display, der geringen Batterielaufzeit und einer mangelhaften Suchfunktion. 1996 kam der erste populäre elektronische Organizer der Firma Palm auf den Markt und mit ihm auch einige literarische Versuche, doch der erste so zu nennende Reader war 1998 das Rocket eBook der Firma Nuvo Media. Dieser hatte bis zu 16 Megabyte interner Speicher, Soundeffekte und Bilder in grober Auflösung. Nach Firmenübernahme und einem rundum erneuerten Reader wurde 2003 der Verkauf allerdings komplett eingestellt. Ab dem Jahre 2000 wird das PDF-Format populär und der Mobipocket Reader und der Microsoft Reader etablieren sich erfolgreich. Zeitgleich werden Romane und Sachbücher in einer illegalen Szene eigescannt, korrigiert und über das Internet verbreitet. Erstmals ist von einer aufkommenden Infrastruktur durch die entsprechende Hardware und Online-Angebote zu sprechen.

Heutzutage gibt es drei weitverbreitete Formen für E-Book-Formate: PDF, EPUB und Mobi-Dateien, die Amazon nutzt. Daraus entsteht momentan ein Wirrwarr der Formate, das uns die Produktion noch oft erschwert. Um unsere Stoffe auf allen Geräten zur Verfügung zu stellen, müssen wir in einem halben Dutzend verschiedener Formate entwickeln. Das ist bei einem so jungen Wachstumsmarkt normal – vergleiche die frühe Phase der Videorekorder – aber auf lange Sicht für Kunden und Produzenten verwirrend und beschwerlich.

… erklärt Jan Wielpütz, Cheflektor für den E-Book-Bereich bei Bastei Entertainment. Uwe Naumann von Rowohlt fügt hinzu: »Denken Sie an die Video-Geschichte: Bis sich damals bei uns in Deutschland VHS durchgesetzt hatte, hat es lange gedauert. Da gab es noch Beta und viele andere Formate. Und in einer ähnlichen Situation befinden wir uns gerade.«

Grundsätzlich gibt es zwei Möglichkeiten, Bücher digital zu veröffentlichen. Einmal als Epub o.Ä. oder als App. Hier werden die Inhalte in eine App gepackt, die als Container und Leseumgebung fungiert. Der Leser benötigt kein externes Programm, um das Buch zu lesen. Michael Justus:

Wenn man das Epub-3-Format ausreizt, kann man in einem begrenzten Umfang durchaus ein paar Enhancements hinzufügen. Bislang bieten die großen Anbieter aber kaum Hard- und Software an, die Epub 3 unterstützt. Vor allem Apple und Amazon wollen lieber ihre eigenen Formate fördern. Das ist schade, weil Epub 3 die Möglichkeit böte, Multimedialität und interaktive Elemente standardisiert zu produzieren. Bei Apps ist hierfür immer Handarbeit erforderlich.

Bei Apps hat der Publisher ganz generell größere Freiheiten, was den Einsatz von audiovisuellen Elementen u.a. angeht, wenn man die jeweilige Plattform z.B. iOS oder Android voll nutzt. Jedoch muss man mehrere Versionen seiner App anbieten, wenn man nicht nur auf Apple- oder Android-Produkten lesbar sein möchte. S. Fischer produziert Apps nur für Apple. Michael Justus: »Wenn man das für Android machen möchte, ist die Technik so unterschiedlich, dass man wieder von vorne anfangen muss.« Jan Wielpütz:

Technisch anspruchsvolle E-Books lassen sich derzeit nur als App für iOS-Geräte oder die Android-Plattform entwickeln. Ein Beispiel: Von unseren E-Book-Serien wie APOCALYPSIS gibt es eine Read&Listen-Fassung, die den Text mit der ungekürzten Audiospur kombiniert. Sie können jederzeit zwischen Lesen und Hören wechseln. Die Leser lieben diese Funktion – wir können sie derzeit aber nur im iBook-Store von Apple anbieten, weil wir hier die entsprechende Kombination aus Software und Hardware vorfinden, die ein solches Produkt ermöglicht.

Hear and Read gibt es bislang nur bei Enhanced E-Books. Apple nutzt für diese Variante das sogenannte Fixed Layout und stellt mit seinem iBooks Author ein

Programm bereit, mit dem Multimedia-Inhalte wie Videos, Fotos, Grafiken und Animationen in E-Books eingefügt werden können. Die damit gefertigten Titel dürfen allerdings nur über den iBookstore verkauft werden.

Das Kindle Format KF8 von Amazon ermöglicht ebenfalls Multimedia, allerdings kein Video. Amazon sagt zwar, sein KF8 beherrsche Video Codec H.264/ AAC, schränkt aber zugleich in seinen eigenen Kindle Publishing Guidelines ein, dass sie nicht auf Amazons Kindle Fire-Tablets laufen, sondern nur in der Umgebung von Apples Betriebssystem iOS. Ein interessantes Konzept. Und auch sonst entfaltet KF8 seine vollen Möglichkeiten erst auf dem Kindle Fire Tablet, nicht jedoch auf den einfachen Kindle Readern.

In welchem Format auch immer: Alle Hersteller haben lange daran gearbeitet, das Blättern der Buchseiten zu imitieren, anscheinend um dem Leser den Umstieg möglichst einfach zu machen und an den herkömmlichen Lesemodus zu erinnern. Sebastian Büttner findet das befremdlich, »weil man ja digital – und von oben nach unten liest. Seitenzahlen sind ohnehin eher ein Relikt aus der analogen Welt – wenn man etwas sucht, dann gibt es in digitalen Büchern doch ganz andere Mittel, um sich zurechtzufinden«. In dieser Hinsicht sind E-Reader den Printbüchern weitaus überlegen. Es gibt sehr überzeugende Suchmechanismen, die dem Leser zudem ermöglichen, Zitate herauszugreifen, zu markieren und – je nach Programm – mit anderen Lesern zu teilen.

Solange sich ein Kunde innerhalb der Ökosysteme von Apple, Android oder Amazon bewegt, gibt es keine Probleme. Schwierig wird aber ein Wechsel von einem zum nächsten System, denn zurzeit herrscht in der digitalen Buchsparte noch ein rigides Rechtemanagement vor – Nutzung und Verbreitung digitaler E-book-Inhalte sollen damit kontrolliert werden. Auf dem analogen Buchmarkt gibt es mit Flohmärkten und Antiquariaten Geschäftsmodelle, die den Weiterverkauf von gebrauchten Büchern betreiben. Auf dem digitalen Gebiet scheint das bislang unmöglich. Es gibt jedoch neuerdings erste Versuche, die Zweitverwertung zu digitalisieren: Die amerikanische Plattform *ReDigi* verkauft seit Oktober 2011 gebrauchte Musikdateien und E-Books. Sofern es sich um eine legal erworbene Datei handelt, wird die Datei wird vom Rechner des Verkäufers entfernt und auf der Plattform angeboten. *ReDigi* bekommt für jeden Verkauf eine Provision. Auch die Urheber profitieren, wenn sie sich auf der Seite registrieren – ihnen werden 20 Prozent der Einnahmen gutgeschrieben.

Aus Sicht von Lesern und Verlagen wäre es zu begrüßen, wenn E-Books überall, mit jedem onlinefähigen Gerät und in jeder technischen Umgebung verfügbar wären und zwischen diesen Umgebungen auch hin und her bewegt werden könnten. Daran können Apple und Amazon jedoch kein Interesse haben. Sie versuchen eher, die Kunden in ihren eigenen Umgebungen zu halten. Leider bedeutet das im

Umkehrschluss, dass die Weitergabe und das Lesen auf unterschiedlichen Geräten oft scheitert. Bücher können dann nur auf dem Gerät gelesen werden, für welches sie gekauft wurden. Damit kopiert ein großer Teil der Buchindustrie die ängstlichen Strategien der Musikindustrie vor einigen Jahren, die allerdings schon längst wieder Abstand davon genommen hat. Frank Sambeth von Random House betont jedoch: »Wir setzen uns von Verlagsseite stark für Interoperabilität ein – dass man die Bücher aus einem virtuellen Bücherregal herausnehmen und in ein anderes stellen kann.«

Wird ein Titel als Buch und nicht als App veröffentlicht, ist man rein theoretisch unabhängig von der technischen Plattform des Lesers, dafür ist man durch den verwendeten Standard, z.B. EPUB, in seinen Möglichkeiten eingeschränkt. Das jeweilige Leseprogramm sorgt für die Darstellung des Textes. Allerdings gibt es hier noch immer deutliche Unterschiede zwischen den E-Readern und den Tablets. Jan Wielpütz: »Die normalen E-Reader erfreuen sich bei den Lesern großer Beliebtheit: Die meisten lesen lieber auf einem matten, strahlungsfreien E-Ink-Display als auf einem Tablet. Optimal für uns wäre also, wenn diese beiden Hardwaretypen irgendwann einmal verschmelzen.«

Der Markt

Der Markt für E-Books wächst derzeit exponentiell. Wir gehen davon aus, dass das E-Book in wenigen Jahren bereits einen wesentlichen Anteil der Umsätze im Buchmarkt ausmachen wird – auch wenn es das physische Buch auf lange Sicht sicherlich nicht komplett ersetzt. Insofern: Das E-Book ist unsere Zukunft und die wollen wir als Verlag aktiv gestalten. (Jan Wielpütz)

Laut Media Control[227] wurden 2012 in Deutschland 12,3 Mio E-Books verkauft, im Vorjahr seien 4,9 Mio E-Book-Käufe verzeichnet worden. Damit ist der Absatz von E-Books zweieinhalbmal so hoch wie 2011 ausgefallen. Nach Angaben der Marktforscher konnte mit dem rasanten Zuwachs der digitalen Bücher 2012 sogar das Minus im Geschäft mit gedruckten Büchern kompensiert werden. Frank Sambeth:

Wir sind mit den E-Books schon im Mainstream unterwegs, sowohl was die Diffusion der Lesegeräte als auch den Konsum der Bücher angeht. Wir schätzen, dass wir im Jahre 2015 – umsatzmäßig – mit den E-Books bei einem Anteil zwischen 10% und 15% liegen werden. Aber 2012 ließ sich schon sehr dynamisch an, vielleicht werden diese Annahmen noch überholt.

Der Anteil von E-Books am Umsatz der Publikumsverlage (ohne Fachverlage) liegt in Amerika bei 15%. Ein großer Sprung, denn 2010 waren es nur 6%. Der amerikanischen Studie BookStats[228] zufolge ist der US-Buchmarkt im vergangenen Jahr um 2,5% geschrumpft. Allerdings haben sich die E-Book-Umsätze im Publikumsmarkt 2011 im Vergleich zum Vorjahr mehr als verdoppelt. Mit 2,77 Mio Exemplaren wurden im vergangenen Jahr zwar mehr Bücher verkauft als im Vorjahr, doch die Umsätze aller Publikums- und Fachverlage mit Büchern sind insgesamt um 2,5% zurückgegangen. Die E-Book-Umsätze haben sich 2011 im Vergleich zum Vorjahr mehr als verdoppelt. Sie lagen bei 2,07 Mrd Dollar (2010: 869 Mio Dollar). Dafür haben die Kunden 388 Mio E-Books verkauft. Das ist ein Plus von 210% gegenüber 2010. Die Umsätze mit gedruckten Büchern gingen dagegen um 1 Mrd Dollar zurück. Entsprechend sind auch andere, von dem Buchhandel abhängige Industrien wie der Vertrieb oder der Printbereich betroffen, die die Entwicklung teilweise unterschätzt haben, wie Sebastian Büttner konstatiert: »Vor zwei Jahren habe ich mich auf der Buchmesse mit einigen Druckern unterhalten, die das E-Book als neumodisches Gimmick abgetan haben. Jetzt gibt es diese Druckerei nicht mehr.«

Ob sich die E-Books (in welcher Form auch immer) durchsetzen und den ganz breiten Massenmarkt erreichen, hängt vom Erfolg der Lesegeräte ab. Die Bitkom schätzt, dass 2012 rund 800.000 Lesegeräte von Amazon, Weltbild, Thalia und anderen Anbietern verkauft wurden. Das sind 247 Prozent mehr als zum Vorjahr. 2013 sollen es 1,4 Millionen Stück sein.[229] In den USA hat das E-Book längst den breiten Markt erreicht, in Deutschland sind es laut GfK 2,2 Mio Deutsche, die bereits E-Book-Lesegeräte wie den Amazon Kindle besitzen, davon ist knapp die Hälfte zwischen 30 und 49 Jahre alt. Hinzu kommen geschlechterspezifische Unterschiede: Frauen favorisieren E-Book-Reader, Männer hingegen lesen E-Books lieber auf Tablet-PCs oder Smartphones.

In den USA wurden 2011 fünf Prozent mehr E-Books verkauft als gedruckte Bücher.[230] Jedoch liegen die Umsätze des E-Book-Marktes rund 20% unter denen des Printmarktes. Das liegt vornehmlich daran, dass viele der E-Books selbst verlegte Titel sind, die zum Teil sehr billig angeboten werden, oder dass es sich um rechtefreie Klassiker handelt, die ebenfalls kaum Geld einspielen. Hinzu kommt, dass viele Verlage momentan kräftig in den E-Book-Markt investieren, indem sie dort Gratistitel anbieten – eine Strategie, die auch deutsche Verlage wie Cora intensivieren. Dazu später mehr. Paulo Coelho erzählt, wie er den amerikanischen Verleger gebeten hat,

ob er alle meine E-Books auf 99 Cent runterstufen kann, außer dem *Alchimisten*. Er hat es gemacht, drei Wochen lang, weil es keine Verbreitungs- und keine Druckkosten bei E-Books gibt. Dann haben wir die Promotion gestoppt. Was ist passiert?

Die 99-Cent-Bücher haben den Alchimisten mitgezogen. Er kletterte die New York Times-Bestsellerliste vom, ich weiß nicht, 39. auf den 7. Platz hinauf.[231]

Vor allem aber, so Coelho, gab es überhaupt keine Produktpiraterie mehr, nachdem die Preise auf 99 Cent heruntergesetzt wurden. Die Angst vor illegalen Downloads hat in der Verlagsbranche zu Überlegungen geführt, wie sie ihre Titel schützen kann. Zum Glück verzichten immer mehr Verlage auf harten Kopierschutz, sondern arbeiten mit digitalen Wasserzeichen oder liefern ganz ohne Kopierschutz aus. Nur Großverlage wie S. Fischer, Piper, Rowohlt, Knaur und Kiwi setzen auf Adobe DRM. Erhebungen, wenngleich sie sicherlich nicht ganz repräsentativ sind, zeigen jedoch, dass es kaum Überschneidungen zwischen den Bestsellerlisten und den Interessen der E-Book-Piraten gibt. Auf den Charts der beliebten illegalen E-Book-Downloadseite *Hell* dominieren Sachbuchtitel, dies gilt auch für The Pirate Bay, wo sich in den Top 20 des Februars 2013 nur ein einziger Fiction-Titel (des kürzlich in die Kinos gekommenen *Cloud Atlas*) befand.[232]

Uwe Naumann von Rowohlt sieht ganz generell die Gratiskultur im Internet als Barriere für den Einstieg in die digitale Buchwelt. Hinzu kommt, dass »die Verbreitungsform und die Werbemöglichkeiten noch nicht etabliert sind. Sicher, man kann über die Verlagswebseite Bücher runterladen oder sie über Amazon und Apple kaufen, aber im Gesamten hat sich das noch nicht durchgesetzt«. Vor allem aber stehen die Bücher dort in direkter Konkurrenz zu anderen Medien wie Film oder TV-Serien und die »Ladenfläche« ist ungleich kleiner als die im Buchhandel. Das Stöbern wird dem Leser nicht unbedingt leicht gemacht, so dass für die Verlage, wie Jan Wielpütz sagt, folgende entscheidende Frage gilt: »Wie finden die Leser unsere Produkte in den unendlichen Weiten der E-Book- und App-Stores?«

Um ihre Bücher sichtbar und auffindbar zu machen, hat Random House USA sogar eine eigene Facebook-App entwickelt, aber auch die erfordert wieder eine Partizipation des Users und zeigt nur die eigenen Titel an. Allgemeingültiger sind da die Gratisdownloads. Genau wie die Hitlisten der verkauften (oder gratis erhältlichen) Bücher, die auf den Plattformen angezeigt werden, spielen sie eine wichtige Rolle – an ihnen orientieren sich viele Käufer, entsprechend versuchen die Verlage, ihre Titel auch hier zu positionieren. Die Erfahrung zeigt beispielsweise, dass Titel, die kurzzeitig gratis angeboten werden und damit auf den Downloadlisten nach oben schnellen, nachrangig viel besser laufen – auch wenn sie dann plötzlich wieder gekauft werden müssen.

Verglichen mit dem Anteil, den Bücher im gesamten Entertainment-Markt haben, sind sie bei den Downloads unterrepräsentiert: Im gesamten Entertainment-Markt haben sie einen Umsatzanteil von 39%. Der Rest entfällt auf Musik, Spiele, Software, Kino und Video. Dennoch profitiert von der stärkeren E-Book-Nachfrage besonders der Online-Handel: Im vergangenen Jahr legte der Online-Bereich um 35% zu, und auch das Direktgeschäft der Verlage wird immer wichtiger: Die Umsätze hier haben sich fast verdoppelt und lagen erstmals über 1 Mrd Dollar.

Dem stationären Buchhandel geht es entsprechend nicht gut. Uwe Naumann: »Der Buchmarkt wird fürchterlich abspecken. Es wird weiterhin den stationären Buchhandel geben, die großen Ketten wie die kleinen Qualitätsbuchhandlungen. Aber ein erheblicher Prozentsatz der Buchhandlungen wird die Umstellung ins digitale Zeitalter nicht überleben. Das tut weh!« Die großen Buchhandelsketten reduzieren ihre Flächen und bauen gleichzeitig das Sortiment aus – weg von Büchern hin zu DVDs, Spielzeug, Postkarten und Geschenkartikeln. Eine durchschnittliche Thalia-Filiale stellt damit schon ein Fünftel ihrer Verkaufsfläche aus. Damit versuchen die Händler, die Verluste durch die Online-Buchkäufe auszugleichen. Dennoch gibt es auch andere Bestrebungen, die Kunden weiterhin in die Buchhandlungen zu locken: Lesungen, Veranstaltungen à la »Eine Nacht im Buchladen« oder besonders designte Läden, die zudem auch Café- und Leseflächen sind – wie das Ocelot in Berlin Mitte, dessen Untertitel schon alles sagt: »Not just another Bookstore.« Daher gibt es auch positive Stimmen:

> Als Gutenberg den Buchdruck erfand, riefen die Mönche: »O Gott, wir ziehen uns lieber aus dieser Welt zurück, sie ist zu schnell geworden. Früher haben wir Zeichnungen gemacht, unsere Bücher waren Kunstwerke, und jetzt haben wir diesen billigen Gutenberg-Druck!« Aber: Jede technologische Revolution schafft eine Plattform für eine kulturelle Revolution. Und ich glaube wirklich nicht, dass diese Tempel, die Buchläden, verschwinden werden.[233]

Wer das bezweifelt, denke einmal über die Zahl der Musikläden oder der Videotheken nach, die es vor 15 Jahren noch gab – und vergleiche das mit heutigen Zahlen. Für die Verlage bedeutet der Online-Handel zwar eine Gefährdung ihres Geschäfts, aber sie könnten natürlich auf den Direktvertrieb setzen – solange der Autor ihnen da nicht selbst zuvorkommt.

Bei aller Angst vor der Digitalisierung und ihren Konsequenzen besteht auch viel Grund zur Hoffnung: Denn nie war es einfacher für unbekannte Autoren, ein Buch auf den Markt zu bringen. Amazon hat im Sommer 2012 eine erste Bilanz seines deutschen Kindle-Programms gezogen. Sieben der Bestseller[234] stammen aus dem Selfpublishing-Programm von Amazon.

1. Martina Gercke: Holunderküsschen, Kindle Direct P., 2,99 Euro
2. Jonas Jonasson: Der Hundertjährige, der aus dem Fenster stieg und verschwand, Carl's Books, 11,99 Euro
3. Luca Di Fulvio: Der Junge, der Träume schenkte, Lübbe, 8,49 Euro
4. Michael Linnemann: Rachezug: Thriller (Teil 1 von 2), Kindle Direct P., wird nur noch in Kombination mit Teil 2 für 2,99 Euro angeboten

5. Michael Linnemann: Rachezug: Thriller (Teil 2 von 2), Kindle Direct P., wird nur noch in Kombination mit Teil 1 für 2,99 Euro angeboten
6. Roswitha Hedrun: Die Hexenköchin (Historischer Roman), Kindle Direct P., 0,99 Euro
7. Catherine Shepherd: Der Puzzlemörder von Zons, Kindle Direct P., 2,99 Euro
8. Charlotte Link: Der Beobachter, Blanvalet, 8,99 Euro
9. B.C. Schiller: Freunde müssen töten, Kindle Direct P., 2,68 Euro
10. Mathias Frey: EXCESS, Verschwörung zur Weltregierung, Kindle Direct P., 2,99 Euro

Die Autorin Martina Gehrke hat bis Mitte 2012 an die 30.000 Exemplare ihres Titels verkauft,[235] und das, ohne einen Verlag im Rücken zu haben. Gehrke gibt an, dass sie alle Marketingtätigkeiten via Blog, Twitter und Facebook selbst übernommen hat.

Ganz abgesehen vom Inhalt mag auch der geringe **Preis** eine Rolle für den Erfolg der Kindle-Produkte spielen. Jan Wielpütz von Bastei Lübbe betont den Preiskampf bei den digitalen Büchern: »Durch die vielen Self-Publishing-Autoren, die ihre Bucher sehr günstig anbieten, steht das E-Book unter starkem Preisdruck. Dem versuchen wir, durch neue Publikationsformen zu begegnen: Die einzelnen Folgen einer E-Book-Serie können wir zu einem sehr attraktiven Preis anbieten – teilweise für 0,99 Euro.«

Momentan kosten E-Books durchschnittlich 12 Euro, im Gegensatz zum gedruckten Äquivalent, das durchschnittlich 15 Euro kostet. Der Preisabstand liegt damit zwischen 10 und 25%. Die Verlage haben jedoch unterschiedliche Strategien: Die S. Fischer Verlage und Rowohlt Digital geben bei den E-Book-Ausgaben keinen Preisnachlass, andere wie Bastei Lübbe, Heyne oder Goldmann dagegen bis zu 25%.

Es könnte eine Entwicklung einsetzen, die Parallelen zum Filmgeschäft hat. Michael Justus von S.Fischer:

> Wenn ein Markt für aufwendige multimediale E-Books entstünde, könnten sich im Buchgeschäft ähnliche Mechanismen entwickeln. Wirtschaftlich relevant und verantwortbar wären dann nur ganz wenige Blockbuster, für die ein riesiger Produktions- und Vermarktungsaufwand getrieben werden müsste. Wenn es daneben noch eine anspruchsvolle literarische Produktion geben sollte, könnte sie von den Verlagen dann aber nicht mehr per Quersubventionierung finanziert werden. Sie müsste ebenso staatlich gefördert werden wie das unabhängige Autorenkino.

Das Internet bietet wie kein anderes Medium zuvor die Möglichkeit zur Selbstveröffentlichung – in vielerlei Hinsicht. Aber vor allem auf dem Buchmarkt bieten sich hier über das E-Book Chancen, auch wenn Bücher im Print-on-Demand-Verfahren gedruckten Buches (PoD) ebenfalls wachsen. Amazon reagiert mit seiner Neugründung Amazon Publishing und bietet in den USA seit 2011 das komplette Angebot eines herkömmlichen Verlages an. Auch in Deutschland meldet Amazon Erfolge. Besonders im Vordergrund steht Jonas Winner, der seine siebenteilige *Berlin Gothic*-Thriller-Reihe zum Portionspreis von 99 Cent vertreibt. Er hat innerhalb von zehn Monaten über 100.000 Exemplare verkauft. Die Übersetzungsrechte in Englische sind bereits verkauft, und es wird über die Filmrechte verhandelt. Wenn man bedenkt, dass die Autoren bei Amazons Selfpublishing-Abteilung bis zu 70% des Verkaufspreises bekommen – im Gegensatz zu normalen Verlagen, wo der Prozentsatz zwischen 10% und 15% liegt – dann hat Winner gut verdient. Jedoch nicht so gut wie die amerikanische Altenpflegerin Amanda Hocking: Sie hat von ihren Liebesromanen, die im Gewand einer Vampirgeschichte daherkommen, über eine Million Exemplare verkauft. Damit ist sie 2011 Millionärin geworden – eine erste Erfolgsgeschichte der Selfpublishing-Autoren, die von *Fifty Shades of Grey* abgelöst wurde, welche sicherlich nicht die Letzte bleiben wird. Zum Beispiel steht Hugh Howey mit *Wool* (in Deutschland unter dem Titel *Silo* herausgebracht) in den Startlöchern. Seine Science Fiction-Kurzgeschichte über Menschen, die seit der Verseuchung der Welt in einem unterirdischen Silo leben, kam derart gut an, dass er von den Lesern zu Fortsetzungen gedrängt wurde und sich kurz darauf Twentieth Century Fox die Filmrechte für alle fünf Teile sicherte.

Die großen Konzerne reagieren bereits auf die veränderte Autorensituation: Pearson hat im Juli 2012 den Selfpublishing-Anbieter Author Solutions für 116 Millionen Dollar erworben, nach Amazons CreateSpace ist das der zweitgrößte Anbieter von Lektorats- und Marketing-Dienstleistungen. Auch der kanadische E-Book-Anbieter Kobo setzt mit dem Portal Kobo Writing Life auf den »Wachstumstreiber« der Buchindustrie. Mit gut 211.000 Titeln sind in den Vereinigten Staaten 2011 rund 80.000 selbstverlegte Bücher mehr ins Rennen geschickt worden als im Jahr davor.[236]

Verkauft ein Autor sein Buch über das Internet, ohne einen Verlag im Rücken, bekommt der ohnehin wichtige Buchtitel noch eine größere Bedeutung. Er ist es, der den Kaufimpuls anregt. Daher sollte er (vor allem bei Sachbuchtiteln) präzise sein und die Begriffe enthalten, die suchmaschinentauglich sind. Auch das Cover, das von den Verlagen professionell, aber von den Selfpublishing-Autoren meist selbst erstellt wird, muss sich ganz klar an die avisierte Zielgruppe richten.

Die Verlagsvertreter sehen der Selfpublishing-Welle besorgt entgegen, nicht nur, weil es sie in einen Preiskampf treibt, sondern weil es vor allem auch inhaltliche Befürchtungen gibt. Der Verleger Klaus Schöffling meint: »Die guten Texte werden durch das Netz nicht mehr.« Die Schriftstellerin Juli Zeh: »Die schlechten aber auch nicht. Nur unser Wahrnehmungsfenster wird größer.«[237] Dass ein Verlag mehr leistet als nur Marketing und Vertrieb zeigt sich deutlich in dem Qualitätsverlust in vielen digitalen englischsprachigen Veröffentlichungen – sie sind ohne Lektorat erstellt worden. Uwe Naumann:

Selfpublishing ist eine gefährliche Entwicklung, weil die Qualitätsmaßstäbe sofort sinken. Und die Übersichtlichkeit geht auch verloren. Der normale Buchmarkt ist ja schon unübersichtlich – aber dann wird er es erst recht. Die Buchveröffentlichungen werden sich potenzieren, und es wird so viel Mist darunter sein, der es gar nicht wert ist, dass man sich damit beschäftigt.

Auch Frank Sambeth betont den Stellenwert der Verlage: »Sie sind notwendig, vielleicht notwendiger denn je, um im riesigen Meer von Inhalten mit unklarer Qualität erfolgreich zu sein. Der Mehrwert eines Verlages in einem solchen Kontext wird eher noch wachsen.« Die Kraft der Verlagsmarke ist nicht nur im Hinblick auf das Marketing relevant, ihr Wert liegt darin, aus der Fülle der möglichen Inhalte die besten herauszufinden und »Künstler und Autoren zu entdecken, zu fördern und auf sie aufmerksam zu machen. Das ändert sich auch im digitalen Zeitalter nicht«.[238] Dennoch deutet vieles darauf hin, dass die Buchverlage ihre angestammte Rolle als Gatekeeper verlieren – die wirtschaftliche Basis ihrer Arbeit ist damit jedoch noch nicht unbedingt in Gefahr. Denn ja, das besagte *Shades of Grey* war anfangs ein Internet-Erfolg, aber die Reihe wurde ja dennoch ein Erfolg auf dem (gedruckten) Buchmarkt und bescherte dem Random House Verlag im letzten Jahr einen Rekordgewinn von 300 Mio Dollar.

Karl Olsberg ist dennoch überzeugt, dass Verlage klar an Bedeutung verlieren, genauso wie der Buchhandel und alle anderen Zwischenstufen in der Wertschöpfungskette.

Man muss vielleicht nicht so weit gehen wie Clay Shirky, der sagte: »Publishing will not evolve. Publishing will go away.« Aber der Verlag als Gatekeeper des Literaturmarkts, der Autoren den Zugang zum Buchhandel und damit zum Leser herstellt, wird zukünftig schlicht nicht mehr gebraucht. Was gebraucht wird, sind Leute, die Autoren helfen, ihren Stoff professionell aufzubereiten und an den Mann zu bringen, damit sie sich auf ihre Stärke – das Geschichtenerzählen – konzentrieren können.

Diese Leistung muss jedoch nicht mehr zwingend von einem Verlag erbracht werden, sie kann auch von Agenten oder Portalen wie Amazon, oder freien Dienstleistern übernommen werden. Einige Verlage haben das erkannt und stellen ihr Leistungsportfolio bereits entsprechend um oder entwickeln sich selbst zu Contentproduzenten. Inga von Staden:

Selbstverständlich transmedialisieren derzeit die Verlage. Wenn ich alle Medien neben- und miteinander auf einer Plattform nutzen kann, werden die Medienunternehmen alles dafür tun, die Aufmerksamkeit einen Nutzers wenn möglich durch ihre (lizensierten) Produkte zu binden. Da muss man sich doch nur Spiegel.de anschauen. Wenn wir wissen wollen, wohin uns die technische Entwicklung führen wird, müssen wir die Musikbranche beobachten. Die sind mittendrin in der Transmedialisierung. Das beste Beispiel dafür ist die Band *Nine Inch Nails*. Inzwischen ist auch die Verlagsbranche davon betroffen. Die TV- und Filmbranchen sind als Nächste dran.

Von Stadens Aussage wird von Jan Wielpütz unterstrichen, wenn er die Arbeitsweise von Bastei Lübbe im Hinblick auf transmediale Versuche deutlich macht:

Wir treten schon früh in der Planungsphase der Projekte mit Filmproduzenten und Games-Entwicklern in Kontakt, um eine Verwertung auf dieser Schiene zu arrangieren. Für einen Stoff bedeutet das also, dass er in möglichst vielen Medien funktionieren muss und zum Beispiel nicht nur als Buch, sondern auch als Film oder Computerspiel denkbar sein und den Gesetzmäßigkeiten dieser Produktformen gerecht werden muss. Solche Stoffe gibt es nicht wie Sand am Meer, daher gehen wir den Weg, dass wir eine eigene Stoffkonzeption betreiben, die wir dann mit geeigneten Autoren umsetzen. Wir agieren da also eher wie ein Filmstudio und weniger wie ein klassischer Buchverlag.

Dass Verlage sich umorientieren müssen, ist selbstverständlich, dass sie verschwinden werden, nicht. Der Autor Oliver Hohengarten ist sich sicher, dass es

Filteranlagen für Stoffe immer geben wird, die Frage ist nur: Werden es die Verlage sein in der jetzigen Form? Werden es die Sender sein? Werden es neue Communities sein, die man noch gar nicht kennt oder bislang unterschätzt? Oder werden die Facebook-Bewertungen viel wichtiger werden, und wird man stärker darauf hören, was die Freunde einem empfehlen?

Letzteres bestimmt den Erfolg von Büchern (neben anderen Aspekten natürlich) maßgeblich. Aber was wäre besser dazu geeignet als ein soziales Medium wie das Internet? Nein, damit ist nicht die Amazon-Empfehlung »Welche anderen Artikel kaufen Kunden, nachdem sie diesen Artikel angesehen haben?« gemeint. Sondern www.goodreads.com oder www.buechertreff.de und ähnliche. Nicht mit dem gleichen Ziel, aber auch durch die digitalen Möglichkeiten angestoßen ist das vernetzte Social Reading. Mit Funktionen wie Popular Highlights oder Popular Notes können die Leser die herausgehobenen Textpassagen anderer lesen – oder selbst eigene Passagen markieren, die sie in irgendeiner Form beeindruckt haben. Bei www.lovelybooks.de/ können die Leser darüber hinaus Fragen zu Textstellen entwerfen und von vernetzten anderen Leser auf Antwort hoffen.

Letztlich sind in dem derzeitigen Umbruchprozess Prognosen für die Entwicklung des Buchmarktes mehr als schwierig. Frank Sambeth von Random House hat natürlich Vorstellungen darüber, wie der Buchmarkt in drei Jahren aussieht, »aber es ist dennoch ein bisschen wie in eine Kristallkugel zu schauen.« Und Uwe Naumann fügt hinzu: »Momentan bewegen wir uns in unbekannten Räumen. Es kann keiner heutzutage sagen, was in drei Jahren sein wird. Vor zehn Jahren hätte jemand sagen können: In drei Jahren wird der Buchmarkt vermutlich folgendes Gesicht haben … Aber heute ist das gar nicht möglich. Das liegt einfach daran, dass der Umbruch so gewaltig ist.«

Fest steht jedoch: Die Digitalisierung bietet auch Chancen. Nie war es billiger, einen eigenen kleinen Verlag zu gründen – und ein schräges, ungewöhnliches und mutiges Programm zu machen. Und nie gab es so vielversprechende Möglichkeiten, Geschichten unter Berücksichtigung und Einbeziehung von verschiedenen Plattformen, Formaten und Ebenen zu entwickeln. Wielpütz:

> Als wir vor gut drei Jahren Bastei Entertainment gegründet haben, waren wir der erste deutsche Publikumsverlag, der überhaupt eine eigene Abteilung für das digitale Publizieren hatte. Wir haben das getan, weil wir im E-Book die Zukunft des Buchmarktes sehen und unsere Zukunft als Verlag aktiv gestalten wollen. Wir gehen mit unseren Projekten oft ein hohes Risiko ein, da wir uns auf komplettem Neuland bewegen. Das bedeutet: Wir haben seitens der Geschäftsführung durchaus die Lizenz, auch einmal einen Flop zu produzieren. Es freut mich, dass ich sagen kann, dass wir diese Karte bisher nicht ziehen mussten. Alle Projekte haben sich für uns gerechnet und waren zum Teil große Erfolge.

Die Digitalisierung stellt die etablierten Geschäftsmodelle in Frage und wirft darüber hinaus noch folgende grundsätzliche Fragen auf:

- Brauchen Autoren überhaupt noch Verlage oder können sie ihre Romane nicht besser über Internetplattformen oder Amazon, iTunes u.a. an den Mann bzw. die Frau bringen?
- Benötigt der Verlag überhaupt noch den Buchhandel, und kann er die Händlermargen nicht einsparen (oder zumindest verkleinern), sobald er seine Titel über das Internet vertreibt? Und ist damit nicht auch eine Internationalisierung verbunden? Wenn man die Übersetzung der Titel selbst übernimmt und in die internationalen Online-Stores hineinnimmt, muss man sich die Rechte nicht mehr mit den fremdländischen Verlagen teilen …
- Wird die Unterscheidung zwischen Hard- und Softcover bei E-Books nicht hinfällig? Auf den elektronischen Lesegeräten sehen beide Formate gleich aus. Das Einzige, was den höheren Preis rechtfertigt, ist das frühere Erscheinungsdatum des Hardcover-Exemplars. Bei Taschenbuchtiteln, die von vornherein für diesen Markt geschrieben werden, fällt dieses Argument weg. Und

die Frage ist, wie die Leser reagieren, wenn man ihnen bestimmte digitale Inhalte vorenthält. Wahrscheinlich so wie bei der HBO-Serie *Game of Thrones*, das vier Mio Zuschauer im Fernsehen hatte, aber von 25 Mio Menschen heruntergeladen wurde.

- Aber wie kalkuliert man grundsätzlich einen adäquaten Preis für das E-Book? Der Preis für das gedruckte Buch ist an seinen Umfang geknüpft und an die Wertigkeit der Ausstattung. Beim E-Book ist das nur bedingt übertragbar. Die Bücher werden auf ihre Inhalte reduziert.

Enhanced E-Books

Die Vorläufer der enhanced E-Books waren Pop-up-Bücher, die es bereits seit dem 19. Jahrhundert gibt. Darin falten sich dreidimensionale Bilder auf, wenn der Leser umblättert. Der Text wird also nicht nur mit Bildern, sondern auch einem greifbaren mehrdimensionalen Format erweitert. Auch die multioptionalen Spielebücher sind Vorläufer der digitalen Bücher, schließlich bieten auch diese eine Interaktion mit dem Leser. Er kann an bestimmten Fixpunkten der Geschichte entscheiden, was seine Figur tun soll. Die elektronische Variante dieser Spielbücher ist das Text-Adventure im Games-Bereich. Aus diesen Vorläufern wurde das enhanced E-Book weiterentwickelt – obwohl es seine Herkunft als Pop up nicht verleugnet, wie eine sehenswerte App von *Grimms Rumpelstiltskin*[239] zeigt.

Unter dem Signet enhanced E-books versteht man E-Books, die den Text mit Videoinhalten kombinieren. In den USA wird auch der Begriff *Vook*[240] verwendet. Anfangs gleichermaßen ratlos wie euphorisch aufgegriffen, scheint es so, dass viele Verlage nach einigen ersten Enttäuschungen wegen ambitionierter und wenig erfolgreicher Enhanced-E-Book-Versuche nun auf das E-Book als bloße digitale Variante des Printbuches setzen. Das hat laut Michael Justus vor allem finanzielle Gründe: »Die Nutzererfahrung ist: Für irgendwelche Enhancements zahlt kaum ein Kunde auch nur einen Cent mehr als für das Standard-E-Book.« So schön und reizvoll es für viele Autoren scheinen mag, sich der multimedialen Welt in ihren Büchern zu öffnen, sollten sie jedoch nicht vergessen, dass die Verlage nur in ein aufwendiges E-Book mit Filmsequenzen usw. investieren, wenn sie das recoupen können.

Bestimmte Genres bieten sich für eine enhanced Umsetzung an – etwa bei Wissensformaten, historischen Stoffen, und vor allem Sachbuchthemen wie z.B. Reiseführern. Dass der Leser das Buch in digitaler Form bei sich hat, während er in einer fremden Stadt im Ausland ein Restaurant sucht, mag ihm durchaus gelegen kommen – vor allem, wenn ihm der digitale Reiseführer dann auch noch sagt, dass er an der nächsten Ecke rechts abbiegen muss, um zum Restaurant zu

kommen. Konsequenterweise hat Rowohlt mit seinen E-Books zunächst auf Sachbuchthemen gesetzt. Uwe Naumann:

> Wir haben angefangen mit den Bildmonografien, das allererste war Einstein usw.
> und dann haben wir das ausgebaut und Bestsellerautoren dazugeholt: Jan Weiler,
> Bernhard Hoecker, Thorsten Havener und andere. Nur sind die Verkaufszahlen bis-
> lang eher traurig. Sie spiegeln nicht den Aufwand wider, den wir dafür einsetzen.

Auch Jan Wielpütz von Bastei Lübbe konstatiert, dass enhanced E-Books derzeit sicherlich noch kein Massenmarkt seien, was vor allem an der Verbreitung
solcher Produkte liege: »Bislang veröffentlichen wir enhanced E-Books – EPUB-
Dateien mit Zusatzinhalten wie Videos, Audio und Animationen – lediglich für
den iBooks-Store von Apple. Das ist die einzige Plattform, die von der Hard- und
Software her solche Produkte erlaubt. Auf herkömmlichen E-Book-Readern sind
keine enhanced E-Books möglich. Das schränkt den potenziellen Käuferkreis also
von vornherein sehr ein.«

Die bisherigen Versuche, Belletristik mit Zusatz-Content anzureichern, haben oft
auch aus formalen Gründen nicht funktioniert. Frank Sambeth:

> Wir sind in dieser Hinsicht skeptisch, denn wir glauben, dass alles, was lineares Er-
> zählen betrifft, durch Anreicherung, Video, o.Ä. eher gestört wird. Im Leseerlebnis,
> sozusagen im Flow, ist das keine Bereicherung, sondern eine Ablenkung. Lesen ist
> Kino im Kopf. Man begibt sich in diesen Text tatsächlich so tief ein, dass man die
> Umgebung um sich herum vergisst. Und alles, was an enhanced in ein Produkt hin-
> eingearbeitet wird, wäre eine Ablenkung.[141]

Doch anscheinend kommt es auf die Erwartungshaltung der Zielgruppe an: Ein
Teil der Leser erwartet von einem digitalen Buch ein »normales« Leseerlebnis –
ein anderer Teil ist bereit, sich auf ein multimediales Erlebnis einzulassen, wie Jan
Wielpütz bestätigt:

> Von Leserseite werden unsere enhanced E-Books und Bücher-Apps nämlich grund-
> sätzlich begeistert aufgenommen. Vor allem APOCALYPSIS hat mit der einzigartigen
> Mischung aus Text, Film und Spiel die Leser in seinen Bann gezogen. Ebenfalls sehr
> erfolgreich sind Kinderbuchstoffe, die wir als App, enhanced E-Book (oft als Fixed
> Layout für den iBook-Store) umsetzen.

Apps

Die App *Alice*[242] zeigt, zu was dieses Format in der Lage ist. Die Umsetzung der Alice-im-Wunderland-Geschichte mixt das Leseerlebnis mit den »haptischen« Funktionen des iPads. Der Leser kann das Gerät schütteln, drehen, wenden – und parallel zu der Geschichte fliegen Alice Spielkarten entgegen oder Medikamente um die Ohren. Er kann die Figur ein Tierbaby in den Armen wiegen lassen, oder Alice wachsen oder schrumpfen lassen – immer im Kontext des Plots.

Doch nicht immer ist die Wandlung eines Buchtitels zur App einfach und ökonomisch rentabel, wie folgende Beispiele zeigen. *Robert Gernhardt: Gernhardts Ewiger Kalender* enthält 366 Text- und Bildgedichte, die zum Teil animiert sind und die Möglichkeit bieten, Gedichte des Tages zum aktuellen Datum herauszufiltern und diese per E-Mail zu verschenken. Hinzu kommt, dass man zu der zuvor erschienenen Printversion mit hohem Aufwand eine CD-ROM produziert hatte, auf der der Autor die Gedichte selber eingelesen und sie mit Zeichnungen versehen hatte. Michael Justus: »Wir hatten gedacht, dass das als App gut funktionieren könnte, aber leider wurde der Aufwand unterschätzt. Die Portierung hat ewig gedauert und aufgrund der vielen Nachtschichten usw. stehen rein ökonomisch betrachtet Aufwand und Ertrag in keinem Verhältnis zueinander. Ein schönes Projekt – aber finanziell kein Erfolg.«

Auch bei der App zu dem Pastewka/Engelke-Projekt *Unser schönes Deutschland*, das von den bekannten Drehbuchautoren Chris Geletneky und Mark Werner geschrieben wurde, sah es ähnlich aus. Michael Justus: »Auch da haben wir mit hohem Aufwand eine App produziert. Wir konnten zwar auf Material aus dem Fernsehen und anderswo zurückgreifen, aber die spezifischen Verwertungsrechte für eine App waren in den ursprünglichen Verträgen nicht mitverhandelt worden. Nun aber mussten wir für jedes Bild, jede Bildsequenz, jede Grafik alles neu verhandeln. Und natürlich besteht für alles zunächst einmal ein Anspruch auf separate Bezahlung.« Dass damit die Kosten in die Höhe schießen, ist naheliegend – und machen solche Projekte risikoreich. Uwe Naumann: »Apps und ähnliche Formate sind teuer – aber es ist eine Investition in die Zukunft, die wir gerade leisten. Die Entscheidung ist bei Rowohlt gefallen und unumstößlich. Und das ist auch richtig so.«

Nicht immer wird die Entwicklung der Apps von den Verlagen selbst initiiert und inhaltlich begleitet. Die Kinderbuchserie *Geronimo Stilton* über die Comicfigur Maus erscheint teilweise auch als App. Hier können die Kinder die Figuren ausmalen, man kann die Steckbriefe der Figuren aufrufen usw. Uwe Naumann: »Diese Apps kaufen wir als Lizenz in Italien, müssen aber die deutsche Version natürlich selbst produzieren.«

So interessant die Möglichkeiten und die neuen Erzählweisen der Apps auch sind, was deren Verbreitung angeht, sind sich alle Verlagsleute einig: Jan Wielpütz:

»Apps gibt es eben nur in den unterschiedlichen App-Stores, und dort suchen die wenigsten User nach Büchern.« Zudem stehen die Formate immer in Konkurrenz mit einer Mini-App, die jemand billig in Hongkong entwickelt hat und die 70 Cent kostet, während sie dafür 7,99 Euro verlangen müssen. Daher lautet das Fazit von Michael Justus:

Von Apps nehmen wir lieber Abstand. Sie lohnen sich für Verlage nicht. Sie sind für Verlage extrem teuer – und man verschwindet vertrieblich in der Masse aller Apps. Und da muss man sich schon fragen, wofür man als Verlag nämlich steht: dafür, dass man inhaltsorientiert ist und nicht dafür, dass man Spiele entwickelt. Das können andere besser. Und wir stehen als Verlag dafür, dass man seine Titel an den Leser bringen kann. Und in Konkurrenz zu den Millionen von Apps ist das schwer.

Erzählweisen

Wir interpretieren den Trend zu transmedialen Projekten derzeit auf zweierlei Arten. Die eine Möglichkeit ist, einen Stoff in möglichst allen Verwertungsformen zu produzieren, die uns als Buchverlag zur Verfügung stehen: als EPUB, enhanced E-Book, App, physisches Buch, Audio-Download und Hörbuch. Durch diese breite Auswahl soll jeder Kunde die Möglichkeit haben, den Stoff in dem Medium zu konsumieren, der ihm am meisten zusagt. Die zweite Möglichkeit für eine transmediale Umsetzung ist, möglichst viele verschiedene Medien in einem Produkt zusammenzuführen – so wie wir es bei APOCALYPSIS gemacht haben. Der Stoff für ein solches Projekt sollte möglichst viele Ansatzpunkte bieten, an denen man den Text durch Filme, Animationen, Audio oder Spiele sinnvoll ersetzen oder ergänzen kann. (Jan Wielpütz)

Gerade was den letzteren Ansatz betrifft, sind viele Verlage angesichts der ersten Ergebnisse und des oft bereits unterschätzten Aufwands skeptisch. »Bislang sind die Experimente bei den E-Books noch nicht so überzeugend, weil die Form künstlich auf den Inhalt aufgetragen wird. Aber eigentlich muss sich die Form aus dem Inhalt ergeben«, meint Sebastian Büttner von der Kölner Produktionsfirma *Gesamtkunstwerk*, die in den unterschiedlichsten Medien arbeitet. Frank Sambeth, CEO Random House:

Wenn man glaubt, einen klassischen Belletristik-Titel besser machen zu können, indem man drei Videos einbaut, dann wird das nicht funktionieren. Transmediale oder interaktive Formate müssen von Anfang an darauf angelegt sein und in diese Richtung entwickelt werden. Wir beobachten den interaktiven/transmedialen Markt genau. Bislang aber steht meist nur das Marketing im Vordergrund und nicht ein erzählerischer Ansatz.

Auch Uwe Naumann unterstreicht dies:

> Enriched ist es ganz gefährlicher Begriff: Er behauptet ja, das sei die reichere Form
> von Buch. Das impliziert ja schon eine Wertung. Vor allem heißt das aber: Ich habe
> ein normales Buch, und das reichere ich irgendwie noch an. Ich glaube, die Tendenz
> geht dahin, von vornherein zu sagen: ich habe die inhaltliche Idee für ein Produkt
> und ich schaue mal, in welchen medialen Formaten das erscheinen kann. Das ist ein
> ganz anderer Ansatz.

Es scheint eine generelle Abwehrhaltung gegenüber der Anreicherung von Büchern mit Videosequenzen zu geben. Natürlich besteht die Gefahr, dass die Leser negativ reagieren, wenn ihnen ihre Romanfigur plötzlich verbildlicht wird. Sie haben sich andere Vorstellungen gemacht, die womöglich nicht mit der Umsetzung im Bild übereinstimmt. Dramaturgisch gesehen gibt es allerdings eine ganz einfache Möglichkeit, wie man die Fantasiewelt des Lesers anregt, ohne sie zu zerstören: Wenn man z.B. eine Videosequenz mit der Hauptfigur ganz an den Anfang – also vor den eigentlichen Text – setzt. Dann nimmt der Leser das Bild des Protagonisten mit in den Text hinein. Sebastian Büttner betont, dass aber auch die Umsetzung des Bildmaterials entscheidend ist: »Diese Filmchen sind meist so billig und schlecht gemacht, dass die schlechten Schauspieler und die billigen Klischees den Eindruck erst recht vernichten.«

Doch nicht immer werden die Clips billig produziert: *Level 26: Dark Origins* ist eine digitaler Roman von Anthony Zuiker, dem Erfinder der Hochglanzserie *C.S.I.* Der Roman beinhaltet sogenannte *Cyber Bridges*, d.h. Videoclips, die in die Handlung integriert sind. Insgesamt haben die sehr aufwendig produzierten Clips eine Länge von einer Stunde. Der Zuschauer soll lesen, schauen, lesen, usw. Als der Roman 2009 erschien, waren die technischen Möglichkeiten noch nicht die von heute – der Zuschauer sollte aber zwischen dem gedruckten Buch und dem Web-Video hin und her wechseln. Oliver Hohengarten:

> Wir haben zu dem Browsergame *Zaar* einmal E-Books entwickelt, über die man tiefer
> in die Geschichte des Games hineinsteigen konnte. Aber damals war die Zeit noch
> nicht reif – man hätte das am PC lesen müssen. Es hat nicht wirklich gut funktioniert.

Aber spätestens mit der Erfindung des iPads sind solche Formen bequemer nutzbar, wie auch das Beispiel von *Infinity Ring* zeigt. Das ist ein Multimediamix aus E-Book, Computerspiel und Lernwerkzeug mit Audiospur. Es ist ein interaktives Detektivspiel rund um drei jugendliche Detektive, die die Weltgeschichte retten müssen. Dabei reisen sie durch Raum und Zeit. Es beginnt im mittelalterlichen Paris und reicht bis in die Gegenwart, dabei dreht es sich um Schätze, Rätsel und Geheimgesellschaften. Der Leser/Spieler (vornehmlich Schüler) soll bei den

Abenteuern mitmachen und Quizfragen beantworten. *Infinity Ring* erscheint bei Scholastic, dem amerikanischen Verlag von *Harry Potter* und *Hunger Games*. Es ist bereits das zweite Multimediaprojekt des Verlags, wobei man angesichts der Größe schon von einem Opus sprechen muss. Das erste Multimediaopus des Verlags war *39 Clues* und das war ein durchschlagender Erfolg: 14 Millionen verkaufte Exemplare und der Verkauf der Filmrechte an Dreamworks. Von Projekten in solchen Größenordnungen sind wir in Deutschland noch weit entfernt.

Abgesehen von Filmsequenzen gibt es jedoch noch andere Medien, die das Leseerlebnis anfeuern können. So könnte es unter Umständen sinnvoll sein, einen All-Age-Fantasy-Roman mit einer Musik zu unterlegen, die die entsprechende Stimmung der Szene verstärkt. Dass die Musik nicht in den Vordergrund treten und auf die Dauer nervtötend sein darf, ist selbstverständlich. Genauso wie die Möglichkeit, dass der Leser den Sound auch abschalten kann. Im selbem Genre könnte auch eine interaktive Karte integriert werden – je nachdem wie weit der Leser in die fantastische Welt der Geschichte bereits eingedrungen ist, entwickelt sich die Landkarte mit.

In jedem Fall ist darauf zu achten, dass das Layout des Buches dem Leser stets deutlich macht, wo eine Interaktion möglich ist. Es ist für den Leser frustrierend, wenn er hilflos im Text herumklickt und nur per Zufall die richtige Option findet. Er muss intuitiv begreifen, wo er mit dem Text interagieren kann. Auch sollte man darauf achten, dass die Unterscheidung zwischen Fotografien und Bewegtbildern sichtbar ist – denn auch das Herumdrücken auf einem Foto, was sich dann leider nicht als Film entpuppt, kann ein Negativerlebnis sein.

Auch wenn das Buch interaktive Formen anbietet, der Leser muss sich immer in der Handlung orientieren können. Es darf nicht passieren, dass er sich nicht mehr zurechtfindet und nicht zum ursprünglichen Text zurückkommt. Auch aus diesem Grund ist darauf zu achten, dass die multimedialen Inhalte den Text nicht dominieren, sondern an explizit ausgewählten Stellen – dann, wenn es dramaturgisch Sinn macht – den Text ergänzen. Dazu eignen sich Positionen am Anfang oder Ende eines Kapitels, wo sie vielleicht als Cliffhanger funktionieren können. Zumindest aber sollten sie dort positioniert werden, wo eine textliche Sinneinheit abgeschlossen ist. Denn schließlich findet beim Leser eine Veränderung seines Rezeptionsmodus statt. Er muss vom Lesen auf Schauen und Hören umschalten, sieht nicht mehr Text, sondern Bilder. An einem strukturell definierten Punkt im Text (eben z.B. am Kapitelanfang oder Ende) fällt ihm der Wechsel wahrscheinlich leichter als wenn dieser unerwartet mitten im Text stattfindet.

Wenn man solche Elemente integriert, sollte man den Medienwechsel zudem sanft gestalten. Eine plötzlich einsetzende, überlaute Musik erschreckt wahrscheinlich und eine Filmszene, die sich nicht langsam aufbaut, ihr Erscheinen also nicht durch einen Fade oder ein Hineingleiten oder -fließen ankündigt, mag den selben unangenehmen Effekt haben. In jedem Fall aber muss dem Leser die Möglichkeit gegeben werden, schnell wieder aus dem Element auszusteigen und zum ursprünglichen Text zurückzukehren – Videosequenzen o.Ä. müssen sich sofort stoppen lassen.

Von inhaltlichen Formen zu Genreformen: Digitale Bücher können vielleicht neue Literatur-Genres hervorbringen, aber auch alte wiederbeleben. Ist die klassische Kurzgeschichte im Verlagswesen unbeliebt und (zumindest in Deutschland) den Buchkäufern nur schwer ans Herz zu legen, könnte sie als E-Book wieder zu einem Erfolg kommen. Denn wenn die Bücher digital werden, werden sie gleichzeitig auch mobil – und es kann sein, dass in Zukunft an Bushaltestellen und in S-Bahnen wieder mehr Kurzgeschichten gelesen werden – zumindest erhoffen sich das die Verlage. Uwe Naumann sieht hier einen Stellenwert in Analogie zur Musik, zum Trend zur Single sozusagen:

> Wir haben gerade die ersten *Snippets* beschlossen. Man kauft nicht mehr 200, sondern nur 20 Seiten. Das ist toll für eine kurze Bahnfahrt und anstelle einer Zeitung habe ich mir dann eben für 99 Cent ein bisschen Literatur gekauft. Das sind sozusagen Kurzgeschichten. Es mag zwar später einen Sammelband mit allen Erzählungen geben, aber erst einmal werden die in Einzelform extra als Snippet geschrieben und produziert.

Als Genres für diese Snippets werden bei Rowohlt zunächst Krimi, Lovestory, historischer Roman und auch Erotik gewählt. Die Chancen stehen vielleicht gar nicht so schlecht, denn auf dem sich verändernden Markt entstehen neue Nischen – solche Snippets kommen vielleicht den Anhängern der Gratiskultur entgegen. Der Leser gibt nicht mehr 19,99 Euro oder 9,99 Euro aus, sondern nur noch 0,99 Euro. Da ist die Einstiegsschwelle dann viel niedriger. Im Oktober 2010 brachte Amazon die *Kindle Singles* auf den Markt – Mini-E-Books zwischen 5.000 und 30.000 Wörtern – und eroberte damit immer wieder die Bestsellerlisten der New York Times. Das entsprechende Format ist auch bei Mitbewerbern wie Barnes & Nobles (»*Nook Snaps*«) erfolgreich und immer mehr Spezialisten wie *Holocene*, *Matter* oder *The Magazine* formieren sich[243]: *Byliner* hat digitale Miniausgaben von Autoren wie Margaret Atwood oder Jon Krakauer im Programm und *The Atavist* setzt auf Formate, die länger als Zeitschriftenartikel und kürzer als normale Buchtitel sind.

Der Mainzer Wissenschaftler Christoph Bläsi hat nachgewiesen, dass sich das Leseverhalten in den letzten Jahren generell verändert hat.[244] Die Zahl der Menschen, die Bücher in kleineren Portionen über einen längeren Zeitraum (1992: 29%, 2008: 21%) oder manchmal nur die Seiten überfliegen und nur das für sie Interessanteste lesen (1992: 14%, 2008 37%), bzw. mehrere Bücher parallel lesen (1992: 10%, 2008: 19%) ist gestiegen. Daraus lässt sich eine Veränderung hin zu einem fragmentarischen Lesen, gekennzeichnet durch Parallellesen, Zooming und Zapping ableiten. Und dieses ist sowohl Ursache als auch relevantes Merkmal des Lesens digitaler Texte.

Kommen serielle Kurzeinheiten dem Leserverhalten also entgegen? Wichtig ist in dem Zusammenhang mit dem Subcompact Publishing, wie es der Autor Craig Mod nennt, dass die Verlage ihre Programm- und Marketingplanung verändern, denn das klassische Frühjahrs- und Herbstprogramm entzieht sich solchen Veröffentlichungsweisen, die natürlich kontinuierlich vonstatten gehen müssen. Interessant sind in diesem Kontext Abo-Modelle, mit denen die Leserbindung verstärkt werden kann. Frank Sambeth warnt:

> Derzeit bietet keine der großen Plattformen an, dass man regelmäßig automatisch mit Inhalten versorgt wird. Man kann natürlich die einzelnen Kapitel kaufen, aber es handelt sich immer noch um einen aktiven Schritt und nicht um ein Abo, bei dem man nach drei Monaten ein komplettes Buch hat. Wenn die technischen Möglichkeiten gegeben sind, würden wir uns sicherlich an solchen kürzeren Erzählformen einmal versuchen. Aber das hängt immer vom Autor, vom Projekt ab.

Jan Wielpütz sieht bei den Snippets eine Analogie zu den seriellen Kurzformaten – daneben werden auch auch Miniserien, Trilogien oder Stand-alones produziert –, die Bastei Lübbe herausbringt. Sie alle kommen unserem hektischen Alltag entgegen: Wielpütz: »Während die wenigsten Leute noch Zeit und Muße haben, nach Feierabend ein dickes Buch zu Hause zu lesen, kann man eine Serienfolge (ca. 50 bis 100 Seiten) auch an einem Abend lesen.« Auch Carlsen hat mit *So verwirrt, so verliebt, so schön* eine Weekly-Soap im iBookstore veröffentlicht, die Multimediaelemente bietet und für 99 Cent pro Episode verkauft wird. Wie bei vielen Verlagen momentan ist auch dieses ist ein Pilotprojekt, das nicht unbedingt auf Gewinn ausgerichtet ist, mit dem man aber die Möglichkeiten des Mediums testen möchte.

Helmut Pesch von Bastei Lübbe rechnet damit, dass hierzulande die Kurzgeschichte und die Novelle eine Renaissance erleben werden, weil auch diese kürzeren Erzählformen den Leser besonders ansprechen. Bislang war es so, dass die Verlage zunächst viele Kurzgeschichten sammeln mussten, bis sie eine Anthologie herausbringen konnten. Jetzt können diese kürzeren Formate schnell herausgebracht werden, auch um beispielsweise als »Bridge Novelle« die Wartezeit zwischen zwei ganzen Romanen eines Autors zu verkürzen. Dadurch wird die Serie im Gespräch gehalten und die Leser bekommen u.U. das Gefühl eines Bonus oder Mehrwerts, sofern die Geschichte den Protagonisten oder dem Plot der Reihe etwas Neues hinzufügt.

Tim Prostka forscht über Konsumentenverhalten auf Medienmärkten und findet serielles Schreiben, also ein kapitelweises Veröffentlichen à la Dickens durchaus überzeugend:

> Nichts anderes beobachten wir doch bei TV-Serien. Die Episoden sind kurz und in sich abgeschlossen, die gesamte Staffel ist vergleichbar mit einem Buch. (...) Wenn bestimmte Buchinhalte dafür geeignet erscheinen, sollten Verlage entsprechende Vermarktungsmöglichkeiten einfach mal ausprobieren.[245]

Doch es gibt auch gegenteilige Stimmen, wie zum Andreas Eschbach, der angesichts seines Fortsetzungsromans *Exponentialdrift* das Bedürfnis nach der Form des Fortsetzungsromans völlig falsch eingeschätzt hat:

> Es stimmt, seit Charles Dickens hat das niemand mehr gemacht – aber vermutlich aus gutem Grund. Ich schließe dies aus der Resonanz, die ich bekommen habe. Fast jeder, der mir zu »Exponentialdrift« schrieb, beklagte sich darüber, nur ein so kurzes Stück Text zu lesen zu kriegen und dann wieder eine Woche warten zu müssen. Viele äußerten, dass sie das als Zumutung empfanden. [..] Es mag sein oder auch nicht, dass immer weniger gelesen wird, aber ich glaube, wenn jemand liest, tut er dies schneller und mit höheren Ansprüchen als früher. Vor diesem Hintergrund waren die Folgen entschieden zu kurz, sowohl was das Leseerlebnis als auch die gestalterischen Möglichkeiten anbelangte. Ich glaube, dass der klassische Fortsetzungsroman – einige wenige Spalten in einer Zeitung – eine überholte Form ist.[246]

Andere wiederum bauen auf diese Erzählweise: Neben dem digitalen Serienroman *Apocalypsis,* Serien wie *Survivor*, die auch als Audio-Download ein großer Erfolg war, oder *Caprice*, gibt es bei Bastei Lübbe als nächstes Projekt eine Art Sitcom, die zusammen mit der TV-Firma Saxonia Media produziert wird und vielleicht den Weg ins Fernsehen findet. Als App ist z.B. *Coffeeshop* schon erhältlich. »Es wäre ein neues Geschäftsmodell. Über das Internet ins gedruckte Buch und dann ins Fernsehen oder gleich ins Kino – wie *Fifty Shades of Grey.*«[247] Generell sind hier viele verschiedene Projekte in der Entwicklung, bei denen die Leser noch stärker in die Geschichten eingebunden werden sollen. Wielpütz:

> Allzu viel kann ich hier noch nicht verraten, aber vielleicht ein Beispiel: Wir wollen eine E-Book-Serie produzieren, bei der die Leser nach jeder Folge per Online-Voting über den Verbleib bestimmter Charaktere in der Serie entscheiden können – ähnlich wie in populären Castingshows. Die Aufgabe der Autoren ist dann, zeitnah auf die Abstimmungsergebnisse zu reagieren und die nächste Folge praktisch in Echtzeit zu schreiben. Wir wollen unseren Lesern so erstmalig ein echtes interaktives Leseerlebnis bieten, bei dem ihre Entscheidungen den weiteren Verlauf der Handlung maßgeblich beeinflussen.

Interaktive Romane gab es schon lange in Printform. Der Autor Milorad Pavić wurde aufgrund des nichtlinearen und interaktiven Aufbaus seiner Romane berühmt. Seine Leser sollten selbst entscheiden, auf welche Weise sie seine Romane lesen, deswegen gleicht Pavićs *Das Chasarische Wörterbuch* einem Lexikon: Der Roman besteht aus einzelnen Artikeln, die durch Querverweise miteinander verknüpft sind und bietet drei verschiedene Perspektiven an. Der Roman *Landschaft in Tee gemalt* ist wie ein Kreuzworträtsel aufgebaut und der *Roman von Hero und Leander* kann von beiden Seiten gelesen werden (von der ersten Seite bis zur Mitte und von der letzten Seite bis zur Mitte). Somit treffen sich die beiden Hauptpersonen buchstäblich in der Mitte des Buches. Überraschender, weil viel loser in der Erzählweise, ist da *Die letzte Liebe in Konstantinopel*, dessen Handlung durch das Legen von Tarot-Karten entschieden wird – zu jeder Karte gehört ein Kapitel des Buches.

Doch auch im digitalen – oder vielmehr: vor allem im digitalen Bereich gibt es ähnliche Versuche. Karl Olsberg hat mit *Glanz* ein E-Book veröffentlicht, das sowohl als normale, wie auch als interaktive Version existiert. Für letztere Variante war der Mehraufwand erheblich, wie der Autor feststellen musste:

> Die interaktive Fassung hat etwa genauso viel Arbeit gemacht wie das Schreiben des ursprünglichen Romans. Mir ging es dabei darum, dass jeder Leser ein individuelles Leseerlebnis haben sollte, ohne dabei – im Unterschied etwa zu einem Computerspiel – einen »richtigen« oder »falschen« Weg gehen zu können. Obwohl die Geschichtenstruktur nichtlinear ist, ergibt sich so letztlich ein lineares, aber eben nicht vorhersehbares Leseerlebnis. Ich habe ausgerechnet, dass es mehr unterschiedliche Möglichkeiten gibt, »Glanz« zu lesen, als Atome im Universum.

Dennoch bevorzugen die meisten Leser die lineare Fassung des Romans, wie Olsberg fortführt, »weil sie das Gefühl haben, aus der Geschichte herausgerissen zu werden, wenn sie eine Entscheidung treffen müssen. Aber es gibt auch einige, die gerade die nichtlineare Fassung toll finden. Damit habe ich auch gerechnet.« Für ihn war es ein spannendes Experiment, das eher aus Lust, als denn aus kommerziellem Interesse entstand:

> Ich habe früher Computerspiele programmiert und wollte einfach mal ausprobieren, was man mit schlichtem HTML im EPUB-Format machen kann. Hätte es keinen Spaß gemacht, hätte ich es bleiben lassen. Aber natürlich passt die interaktive Form auch besonders zu der Geschichte eines Menschen, der sich in seiner eigenen Fantasiewelt verirrt.

Also folgt auch hier die Form der Funktion.

Themen

Die sogenannte Gebrauchsliteratur, also etwa Kochbücher und Reiseführer eignet sich oft, um enhanced angereichert zu werden. Denn wofür einen schweren Reiseführer mitschleppen, wenn das digitale Buch mir viel schneller – und womöglich aktueller – verrät, welche Optionen ich habe. Uwe Naumann: »Ich fahre nach Barcelona und nehme mir das mit und weiß, wenn ich auf mein iPhone oder das IPad gucke: Ah, hier rechts ist eine ganz tolle Tapas-Bar.«

Generell können Sachbücher sehr gut mit Zusatzinformationen angereichert werden, wie bei Alexander Kluges *Zeit* zu sehen ist. Das E-Book ist eine experimentelle interaktive Reise und als Multi-Touch-Book angelegt. Hinzu kommen Bewegtbilder mit Musik und Montagen und eine Lesung des Textes. Ein insgesamt sehr intellektueller Zugang; aber auch andere Titel nutzen solche multimedialen Formen, ohne einen derartigen künstlerischen Approach. Viele Bücher bieten historische Dokumente oder Filme an, mit denen der interessierte Leser dann noch tiefer in die Materie eintaucht. So zum Beispiel in dem Roman *Nixonland*[248], in dem die Handlung mit historischen Filmszenen ergänzt wird. Oder in der Mozart-Biografie *Mozart, Wolfgang Amadeus* von Fritz Hennenberg werden beispielsweise Videos in den Text integriert, in denen Musikstücke auf dem original Hammerklavier von Mozart vorgespielt werden und einige von Mozarts Briefen werden als Faksimile präsentiert und vorgelesen.

Internetlinks oder Grafiken, die interaktiv veränderbar sind, tragen ebenfalls dazu bei, die Informationen auf neue und ansprechende Weise zu vermitteln. Al Gores *Our Choice*[249] bietet dem Leser die Möglichkeit, die Grafiken und Statistiken selbst zu verändern – und die Konsequenzen der Förderung von Windenergie bildhaft zu erleben. Der Leser kann streichen, wischen und drücken und sein Leseerlebnis auch non-linear gestalten. Eine aufwendig produzierte App, die den Leser zum »mündigen« Konsumenten macht.

Sogar »Humor-Themen wie *Recht kurios* oder auch Ratgeber wie der *Mondkalender* funktionieren als Apps ebenfalls recht gut«, wie Frank Sambeth feststellt. Vor allem klassische Ratgeber-Kontexte wie z.B. *Metabolic Balance Rezepte*, die dann auch gerne als App produziert werden. Auch Kochbücher finden in der E-Book-Version zu neuem Glanz: Stefan Marquards *Blitzküche* beispielsweise erfindet das Stöbern nach Rezepten neu: Der Leser kann beliebige Zutaten (die er zu Hause hat) in einen Topf ziehen und das Buch nennt dann dazu passende Rezepte. Hinzu kommen Hintergrundinformationen zu den Zutaten und die Möglichkeit, eine Einkaufsliste zu erstellen. Frank Sambeth:

> Bei uns gibt es z. B. eine App namens *Welche Marke steckt dahinter?* Beim Discounter kann man damit feststellen, welcher Anbieter hinter einem No-Name-Produkt steht.

Der Nutzwert hat mit der App seinen idealen Kontext gefunden. Das Buch haben Sie vielleicht nicht immer dabei – Ihr Smartphone allerdings schon.

Allerdings gilt auch hier ein größerer Druck durch die verschärfte Konkurrenzsituation. Denn laut Frank Sambeth hängt vieles von der Auffindbarkeit/Sichtbarkeit ab, »da das App-Angebot für den Kunden eher unüberschaubar ist. Man konkurriert ja nicht nur mit Büchern, sondern auch mit Spielen und anderen Applikationen.«

Edutainment ist ein weiterer Bereich, in dem sich digitale Erzählformen – ob als App oder E-Book durchsetzen. Stellenweise steht ihnen das schlechte Gewissen der Eltern entgegen, denn ist es nicht moralischer oder dem Erziehungsauftrag gerechter, den Kindern selbst vorzulesen, als dies der iPad-Variante zu überlassen? Doch wie bereits angesprochen wird jedes neue Medium von ähnlichen Kritiken begleitet – auch wenn das Buch ja kein neues Medium, sondern eines unserer ältesten ist.

Kinderbücher kann man sehr gut mit bestimmten interaktiven oder spielerischen Elementen verknüpfen. Auch zum Lesenlernen sind solche neuen Formate nützlich: *Der kleine Drache Kokosnuss* beispielsweise bietet ebenfalls die Möglichkeit, sich den Text vorlesen zu lassen. Die Kinder sehen dann das jeweils gesprochene Wort im Text hervorgehoben und sie können an jeder Stelle im Buch zwischen Text und Audiokanal hin und her springen. Im Kinderbuch bringt, so Frank Sambeth »Anreicherung einen echten Mehrwert. Wir haben im Kinderbereich Produkte wie *Kleine Maler* – damit können Kinder auf dem iPad wunderbar malen oder zeichnen lernen.« Auch die bekannten Wimmelbücher finden in der elektronischen Form ein Publikum. Das als bestes Kinderspiel 2012 ausgezeichnete *Wimmelburg HD* bietet den Kindern die Möglichkeit, sich die Welt der Geschichte durch Wischen, Zoomen und Drücken selbst zu erschließen, hinzu kommen drei Minispiele, Animationen und Sounds.

Die Kinderbuchapp *The Monster At The End of This Book* ist ein gutes Beispiel dafür, wie die Kinder die Geschichte selbst vorantreiben müssen. Grobi aus der Sesamstraße hat Angst, dass am Ende des Buches ein Monster sitzt, deswegen nagelt oder klebt er die Seiten des Buches zu, damit der Leser verschont bleibt. Die Kinder müssen nun durch Wischen die Nägel entfernen oder Knoten lösen, damit die Geschichte weiter geht. Also erst, wenn sie den Plot verstanden haben und entsprechend sinnvoll interagieren, kommen sie an ihr Ziel. Solche Apps, genau wie der *Barefoot Weltatlas,* in dem die Kinder einen 3D-Atlas rotieren lassen und zu jedem beliebigen Punkt auf der Erde Informationen bekommen können, sind in der Herstellung allerdings teuer: Ab 20.000 Euro geht es los, und in vielen deutschen Verlagen fehlt das Know-how für eine solche App-Produktion. Noch.

Als E-Book funktioniert grundsätzlich auch der Titel gut, der auch im Print sein Publikum findet – von Krimis über historische Romane bis hin zur Unterhaltungsliteratur. Um E-Books zu transmedialen Welten auszuarbeiten, muss der Stoff jedoch das Potenzial dazu bieten. Uwe Naumann:

> Es muss ein Kosmos da sein, eine Erzählwelt, in die sich die Leute gerne hineinbegeben. *Harry Potter* zum Beispiel wurde irgendwann zu einer Welt, in der sich die Leute gerne aufhielten. Sei es im Buch, sei es im Film, sei es im Spiel, sei es in den berühmten Nebenherprodukten, die ja ein großer Marktfaktor sind: von den Hüten angefangen bis hin zu Kartenspielen. Ich glaube, dass man so eine Welt von Anfang an im Kopf haben muss.

Weniger multimedial aufgestellt, aber dafür im E-Book-Bereich ebenfalls sehr erfolgreich ist der Cora-Verlag. Er macht sein Geschäft hauptsächlich mit Liebesromanen und hat einen digitalen Umsatzanteil von 10%[250]. Und das, obwohl Frauen zwar überdurchschnittlich viel Belletristik kaufen, aber eben nur auf Papier. Zumindest glaubte man dies jahrelang. Cora hat allerdings einen eigenen Webshop aufgebaut, der auch zur Marktforschung genutzt wird. Dadurch gibt es Rückmeldungen nicht nur für die Vermarktung sondern auch für die Titelauswahl. Der vermeintlichen Technikfeindlichkeit der Leserinnen ist man mit ausführlichen Hilfestellungen auf der Website entgegengegangen.

Relevant aber ist für den Verlag vor allem der günstige Preis: Am normalen Kiosk konkurrieren die Heftchenromane für 2,50 Euro mit Frauenzeitschriften, die oftmals unter 1 Euro zu haben sind. Im E-Book-Segment konkurrieren die Cora-Titel wie die *Julia*-Reihe für 2,49 Euro pro Band allerdings mit normalen E-Books – die zum großen Teil deutlich teurer sind. Die Gratiskultur nutzt der Verlag ebenfalls mit Gratisleseproben und kompletten Umsonstexemplaren: So steigen die Downloadzahlen, und man kommt in die Empfehlungslisten.

Nicht nur beim Cora-Verlag laufen erotische E-Book-Titel besonders gut. Ein großer Erfolg, für den »der Begriff Blockbuster noch untertrieben ist«[251], ist E.L. James *Fifty Shades of Grey*. Das Buch hat sich in den ersten Monaten 2012 über 10 Mio. mal verkauft und als »Fastest Selling Paperback« sogar die *Harry-Potter*-Reihe übertrumpft. Seinen Siegeszug aber begann der Titel als E-Book und setzte ihn auch in diesem Format fort. Denn E-Reader haben im Gegensatz zu gedruckten Büchern einen entscheidenden Vorteil: Niemand erkennt am Cover, was man liest. Und so lässt sich erotische SM-Literatur wie *Shades of Grey* und Konsorten auch am Frühstückstisch oder in der U-Bahn lesen, ohne dass man damit auffällt.

Autor

Uwe Naumann sieht angesichts der noch jungen Entwicklung des digitalen Bereichs viel kreatives Potenzial: »Ich glaube, dass unsere Fantasie noch gar nicht ausreicht, um zu sagen, wie Schreiben in dieser digitalen Welt funktionieren wird.« Wichtig ist aber zunächst, dass die Autoren ihr grundsätzliches Handwerkszeug beherrschen: Dramaturgie, Szenenaufbau, Charakterführung, Dialoge, Stil, oder auch die Spielarten des Genres, in dem sie schreiben. Und Schreiben ist ein Handwerk, das man wie jedes andere lernen kann – wenngleich der internationale Vergleich zeigt, dass die Deutschen vielfach noch eher dem Genie-Gedanken anhängen und sich generell nicht inbedingt in der Tradition der Unterhaltungsliteratur sehen, wie Jan Wielpütz feststellt:

> Die meisten deutschen Autoren orientieren sich noch immer eher an literarischen Werken. In den USA ist das anders. Dort hat sich das Creative Writing erfolgreich etabliert: Autoren und solche, die es werden wollen, bekommen schon in der Schule beigebracht, was eine gute Story ausmacht und warum auch Unterhaltung große Kunst sein kann. Ich denke, dass amerikanische und englische Autoren nicht ohne Grund seit Jahrzehnten in diesem Bereich die Bestsellerlisten dominieren. Da haben deutsche Autoren Nachholbedarf. Als Lektor stößt man immer wieder auf die gleichen Gründe, warum ein Manuskript abgelehnt wird: Fehler beim Plot und Storytelling oder bei Dialogen und Figurenentwicklung. Anders als vermutet, ist meistens nicht der Schreibstil der ausschlaggebende Punkt, sondern grundsätzliche Konstruktionsprobleme der Geschichte. Häufig vernachlässigen Autoren auch die Marktbeobachtung. Sie analysieren nicht, ob es schon Konkurrenzprodukte gibt, also Bücher anderer Autoren, die schon die gleiche Geschichte erzählen, oder sie kennen sich in den Konventionen des Genres nicht aus, in dem ihre Geschichte spielt.

Aus diesem Grund hat Bastei Lübbe als erster deutscher Verlag in der Geschichte im vergangenen Jahr eine eigene Schule für Autoren gegründet, die *Bastei Lübbe Academy,* und richtete diese – neben dem Lehrangebot zu Dramaturgie und Plotaufbau, Figurenentwicklung, Dialog- und Szenenstruktur, besonders auf das transmediale Erzählen aus. Die Autoren entwickeln dort zum Beispiel ein eigenes Serienkonzept für eine E-Book-Reihe, oder sie schreiben eine eigene Folge für eine der Bastei-Serien. Damit steht Lübbe in Deutschland eher allein da – in anderen europäischen Ländern sind solche Ausbildungsreihen, die von Verlagen ausgerichtet werden, gang und gäbe. In England und Frankreich zum Beispiel gibt es so große Verlage wie Galimard, die eigene Autorenschulen betreiben.

Naumann, wie auch andere Vertreter, sind der Überzeugung, dass die Autoren heutzutage dazulernen müssen. Jan Wielpütz ist der Meinung, dass Autoren nach wie vor vor allem eines tun sollten: spannende Geschichten erzählen:

Aber für multimediale Projekte wie APOCALYPSIS muss der Autor außerdem in den Medien ›zu Hause sein‹, die bespielt werden. Er muss sich also vorstellen können, wie der jeweilige Stoff zum Beispiel als Film oder Spiel umgesetzt werden könnte. Es schadet daher nicht, wenn man sich als Autor professionalisiert und sich auf verschiedene Medienformen spezialisiert.

Uwe Naumann: »Es wird sicher auch in Zukunft Autoren geben, die sagen: Das ist alles nicht meine Welt. Das will ich alles gar nicht. Das ist ja auch legitim. Aber man verschläft vielleicht einige spannende Entwicklungen.« Dass die neue digitale Welt nicht nur Veränderungen für den Autor bedeutet, ist ebenfalls offenbar, wie Naumann fortführt. Gilt das doch für alle Verlagsberufe. »Aber es gibt niemanden, der Ihnen heute schon sagen kann, was das denn konkret bedeutet. Andere Verlage stellen für die digitalen Projekte jemanden ein. Wir aber haben uns anders entschlossen, da das ja unser Kerngebiet – das Buch – betrifft: Jeder bei uns soll zukünftig in der Lage sein, ein E-book oder ein enhanced E-Book zu betreuen.«

Doch Michael Justus weist darauf hin, dass viele Autoren den digitalen Möglichkeiten noch skeptisch gegenüberstehen:

Die Anzahl der Autoren, die sich aktiv mit den Möglichkeiten der neuen Medien beschäftigen, ist sehr begrenzt. Und wenn dies vorkommt, ist es für die Verlage oft ein zweischneidiges Schwert. Diese Autoren kommen oft mit ganz genauen Vorstellungen, die nur sehr arbeitsintensiv und teuer zu realisieren sind. Bietet man die dann realisierten Produkte kostendeckend an, gibt es nur wenige Kunden, die den erforderlichen Preis bezahlen wollen.

Autor Karl Olsberg sieht Autoren außerdem vor der Herausforderung, dass sie stärker medienübergreifend denken und vielleicht auch stärker zur Zusammenarbeit im Team bereit sein müssen, ähnlich wie etwa Drehbuchschreiber dies tun. Jan Wielpütz gibt ein konkretes Beispiel beim Projekt *Apocalypsis*:

Das war eine Art Auftragsarbeit. Das Ursprungskonzept ist bei uns im Lektorat entstanden. Wir brauchten einen Autor, der es gewohnt war, einen Stoff dramaturgisch nach gewissen Vorgaben zu entwickeln und diesen Rahmen nicht zu verlassen. Außerdem musste er ein absoluter Teamplayer sein: Wir haben APOCALYPSIS in Zusammenarbeit mit App-Entwicklern, Spiele-Programmierern, Art Designern und Filmemachern produziert, die natürlich alle eigene Vorstellungen für ihr jeweiliges Gebiet mitbrachten. Darauf musste der Autor eingehen und die Story oft dahingehend abändern, dass sie den zu integrierenden Medienformen gerecht wurde. Am besten passte auf diese Anforderungen das Profil eines Drehbuchautors, der von Filmproduktionen solche Arbeitsabläufe gewohnt ist.

Auch in den E-Book-Serien, von denen Bastei Lübbe in regelmäßigem Abstand einzelne Folgen veröffentlicht, agiert der Verlag eher wie bei der Produktion einer TV-Serie oder Romanheftserie: »Es gibt ein Serienexposé, in dem alle wichtigen Figuren, Setting und Handlungsstränge beschrieben sind. Einzelne Autoren schreiben dann jeweils eine Folge, die dem Gesamtkonzept folgt.«

Doch längst nicht allen Autoren entspricht diese Arbeitsweise, wie Karl Olsberg anmerkt: »Wenn man nicht ausschließlich für das Feuilleton (solange es das in der jetzigen Form noch gibt) schreiben will, ist das Bild des einsamen Schriftstellers im stillen Kämmerlein wohl Geschichte.« Frank Sambeth stimmt zu:

> Wir glauben, dass der Autor in der Vermarktung eine aktivere Rolle spielen kann, wenn er das will: in den sozialen Medien, durch Interaktivität, durch Kommunikation. Hier kann er seine Fans, seine Community direkt ansprechen.

Die scheinbare Nähe, die das Internet durchaus zu erzeugen weiß, bietet Autoren heutzutage viele neue Möglichkeiten, ist aber natürlich auch anstrengend und vielleicht will nicht jeder Autor, wie Sebastian Büttner sagt,

> wie eine 360 Grad-Vermarktungsmaschine agieren. Das Einzige, was heutzutage zählt, ist ein Autor, der rausgeht, Aktionen macht, und Marketing auf Facebook betreibt usw. Das ist der einzige Weg, wie man heutzutage Bücher verkauft. Und ein Verlag darf eigentlich auch nicht die Facebookseite des Autors betreuen, dann wirkt es schon gleich wie Werbung... Es gab und gibt viele Autoren, die sind eher schüchterne Menschen und die sind angewiesen auf einen Verlag, der für sie trommelt. Deswegen brauchen wir eine Buchbranche, in der auch die Stillen gehört werden. Sonst haben wir überall nur noch Mario Barths.

Social Writing

Die vierte Zeugin ist ein 2012 im Aufbau-Verlag erschienener Roman, der von zwölf Autoren gemeinsam geschrieben wurde. Jeder der renommierten Autoren bekamen eine Figur zugeteilt, aus deren Perspektive er »sein« Kapitel schreiben sollte, während er sich an einer vorgegebenen groben Handlungsstruktur entlanghangelte. Da sich die Geschichte um eine Gerichtsverhandlung dreht, führte eine solche Herangehensweise zu einer vielschichtigen Sicht auf den Fall. Solche gemeinschaftlichen Produktionen gibt es immer wieder, Social Writing ist im Kern jedoch etwas anderes.

Mit der Digitalisierung entstehen – neben den Möglichkeiten des Selfpublishings – auch völlig neue interaktive Formen, wie Uwe Naumann beschreibt:

> Wir entwickeln gerade Formate, die in Richtung *Social Writing* gehen. Da gibt ein Autor einen Anfangsinput und dann sind plötzlich daran 50, 100 oder 1.000 Leute beteiligt. Das wird ein Teil des Schreibens und Publizierens in der Zukunft sein.

Ein solches Beispiel ist *Mygnia*[252], ein literarisches Projekt, das gemeinsam in einer Comunity »die umfangreichste, detaillierteste und faszinierendste literarische Welt seit J.R.R. Tolkiens *Mittelerde* erschaffen« will. Das Projekt[253] startet mit dem Einführungsroman von Karl Olsberg, in dem ein Experiment am CERN schief geht und ein Portal in eine Parallelwelt geöffnet wird. Von dort dringt ein Wesen in unsere Welt ein, gleichzeitig verschwinden ein Junge und seine Mutter und ein Journalist macht sich auf die Suche.

Im Unterschied zu vergleichbaren Versuchen besteht das Ziel bei *Mygnia* nicht darin, gemeinsam zu plotten und die Handlung weiterzuentwickeln. Es geht um etwas viel Größeres – was dem einzelnen User aber tatsächlich mehr Zeit und Raum für eigene Freiheiten gibt – es geht um die Welt. Die soll der User mit Wiki-Beiträgen und eigenen Dokumenten ausgestalten. Der Roman ist nicht abgeschlossen, sondern endet offen. Allerdings sind die Mitglieder der Community von *Mygnia* nicht unbedingt dazu angehalten, diesen Plot weiterzuverfolgen und weiterzuentwickeln, sondern sie können eigene Geschichten und Figuren erschaffen, die in der Welt von Mygnia spielen. Frank Sambeth:

> Es gab und gibt sicherlich interessante Versuche mit interaktivem, gemeinschaftlichem Schreiben. Aber ich bin nicht sicher, ob viele Autoren diese Interaktivität tatsächlich wollen oder auch brauchen. Wir haben relativ viele Autoren, die zurückgezogen von den Fans und der Welt schreiben, und es kommen tolle Sachen dabei heraus. An diesem Prozess wird sich wenig ändern.

Ob solche Erzählformen darüber hinaus immer den Qualitätsanforderungen eines Verlagsproduktes entsprechen würden, ist auch anzuzweifeln – aber natürlich nicht unmöglich. *Social Writing* ist im Hinblick auf Verlage allerdings ein zweischneidiges Schwert, wie Uwe Naumann ausführt:

> Die große Frage ist dann aber sofort: Gibt es denn ein Geschäftsmodell dafür? Ich muss da aber ehrlich antworten: Ich weiß es auch noch nicht. Manche sagen, es wird eine Art PR für die Verlage sein. Oder für die Autoren, die das anschieben. Aber stellen Sie sich das vor: Simon Beckett schreibt den Anfangsteil eines solchen Projekts! Ich weiß nicht, ob man ihn dafür gewinnen kann, aber so etwas würde sich für ihn doch lohnen. Er würde noch bekannter werden und die Leser würden sich vielleicht auch seine anderen Bücher kaufen. Vielleicht ist das das Geschäftsmodell. Oder man arbeitet mit Fernsehanstalten zusammen und verlängert die Geschichten bis ins TV hinein. Oder anders herum.

Im Jahre 2011 gab es eine vergleichbare Idee: Die Buchhandlung Zeilenreich initiierte einen interaktiven Roman mit dem Autor Sebastian Fitzek. Über eine Facebook-Applikation konnten die Teilnehmer die Geschichte fortschreiben, deren Anfang Fitzek beigesteuert hatte. Über ein Bewertungssystem (Gefällt mir) entschieden die Beteiligten über die Beiträge der anderen. Die am besten bewertete Textidee wurde automatisch an die Geschichte angefügt, dann begann eine neue Runde. Insgesamt hatten sich über 2.400 Facebook-Nutzer für die Applikation interessiert, fast 200 davon haben selbst mitgeschrieben. Insgesamt wurden in 99 Runden mehr als 930 Fortsetzungsideen geschrieben.[254] Die amerikanische Autorin Tawna Fenske hatte in ihrem Fortsetzungsroman *Getting Dumped* ihren Lesern die Frage gestellt, für welche der drei männlichen Figuren sich ihre Protagonistin entscheiden sollte. Die Autorin selbst hatte klare Präferenzen und demzufolge zweier ihrer Charaktere ein größeres Profil und mehr Tiefe gegeben. Irritierenderweise wählten die Leser ausgerechnet die dritte Figur zu ihrem Favoriten. Und Fenske musste sich fügen.

Noch nie zuvor hatte es eine vergleichbare Rückkoppelung seitens der Leserschaft zum Autor gegeben, erst die Digitalisierung macht es möglich. War der Autor früher Alleinschaffender und wurde erst auf Lesereisen oder in der Feuilletonkritik mit einem Feed-back konfrontiert, so ist es heute durch die Digitalisierung möglich, das Leseverhalten zu beobachten, auch ohne dass dieser aktiv wird: Die E-Book-Reader ermöglichen es, jede Lesebewegung, jedes unterstrichene Wort, jede ausgelassene Seite zu erfassen und dem Gerätehersteller zu übermitteln. Ob dieser diese Ergebnisse dann an den Verlag und den Autor weiterleitet, ist noch fraglich – und ob der Autor dieses Feed-back überhaupt wünscht – aber möglich ist es.

Für die Konzerne ist es interessant, denn die »Kunden, die dieses Buch gekauft haben, kauften auch folgende Titel...«-Mechanik kann so auf eine tiefere, inhaltliche Ebene gehoben werden. Der Autor Dirk von Gehlen hat in *Eine neue Version ist verfügbar* das Feed-back-System ebenfalls auf eine andere Stufe gehoben: Er hatte sich bei einer Crowdfunding-Plattform angemeldet und eigentlich nur 5.000 Euro Startkapital für sein Projekt gewünscht. Daraus wurde dank 350 Spendern das Dreifache – und diese Spender sind live dabei, wenn er sein Buch schreibt: Von Gehlen stellt die Kapitel auf eine Google-Docs-Plattform, wartet auf Kommentare, ändert und fügt Informationen ein, die ihm seine Crowd sendet. Ist das die Zukunft des Bücherschreibens? Viel spricht dafür, dass einiges beim Alten bleibt. Aber es gibt neue Möglichkeiten:

Früher enthüllte ein Buch den »Text der Welt«, heute füttert es der Leser mit seinem eigenen Text. Das neue Buch des digitalen Zeitalters zielt auf eine Partikularität, um die sich ein Kollektiv bildet. Die Leser treten im Schwarm auf und können in den Prozess des potenziell stets unfertig bleibenden Werkes eingreifen.[255]

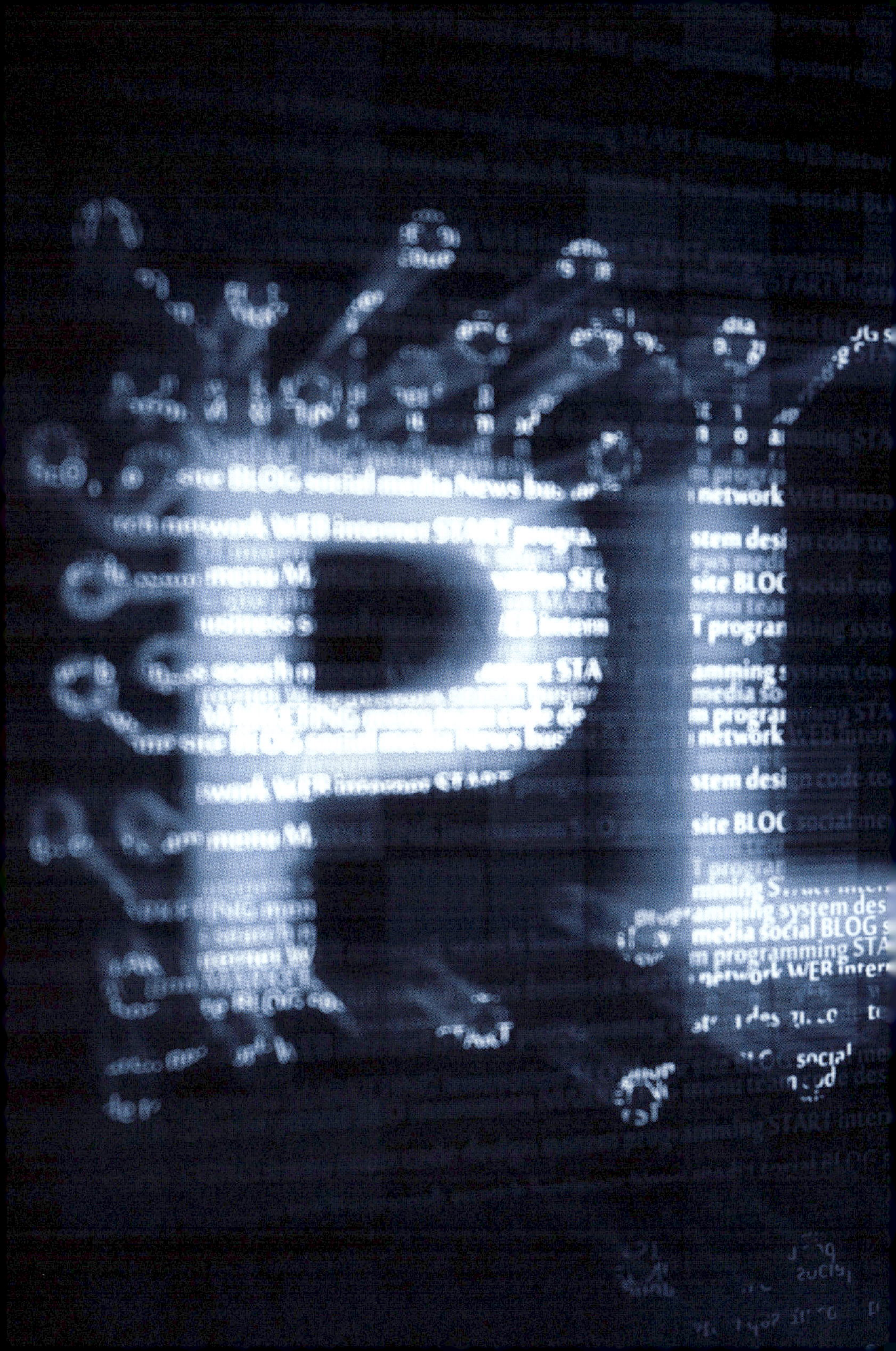

TRANSMEDIALES ERZÄHLEN

8. Transmediales Erzählen

Transmediales Erzählen bedeutet, bestimmte Inhalte einer Geschichte über mehrere Kanäle zu verteilen, um schließlich ein einzigartiges Unterhaltungserlebnis zu erzeugen. Die Art und Weise, wie die Elemente auf welchen Kanälen verteilt sind, bestimmt zum großen Teil das Erleben des Zuschauers: ob er sich mit bestimmten Figuren identifiziert, einem besonderen Handlungsstrang folgt, selbst spielerisch gefordert wird und ob er Letzteres am Bildschirm oder aktiv in der Realwelt wird. Beinahe jede Kombination ist möglich. Es gibt transmediale Formate, die nur zwei Kanäle miteinander verbinden, andere, die ein komplexes »Multiversum« schaffen.

Damit sind zweierlei Grundzüge der transmedialen Geschichte benannt: Zum einen die Intertextualität – denn eine transmediale Geschichte setzt verschiedene Texte oder Textstücke in einen Zusammenhang. Zum anderen die Multimodalität, denn da nach Gunther Kress[256] Kommunikation immer häufiger über mehrere Kanäle gleichzeitig verläuft, benötigen wir neue Kompetenzen, die wir uns aneignen müssen.

Und dies nicht nur als Konsument, erst recht als Erschaffer von transmedialen Formaten. Für Autoren bedeutet dies oft, völlig neue Welten zu entdecken – auch, was ihr Handwerk betrifft. Eine Geschichte plötzlich mit Hilfe von verschiedenen Formaten zu erzählen, Bilder und Textsorten zu kombinieren, deren Mechanismen einem vielleicht nicht ganz vertraut sind – das ist eine Herausforderung. Oliver Hohengarten sieht gleich mehrere Vorteile:

> Das Erzählen über mehrere Plattformen ist für Autoren eine Chance, neue Sachen zu machen, zu experimentieren. Es ist für Sender und Wirtschaft und Werbung die Möglichkeit, viel dichter an die Zuschauer zu kommen, die dann User sind und die Marke viel besser zu platzieren. Und es ist für die Zuschauer viel spannender, weil sie viel tiefer in die Geschichte, in eine Welt, in die Figuren eintauchen können.

Transmediale Erzählungen unterscheiden sich von interaktiven Medienentwicklungen insofern, dass sie eine Geschichte noch offener als diese anlegen. Sie geben dem Zuschauer mehr Partizipationsmöglichkeiten an die Hand, was dessen Konsumverhalten heutzutage immer mehr entgegenkommt, so Pratten: »We tell stories across multiple media because no single media satisfies our curiosity or our lifestyle.«[257] Viele der Zuschauer schätzen, laut Gundolf Freyermuth, »das gesteigerte Maß an zeitlicher und räumlicher Immersion. Die Möglichkeit also, sich von den Fiktionen durch die Tage, Wochen und durch verschiedene Lebens- und Rezeptionssituationen begleiten zu lassen«. Aus diesem Grund eignen sich serielle

Formen und Formate besonders, da sie ohnehin über längere Erzählbögen oder -strecken verfügen. Damit kann man, im Vergleich zu anderen Erzählformen, auch »unterschiedliche Zielgruppen mit einer Geschichte in verschiedenen Medien gleichzeitig erreichen und eine stärkere Markenbindung erzielen«, wie Sven Sund anmerkt. ZDF-Redakteurin Milena Bonse sieht den Vorteil darin,

> dass man Zuschauergruppen wieder auf TV-Programm aufmerksam machen kann, die schon seit Jahren keinen Fernseher mehr zu Hause stehen haben. Über spannende crossmediale Formate bekommen sie evtl. mal wieder den Anreiz, sich ein Programm anzuschauen. Die nicht-lineare, individuelle narrative Struktur kann ein weiterer Vorteil sein.

Ihr Kollege Frank Baloch fügt hinzu, dass es dem Sender auch darum gehe, »das ZDF beim jungen, internetaffinen Publikum bekannter zu machen, beispielsweise mit den *Mashups*, das sind ZDF-Programmschätze, die für uns selbstironisch neu synchronisiert wurden und die für eine Überraschung im Netz gesorgt haben«. Die digitalen Aktivitäten des Senders sind vielfältig und bei jedem Format wird diskutiert, wie und ob es ins Internet verlängert wird. Baloch:

> Bei *Ein Mann, ein Fjord!* war es seinerzeit eine Cross-Media-Kampagne mit Fake-Webseiten. Zu *Terra X: Universum der Ozeane mit Frank Schätzing* haben wir eine Unterwasserwelt programmieren lassen, in der die Nutzer als Meeresschildkröte oder als Thunfisch die zahlreichen Gefahren, mit denen wir Menschen den Lebensraum Ozean bedrohen, quasi am eigenen Leib erfahren können. Bei *Unsere Mütter, unsere Väter* haben wir einen Motion Comic mit der Vorgeschichte der Protagonisten entwickelt, für die Serie *Pater Castell* dessen Vorgeschichte in Webisodes erzählt, und zu *KDD – Kriminaldauerdienst* gab es einen interaktiven Fall. Manche dieser Formate waren von den Klickzahlen her erfolgreicher als andere, uns geht es aber nicht nur um diese Form des Erfolgs, sondern auch um das Sammeln von möglichst vielfältigen Erfahrungen.

Wichtig ist ganz generell, dass die Zuschauer die Bereitschaft haben, die beiden Bedürfnisse *Lean Forward* und *Lean Backward* miteinander zu verbinden und auf eine andere Art in Geschichten eintauchen. Kristian Costa-Zahn ist sich aber sicher, dass Transmedia »die Kochsendungen und die Casting Shows nicht ersetzen wird. Das reine Fernsehbedürfnis, 30 oder 90 Minuten einfach mal nur zuzuschauen, ist weiterhin da«.

Markt

Transmedia ermöglicht den Einstieg in unterschiedliche **Medienmärkte**. Jedes Medienformat hat seinen Markt. Hätte der sich nicht etabliert, wäre aus dem Experiment kein Format entstanden. Ein Transmediateam muss die Spielregeln der unterschiedlichen Märkte kennen, um den richtigen Ansprechpartnern die entsprechenden Produkte anbieten zu können. Wer zum Beispiel heute Online-Games entwickeln will, sollte wissen, wie in einem Spiel Micro-Payment-Systeme eingebettet werden und sich die Zusammenarbeit mit einem Publisher gestalten kann. (Inga von Staden)

Transmediale Formate sprechen unterschiedliche Märkte an, haben es aber bislang noch nicht geschafft, den ganz großen Mainstreammarkt zu erreichen. Ob das grundsätzlich mit einer Lean-Forward-Erzählweise möglich ist, werden wir später diskutieren, aber der Grund für eine gewisse »Nischenhaftigkeit« liegt weniger an den Formaten beziehungsweise den Erzählungen selbst, sondern eher an der Verteilung der Medien. Bislang sind Fernseher und Internet in den meisten Haushalten noch getrennte Geräte. Erst wenn die Konvergenz voranschreitet und das Gerät, auf dem ein bestimmtes Format konsumiert wird, beide Welten abdeckt – und zwar auf eine sehr bequeme und intuitive Art und Weise – werden transmediale Formate auch ein breites Publikum erreichen. Anders gesagt: Wenn sich z.B. Tablets in breiter Form durchsetzen, auf denen das fiktionale Format gesehen wird und man mit einem Klick ins Internet zum z.B. Ratespiel wechseln kann, erst dann wird Transmedia wirklich erfolgreich sein.

Im deutschen Fernsehen sind es bislang meist die öffentlich-rechtlichen Sender, die sich an transmedialen Formaten versuchen. Für die privaten Sender scheinen sich solche Formate bislang noch kaum zu rentieren, obwohl es auch hier Versuche gab: Im Jahre 2009 setzte Pro7 auf *Kill Your Darlings*, einen Mystery-Horror-Thriller, der als TV-Film den Abschluss einer Webserie bieten sollte. Anscheinend aber hatte die Webserie nicht genügend Aufmerksamkeit erbracht: Mit 1,47 Millionen Zuschauer ab drei Jahren (4,5%) und lediglich 1,1 Millionen der 14- bis 49-jährigen Zuschauer (8,2%) hatte der Versuch klar unterdurchschnittliche Quoten.

Doch weder Kino noch TV oder Video sind partizipative Medienformen, deswegen werden derzeit klassische TV-Formate nun vor allem durch sogenannten Second-Screen-Formate erweitert.[258] Kristian Costa-Zahn verweist auf positive Effekte von solchen Formaten hin:

Es gibt ja einige Formate, die online noch einen richtigen Push für das Fernsehformat ausgelöst haben. Das geht los bei *Anna und die Liebe* bis hin zu *Berlin Tag & Nacht* und auch wir von der Ufa haben sehr viel rund um unsere Marken gemacht. Aber wenn man von klassischem Transmedia spricht – also mindestens zwei Plattformen, die beinahe gleichwertig gewichtet sind, da gab es generell noch nicht so viele Projekte – auch weltweit.

Mittlerweile aber bauen auch die Privatsender ihre Bemühungen in dem Bereich aus, wie etwa RTL mit *Alarm für Cobra 11* zeigt.

Zumeist werden – auch im öffentlich-rechtlichen Fernsehen, das ja bislang die meisten Formate produziert hat – nur Light-Versionen wie eine Second Screen-App produziert: etwa wenn zum ZDF-Krimi *Die letzte Spur* ein Internet-Rätselspiel veröffentlicht wird. Bislang stöhnen bei solchen Themen meist die Produzenten auf – denn gerne würden sie weiter in solche Erzählweisen investieren und ihr Produkt »anreichern«, aber meist bleiben sie allein auf den Kosten sitzen. Inga von Staden: »Ein Medienprodukt im Rahmen einer 360°-Produktion umzusetzen ist um den Faktor **Synergie** billiger, als es alleinstehend zu produzieren.« Doch noch gestaltet sich die Refinanzierung von aufwendigen transmedialen Formaten als schwierig, auch wenn, laut Sven Sund

viele unterschiedliche Refinanzierungsmodelle gefunden wurden. Eine Mischkalkulation über die physischen und digitalen Produkte, die zu einer Geschichtenwelt existieren, ist eine Voraussetzung für den wirtschaftlichen Erfolg.

Die Förderinstitutionen in Deutschland und Europa haben die Entwicklung der digitalen Medien aufgegriffen. Inga von Staden sieht hier viele unterstützende Maßnahmen für interaktive oder crossmediale Projekte, so dass bei einer transmedialen Produktion unterschiedlichste Förder- und Finanzierungsinstrumente aktiviert werden können.

Sie können als Gegenfinanzierung für die schwer finanzierbaren Aspekte eines Projekts dienen. Beispielsweise kann man von einem Technologieförderfonds Mittel für die Entwicklung einer neuen Medientechnologie abrufen und diese auch für die Stoffentwicklung der Welt oder einer der Medienderivate einsetzen.

Zusätzlich zu den angesprochenen Finanzierungsmöglichkeiten kommen folgende:
- Sponsored: Das Publikum kann das Projekt gratis nutzen. Die Gelder kommen vom Autor selbst oder von einer Marke, die das als Werbung, Product Placement oder Branded Entertainment nutzt. Oder die Gelder werden durch Crowdfunding o.Ä. zusammengetrieben.
- Das Publikum zahlt: Es abonniert das Projekt, lädt es kostenpflichtig herunter, kauft Memorabilia o.Ä.
- Eine Mischform von beiden.

Sofern die technischen Barrieren abgebaut sind, kann sich Transmedia vielleicht dem nähern, was es eigentlich ist, nämlich »eine Ergänzung des Spektrums. Eine andere Art von Erlebnis, die man den Leuten möglich macht. Aber Transmedia wird ein größerer und wichtigerer Bereich werden, weil Leute heutzutage auch auf andere Weise Medien konsumieren«, so Kristian Costa-Zahn. Auch Karl Olsberg glaubt, dass das lineare Erzählen weiterhin einen hohen Stellenwert haben wird. »Aber die Grenzen zwischen Buch, Film und Computerspiel werden immer durchlässiger.«

Das Publikum binden – Interaktivität

In den klassischen Medien sind es serielle Formate, die beim Zuschauer die höchste Bindung erzeugen. Vor allem fiktionale Serien bauen ein starkes Band zum Zuschauer auf – kaum jemand nimmt sich eine Folge eines Dokutainment-Formates oder einer Talk Show auf, um sie nicht zu verpassen oder kauft die Episode im Online-Store. Viele Zuschauer aber sind durchaus bereit, Geld, Zeit und Mühen zu investieren, um die Geschichte ihrer Lieblingsprotagonisten einer Serie weiter verfolgen zu können. Auch Computerspiele haben – wie wir gesehen haben – eine sehr starke Bindung an den Spieler: durch die Interaktion und das spielinhärente Belohnungssystem. Inga von Staden:

> So wie sich die Menschen immer Geschichten erzählt haben, haben sie auch immer Spiele gespielt und sich immer unterhalten. Das sind Grundformen des menschlichen Umgangs miteinander. Diese Grundformen sind auch schon immer bis zu einem gewissen Grad ineinander verwoben worden, so wie es auch heute mit Hilfe der digitalen Medien passiert.

Ein Film kann einen Zuschauer emotional berühren, indem er sich mit der Geschichte und dem Protagonisten identifiziert. Ein Spiel aber macht den Spieler zum Protagonisten – die Geschichte passiert nicht einer Figur auf der Leinwand, sondern dem Spieler selbst: »Combine the emotional impact of stories with the first-person involvement of games and you can create an extremely powerful experience.[259]« Und darum geht es im Erzählen heutzutage: um das Erschaffen eines **Erlebnisses**.

Deswegen: Ist es überhaupt sinnvoll, bei transmedialen Formaten von Zuschauern zu sprechen? Muss man nicht viel eher von *Teilnehmern* sprechen?

Folgt man den herkömmlichen Meinungen, ist der Leser von Geschichten passiv. Doch das Gegenteil ist eigentlich der Fall: Der Leser ist immer aktiv beteiligt. Wenn eine Geschichte gut erzählt ist und er sich in die Welt hinein begibt, wird der Leser sich immer fragen, was als Nächstes passieren wird, ob der Held sein

Ziel erreicht und wie er dem nächsten Hindernis ausweichen kann. Dies ist eine Form von Aktivität beim Leser – auch wenn er nicht aktiv in die Geschichte eingreifen kann. Transmediale Formate bieten eine solche aktive Beteiligung an der Geschichte meist an. Die Kunst bei interaktiven Medien ist es, diese Gedanken und Erwartungen des Lesers/Nutzers vorauszuahnen, sie zu berücksichtigen und sie in das Erlebnis zu integrieren.

Um Menschen heutzutage zu aktivieren, kann man sich eines Tricks bedienen. Wir alle sind umzingelt von medialen Angeboten. Plakatwände, Radio, Fernsehen, Zeitungen, Magazine, das Internet – zu viel auf einmal, und wir reagieren darauf, indem wir das meiste ausblenden. Anstatt eine Information also offensiv zu platzieren, kann es sinnvoller sein, sie zu verschweigen. Wenn man dann Neugier weckt und den Menschen die Möglichkeit gibt, den Informationsbruchstücken nachzugehen, sie also selbst etwas entdecken zu lassen, werden sie mitunter anfangen, sich darüber auszutauschen. »I figured that if the audience discovered something, they would share it, because we all need something to talk about.«[260] Besonders, wenn man nur einem Teil des Publikums etwas zukommen lässt, und es anderen vorenthält: Im Vorfeld zu der ersten Staffel von *Game of Thrones* hatte HBO an einige Fans kleine Holzkistchen verschickt. Darin waren – in mittelalterlichem Dekor – einige Parfümfläschchen mit Düften enthalten, von denen man laut Anweisung einige zusammenmischen sollte. Sie würden dann jeweils den Duft zu *Inn at the Crossroads* und *King's Landing* ergeben. In dem Kästchen waren Informationen, die zu einer Webseite[261] führten, auf der man fünf Online-Spiele spielen konnte – eines davon hatte mit dem Parfüm zu tun und war darüber zu lösen, dass man mit den Parfümflaschen und den Symbolen darauf experimentierte.

Bei diesem Marketing-Approach wurden also transmediale Formate mit realen sensorischen Empfindungen verknüpft. Ob das wirklich zu dem gigantischen Erfolg des Formates beigetragen hatte, lässt sich so aber nicht mit Sicherheit sagen. Das Interessante dabei ist aber der Fehler, der zu unzähligen Spekulationen und ungeplanten Reaktionen der Fans führte: Auf der Westeros-Landkarte, die der Box beilag, entdeckte man einen unscheinbaren Eintrag, den ein enthusiastischer Fan per Photoshop vergrößerte und lesbar machte: »Always support the bottom«. Was sollte das bedeuten? Keiner wusste es – nicht einmal die Macher. Es war ein Fehler, ein unbeabsichtigter Abdruck, doch selbst als dieser als solcher aufgedeckt wurde, hielt das die Fans nicht davon ab, an der Message festzuhalten. Es gab sogar T-Shirts mit dem Aufdruck …

Fehler sind der Entwicklung von neuen Erzählformen inhärent. Elan Lee, vormals CCO Fourth Wall Studios und mittlerweile Chief Design Officer der Xbox Entertainment Studios sagt über Alternate Reality Games:

We're really good at making them. I can say that without feeling too full of myself because the way we got good is by making more mistakes than anyone else out there. We've tried the scary approach where you get phone calls in the middle of the night from menacing villains, we've tried the athletic approach where we asked you to track down randomly ringing pay phones in the middle of the city, and we've tried the overkill approach where you never knew which parts of your life were part of the story and which were not.[262]

Karl Olsberg, Autor von interaktiven Erzählprojekten, stimmt zu, dass viele der neuen Möglichkeiten erst erforscht und ausprobiert werden müssen. Das ist unter Umständen ein Herantasten und Herumprobieren mit zahllosen Irrwegen, und der Autor nimmt in etwa die Rolle des Lesers ein, der sich in einer interaktiven Geschichte verirren kann, statt einfach dem geradlinigen Erzählpfad zu folgen. Karl Olsberg:

Den idealen Weg haben wir etwa bei *Mygnia* noch nicht gefunden – zu Anfang haben wir uns zu sehr auf den Aufbau einer Autorencommunity konzentriert und die Bedürfnisse der Leser vernachlässigt. Das ändern wir gerade in einem Relaunch. Dafür sind aber auch Dinge passiert, mit denen ich überhaupt nicht gerechnet hatte. Beispielsweise hat sich eine Gruppe von Leuten gefunden, die gerade in einer virtuellen 3D-Welt ähnlich Secondlife einen Teil der Parallelwelt *Mygnia* nachbaut.

Dadurch, dass die Spieler sich interaktiv beteiligen müssen, machen sie sich die Geschichte zu eigen. Vielleicht ist das nicht immer im Sinne des ursprünglichen Autors. Er muss auf jeden Fall sicherstellen, dass er die Spieler in die richtigen Bahnen zurücklenken kann.

Doch wenn man das Publikum in das Projekt involviert und es aktiv interagieren lässt, hat das Vorteile: Der engagierte User wird das Projekt viral weiter verbreiten – entweder, indem er seine Freunde durch Mund-zu-Mundpropaganda davon erzählt oder dadurch, dass er seine Freunde dazu bringt, etwas zu bewerten, zu liken, hochzuladen, sich anzusehen, usw. Sebastian Büttner von der Firma Gesamtkunstwerk erklärt, welchen Stellenwert Interaktivität für seine Projekte hat und wie viel – auch ungewöhnliche – Recherche das bedarf:

Wir haben uns aus Armenien einen Film kommen lassen; da haben Komiker einen Film gemacht und währenddessen das Publikum angerufen: Der Zuschauer durfte dann entscheiden, ob die Figuren links oder rechts gehen sollten, und dann ist etwas Lustiges passiert. Der Kinosaal wurde zu einem Opernsaal, so wie es früher war – da hat sich das Publikum eingeschaltet.
Bei dem Kinofilm von *The Day It Rained Forever* werden wir die Gesichter des Publikums in den Film einblenden – sie finden sich plötzlich auf der Leinwand wieder.

Und wenn man an dem Facebook-Spiel zuvor mitmacht, bekommt jeder Zuschauer seinen digitalen Download mit nach Hause – mit seinem eigenen Gesicht im Film.

Das niederländische Format *Onder Controle*[263] zeigte im August 2012 beim Filmfestival in Utrecht eine ganz besondere Art von Interaktivität: Die Zuschauer konnten mittels Tweets die Handlungen von insgesamt 13 Schauspielern bestimmen. »Schlag deinen Kopf gegen die Wand« beispielsweise wurde vorgegeben und wenig später vom Schauspieler, der in einer Zwangsjacke in einer Nervenklinik aufwacht, befolgt. Per Kopfhörer waren ihm die Anweisungen von der Regie übermittelt worden.

Völlig frei waren die Zuschauer jedoch nicht, andernfalls wäre kaum eine Thriller-Story zustande gekommen: Der Autor Thijs Bos wird des Mordes an seiner Freundin Sara beschuldigt und in die Klinik eingewiesen. War er es? Wer steckt dahinter? Kann er fliehen? Und was ist mit seiner Freundin Sara? Die Grundstory war zuvor in zehn Szenen festgelegt worden, insofern war ein Handlungsgerüst vorgegeben. Doch was die Schauspieler sagen und tun sollten, das bestimmten die Zuschauer mit ihren Tweets. Jedoch wurde auch hier dramaturgisch eingegriffen: Ein Redaktionsteam wählte die vielversprechendsten Anweisungen aus, aber nicht alles funktionierte. Thijs sollte z.B. die Ärztin verführen, die ihn gerade mit Elektroschocks foltert. Dass innerhalb weniger Minuten aus einer Folterszene ein erotisches Spiel wird, ist nur schwer glaubwürdig herzustellen.

Wer sich an die *Schillerstraße* bei Sat1. erinnert fühlt, liegt richtig. Dort war es die Live-Regisseurin, die den Schauspielern Anweisungen gab – aber diese waren von der Redaktion und den Autoren vorbereitet worden. Insofern war die Beteiligung des Publikums gering.

Anders sieht das in dem Projekt *Die Versuchung* aus. Es wurde 1997 auf vier CD-ROMs veröffentlicht, und der Film fungierte sozusagen als Rorschach-Test: in der Geschichte rund um eine Dreiecksbeziehung wurden dem Zuschauer Multiple-Choice-Fragen gestellt, die sich auf das Geschehen bezogen: Hatte sich die Figur in dieser Szene richtig verhalten? Wie hat eine andere Figur dieses Verhalten interpretiert? Aufgrund der Antworten erstellte das Programm ein psychologisches Profil des Zuschauers, das ihm von John Hurt in einer Doppelrolle als Psychiater und Erzähler präsentiert wurde. Das Geschehen wurde anhand des Zuschauerprofils und seinen Entscheidungen variiert und endete schließlich in einem von sieben möglichen Ausgängen. Der Film wurde schließlich im Nachtprogramm von ProSieben ausgestrahlt – beraubt um seine psychologisch interaktive Dimension, was schließlich seine »geballte Stumpfsinnigkeit«[264] offenbarte.

Doch bevor man das Publikum, auf welche Art und Weise auch immer, involvieren kann, muss man es erst einmal finden. Pratten zeigt fünf Stufen auf, wie dies gelingen kann. Zunächst geht es darum, Aufmerksamkeit zu wecken. Hat man das geschafft, wird evaluiert, also das Format durch den User geprüft. Ist der zufrieden, entsteht Zuneigung. Und erst dann erfolgt eine Weiterleitung und schließlich die Teilnahme am Format selbst. Anders gesagt:

1. Content: Teaser – das Ziel: Finde mich.
2. Content: Trailer – Das Ziel: Probier mich aus.
3. Content: Target – das Ziel: Liebe mich.
4. Content: Participation – das Ziel: Rede über mich.
5. Content: Collaboration – das Ziel: Sei ich. Erschaffe neuen Inhalt.[265]

»Man muss die Community ernst nehmen. Den *Experiencer*, wenn man den Begriff verwenden mag«, wie Kristian Costa-Zahn anmerkt. Viele der *Alternate Reality Games* und viele der transmedialen Formate setzen auf die Partizipation des Zuschauers, der damit zum Spieler wird. Oftmals sind die Aufgaben, die den Spielern übertragen werden, extrem komplex. Vielleicht zu komplex für einen Einzelnen – die Macher setzen jedes Mal auf eine Gruppenintelligenz, die sich im Netz beinahe auf natürliche Art und Weise bildet: Hier hat man schnell und einfach die Möglichkeit, Gruppen zu generieren, indem man Plattformen bereitstellt, auf denen die Spieler die Ergebnisse oder die Informationen diskutieren können.

Und die Schwarmintelligenz ist überwältigend: »Not only do they have every skill set on the plant (…), but they have unlimited resources, unlimited time, and unlimited money. Not only they can solve everything – they can solve anything instantly.«[266] Das kann für die Macher von Spielen auch negative Konsequenzen haben: Das Spiel *The Beast* wurde von insgesamt 666 Bausteinen begleitet – Internetseiten, Rätseln usw., die die Spieler eigentlich drei Monate lang beschäftigen sollten. Es wurde innerhalb von einem Tag aufgelöst. Inga von Staden weist darauf hin, dass solche Communities, unabhängig davon, wie stark sie in die Gestaltung und Umsetzung eines Projektes eingebunden werden,

schon im Pre-Development als Teil einer Medienarchitektur geplant, in der Developmentphase aufgebaut und während der Produktion und Distribution erweitert und gepflegt werden. Diese Aufgabe wird vermehrt durch die Produktionsfirmen wahrgenommen und nicht, wie noch bis vor kurzem üblich, vom Sender, Publisher oder Verleih. Denn nur das dem Inhalt nahe stehende Team kann mit der Fan-Base die qualifizierten Gespräche führen. Community Manager sollten von Beginn an personell und im Budget eines Projekts verankert werden.

Das Gruppenerlebnis kann überwältigend sein. Der Vorläufer von den sogenannten Alternate Reality Games ist etwa in *Dungeons & Dragons* oder das *Schwarze Auge* zu finden. In diesen sogenannten Pen & Paper-Rollenspielen werden die Spieler bzw. ihre Figuren von den Spielleitern mit bestimmten Aufgaben konfroniert: Ihnen wird ein Plot vorgegeben, der zu lösen ist. Meist wird mittels eines

Würfelsystems bestimmt, ob die Spieler ihre Aufgaben lösen oder nicht. Hier nehmen die Spieler bestimmte Figurencharaktere an, die sie teilweise über Jahre beibehalten. Sie können ihre Figuren dynamisch entwickeln und so immer neue Fähigkeiten hinzugewinnen. Gleiches findet man natürlich auch heute in digitaler Form – wenn etwa *World of Warcraft*-Figuren von Spielern weiterentwickelt und dann zum Kauf angeboten werden. Stellenweise werden weitentwickelte Figuren für mehrere tausend Euro angeboten – und auch gekauft. Dass der Käufer nur ein fiktives Wesen in einer fiktiven Welt erwirbt, also nur ein paar Pixel eigentlich, finden nur Außenstehende verwunderlich. Doch die Bereitschaft, sich in eine solche Welt zu begeben, ist offenbar groß. Denn der Reiz daran ist immens: »The audience can truly get lost in the world.«[267]

Ob und wie weit sich ein Spieler immersiv an einer solchen Welt oder einer solche Erfahrung beteiligen möchte, kann er bei allen transmedialen Formaten jedoch selbst entscheiden. Manchen reicht es, sich am Monitor damit auseinanderzusetzen, andere engagieren sich physisch, etwa indem sie an Flashmobs teilnehmen oder – wie das *whysoserious*-Beispiel (s.u.) zeigt – vielleicht nur, indem sie das Glück haben, zufällig in der richtigen Stadt zu wohnen, in dem ein Teil des Alternate-Reality-Games stattfindet. Grundsätzlich geht es darum, dem Spieler verschiedene Optionen der Beteiligung zu ermöglichen, wie Evan Lee über seine *Rides*[268]-Plattform, auf der u.a. *Dirty Work* läuft, berichtet:

> You get to decide how the story is told. Do you want it to call your phone, or route that audio to your computer speakers? Do you want to receive emails? Text messages? Bonus scenes? It's entirely up to you. (…) You'll have access to play, fastforward, rewind, and pause. You get to decide when you play, for how long, and the level of interactivity. (…) It's a narrative that you control. It's storytelling evolved.[269]

Allerdings kann der Zuschauer bei dem genannten Beispiel nicht in die Geschichte eingreifen, sondern allenfalls den technischen Zugang wählen. Doch genau das kommt einem Zeitgeist und einer aktuellen Konsumentenhaltung entgegen, wie Inga von Staden aufweist. Denn die jüngere Konsumenten

> sind Digital Natives, also mit und in den digitalen Medien groß geworden. Sie nehmen die ursprünglich durch unterschiedliche Trägermaterialien bedingte Abgrenzung zwischen den Formaten oft gar nicht mehr wahr (…). Letztendlich sind es genau diese formelle Freiheit und der **Spaß** an der künstlerischen und intellektuellen Herausforderung, die Transmedia so spannend machen.

Es geht also mittlerweile nicht mehr unbedingt darum, auf welcher Plattform und mit welchen technischen Mitteln ich eine Geschichte erzählt bekomme – es geht um die Geschichte selbst, die im Mittelpunkt steht, egal in welchem Medium.

Alternate Reality Game

Ein **Alternate Reality Game** ist ebenfalls eine transmediale Erzählung. Hier muss der Spieler auf verschiedenen Plattformen Puzzleteile sammeln. Über Videos, Events, Blogs, Anzeigen, Facebook, Twitter, Flyer, SMS, Anrufe, E-Mails, Bilder, usw. bekommt er Informationen, die – wenn korrekt zusammengefügt – die Lösung des Rätsels ergeben.

Das erste kommerzielle Alternate Reality Game (*The Beast*) wurde 2001 als Promotion für Steven Spielbergs *A.I: Artificial Intelligence* lanciert. 2006 kam *The Lost Ring* heraus, das McDonalds gemeinsam mit Jane McGonigal inszeniert hatte. Hier machten sich Menschen aus sechs Kontinenten auf die Suche nach einem verschollenen Olympischen Ring. *Traces of Hope* im selben Jahr hatte einen weniger kommerziellen Ansatz: Das rote Kreuz wollte auf den Bürgerkrieg in Uganda aufmerksam machen.

Bei den *Alternate Reality Games* steht grundsätzlich die Möglichkeit zur Partizipation im Vordergrund. Es gilt, so viele Möglichkeiten zur Teilnahme zu schaffen wie möglich. Aber die ARGs werden von den Spieler durchaus unterschiedlich genutzt. Die »Experience Designerin« Brooke Thompson stellt die Spielertypen dar[270]:

Es gibt *Devotees*, die sogenannten Hardcore-Gamer, die zwar eher einen kleinen Teil der Teilnehmer darstellen, aber mit ihrer aktiven Rolle und ihrem Willen, Informationen zu teilen und weiterzugeben, eminent wichtig sind. Die *Active Players* spielen weniger intensiv und beteiligen sich vielleicht nicht an jeder Diskussion. Die *Casual Gamers* engagieren sich nicht in der Kommunikation und schrecken meist auch davor zurück, sich irgendwo zu registrieren. Aber sie nehmen dennoch an der Geschichte teil, sie lesen die Blogs und Foren und sind vielleicht daran interessiert, einige kleine Rätsel zu lösen, aber vornehmlich, den Verlauf des Plots zu verfolgen. Sie wollen die Geschichte hören. Diese Spieler machen den Großteil aller Teilnehmer aus, nur noch übertroffen von *Curious Browsers* und *Information Seekers*, die gar nicht an dem Spiel teilnehmen, sondern neugierig geworden einfach nur wissen wollen, worum es geht.

Jim Miller weist darauf hin, dass sich bei ARGs zunächst nichts Grundsätzliches im Geschichtenerzählen geändert habe:

> Plot and character dominates. As with any form of storytelling, a good web-based story depends on a compelling plot and interesting characters. Nothing about this critical part of storytelling has changed.[271]

Die Welt eines ARGs besteht zum Teil aus Webseiten. Diese müssen professionell gemacht werden – es sei denn, sie bilden die Homepage eines Charakters ab. Dann natürlich können sie billig und amateurhaft wirken. Wichtig ist: Sie müssen den Figuren entsprechen. Ansonsten sind sie nicht glaubwürdig. Zur Plausibilität gehören auch ein E-Mail-Account und andere Formen der Internetpräsenz. Die Webseiten sollten jeglichen Verdacht von sich weisen, sie wären nur für das Spiel erstellt worden. Es geht um Glaubwürdigkeit, um Kohärenz.

Daher müssen sich die Webseiten auch fortlaufend ändern, genau wie das richtige Leben fortfährt und sich weiterentwickelt.

> Instead of simply telling the story, show the results of actions taking place in the story's world and leave it to the players to figure out what those actions were and why they occurred. (…) Participants are challenged to actively understand what's going on in the story world, so that they can properly interpret past events and predict future ones.[272]

Wichtig ist, dass das Spiel stets überwacht wird, in dem Sinne, dass sichergestellt wird, dass die Geschichte angenommen und vorangetrieben wird. Andernfalls muss man den Spielfluss durch Änderungen an den Webseiten beschleunigen.

Spieler nehmen in Games – vor allem in ARGs – bestimmte Rollen ein[273]: Die *Character Interactors* lieben es, mit den Figuren im Spiel zu kommunizieren. Sie schicken E-Mails, rufen an und sind auch diejenigen, die zu den tatsächlichen Live-Gameplay-Events kommen. *Story Hackers* sind ebenfalls fasziniert davon, an der Geschichte teilzunehmen. Sie sind relativ extrovertiert und äußern ihr Gefallen oder ihre Unzufriedenheit stark. Manchmal führt ihre Teilnahme dazu, dass sie Webseiten oder andere Assets herstellen und so das Game erweitern. *Community Supporters* übernehmen oft Funktionen als Chat- oder Forum-Moderator und setzen sich dafür ein, neue Spieler einzubinden. *Information Specialists* sammeln die Informationen der Spielewelt. Dazu richten sie – je nach Größe des Spiels und eigenem Involvement – eigene Webseiten und Wikis ein. Sie sind ein wesentlicher Baustein für den Erfolg der Spiele, da sie Casual Gamern und Neueinsteigern den Weg ins Spiel erleichtern. *Puzzle Solver* werden durch die Rätsel angezogen. Sie fühlen sich analytischer durch die offenen Fragen und weniger emotional von den Figuren angesprochen, sind aber unter Umständen schnell verleitet, das Spiel nach einer Rätsellösung zu verlassen. Sie gilt es, an der Stange zu halten, vor allem da sie sich bei komplizierteren Rätseln und in der Bereitschaft, ihr Wissen zu teilen, als wertvoll erweisen. Reader stellen den Großteil der User dar. Sie folgen der Geschichte und dem Engagement der anderen Spieler. Um sie besser einzubinden, muss die Geschichte stark sein und die interaktiven Elemente vielleicht nicht unbedingt freiwillig. Die *Reader* stellen einen wesentlichen Baustein im Marketing dar, da sie andere gerne über »diese interessante Webseite« oder dieses Spiel informieren. Story Specialists steigen stark in die Geschichte ein, spekulieren gerne über den Gesamtbogen und tauschen sich aktiv mit den anderen aus. Und sie sind am stärksten eingebunden: »Story specialists tend to be the most passionate about the experience, and often hold onto that passion long after the experience has concluded.«[274]

Themen bei ARGs sind oft von Rätseln oder Verbrechen bestimmt: Es geht um Verschwörungen, Geheimnisse, Mysterien. Damit wird eine bestimmte Zuschauer- oder besser Teilnehmerschaft angesprochen, die sich für Verschwörungstheorien begeistern lässt. Aber auch grundsätzlich liegt diese Thematik der Natur des Internets mit seinen verschlungenen Pfaden und Ebenen nahe – die ARGs bilden sozusagen eine »new narrative Form that is akin to a hypertext novel«.[275]

Grundlagen

Im jeder transmedialen Erzählung steht die Welt der Geschichte. Sie muss in sich glaubhaft sein, wie Game-Design-Guru Jesse Schell anmerkt: »They make sense through any of their gateways – the world makes sense whether on TV, in a film or in a game.«[276]

Nur bedingt ein Beispiel für eine grenzüberschreitende Erzählweise – weil eine Geschichte nur ansatzweise vorhanden ist – ist das *Zombie Experiment NYC*[277]. Der amerikanische Sender AMC hatte, um seine Erfolgsserie *The Walking Dead* zu pushen, einige Schauspieler als Zombies verkleidet und mitten in New York ausgesetzt. Angesichts der (meist) sehr erschrockenen Reaktionen der New Yorker endet der Spot mit: »Zombies don't belong here. Put them back on TV.« Aber auch hier wurde die Realität wieder mit fiktionalen Inhalten gekreuzt – nicht, dass daraus Konsequenzen für die Serie entstanden wären. Aber sicherlich ein paar beeindruckende Momente für die armen New Yorker.

Dieser Marketing-Stunt überschreitet wie viele *Alternate Reality Games* die Grenzen zwischen Realität und Fiktion. Die ARGs sind Hybride, zum einen Game, zum anderen eine Geschichte. Die Grundgeschichte, die sich über alles legt, wird in Fragmenten erzählt. Ein Erzählpuzzlestück wird über ein Online-Spiel geliefert, ein anderes über die Serie, ein anderes über eine falsche Webseite usw. Aus all diesen Bruchstücken (die manchmal in sich abgeschlossen sind, aber immer eine Belohnung, also eine gewisse Information liefern, setzt sich die Grundgeschichte zusammen. Doch die Gamification einer Story hat ihre Grenzen, denn Interaktion fragmentiert einen Erzählfluss, wie Inga von Staden anmerkt. »Und umgekehrt verlangsamt das Storifying eines Games den Flow der Interaktion. Wir haben es hier also mit zwei nur sehr bedingt kombinierbaren Sozialverhalten zu tun. Es gibt Genres wie ›Interaktive Videos‹, ›Web Docs‹, ›Non-lineare Bücher‹ oder ›Adventure Games‹, die als Hybridformate bezeichnet werden. Sie stellen aber in ihren jeweiligen Marktsegmenten Nischenprodukte dar.«

Ein wirklich bedeutsames transmediales Ereignis wird nur dann erzeugt, wenn sich die Bedeutung der Geschichte durch die einzelnen Bausteine anreichert. Ohne so eine Bedeutungserweiterung wirkt das Endprodukt mitunter schal, der Konsument fragt sich womöglich, warum er den Aufwand auf sich nehmen musste, einen anderen Kanal zu konsumieren, um dort etwas zu erfahren, was er ohnehin schon weiß. Nein, jeder Baustein des transmedialen Formats muss einen Mehrwert liefern.

Es muss eine grundsätzliche Unterscheidung getroffen werden zwischen *transmedia storytelling* und den traditionellen *Cross-Platform Media Franchises,* die dazu genutzt werden, um Marketing für ein bestimmtes Produkt zu machen und das Interesse des Publikums dafür zu wecken oder zu bedienen. Beides sind Erzählweisen, die auf den ersten Blick ähnlich wirken, aber in ihrer Ausrichtung komplett unterschiedlich sind. Der Kern der Geschichte liegt bei den Marketing-Formaten nicht im transmedialen Produkt selbst, sondern z.B. in dem Hollywood-Film, der Serie oder dem Produkt, was man bewirbt. Bei beiden geht es jedoch um das Erzählen einer Geschichte – weswegen beide Formen für uns wichtig sein sollen.

Eines der größten Flops, aber gleichzeitig ein Meilenstein für transmediales Storytelling war *Majestic*[278]. Der Spielehersteller EA wollte Spieler für seine Online-Plattform begeistern und brachte einen Online-Thriller heraus, bei dem die Grenzen zwischen Realität und Fiktion überschritten wurden. Das Puzzle war extrem komplex und wurde in Realzeit gespielt. Aber der Claim war: »You don't play Majestic. It plays you.« Und tatsächlich – es gab seltsame Anrufe, geheimnisvolle Mails oder Faxe, die plötzlich im Büro des Spielers eintrafen. Auch konnte es sein, dass man dort von einer verzweifelten Frauenstimme angerufen wurde, die um Hilfe schrie.

Diese Verschränkung von Realität und Fiction traf offensichtlich nicht den Nerv der Zeit. Es machte den Menschen Angst. Als auch noch der 11. September hinzukam, wurde das Spiel ausgesetzt – zu unpassend war ein hyperkomplexes Verschwörungstheorie-Spiel in Zeiten eines realen Terroranschlags dieser Größenordnung. Dem Vernehmen nach gab es 13.500 Abonenten – und 20 Mio Dollar Kosten.[279] Ein Desaster – weil das Spiel ganz offensichtlich seiner Zeit voraus war. Und weil es vielleicht einen wichtigen Aspekt vernachlässigt hatte: Es war größtenteils dazu gebaut, durch einen Spieler allein gespielt zu werden. *Majestic* fehlte das kollaborative Element.

Der immens erfolgreiche Batman-Film *The Dark Knight* wurde 2008 von einem Alternate Reality Game namens http://whysoserious.com/ vorbereitet. Es wurde über eine 14-monatige Periode gespielt und hatte über 10 Mio. Spieler weltweit. Begonnen wurde das Spiel dadurch, dass einige tausend Menschen eine E-Mail bekamen, die einen kryptischen Text enthielt: »Heads up, clown! Tomorrow means that there's one last shifty step left in the interview process: Arwoeufgryo.« Mal abgesehen davon, dass die Art und Weise, das Spiel mit einer beinahe »Spam«-artigen Mail zu beginnen, fragwürdig ist, fanden die gewitzteren E-Mail-Empfänger heraus, dass sie unter http://whysoserious.com/steprightup/ zu einem Spiel eingeladen wurden. Zur Erklärung: *steprightup* ergibt sich, wenn man statt *arwoeufgryo* auf der Computertastatur jeweils den linken Buchstaben daneben eintippt. Auf der Seite nun traten einige ausgestopfte Tiere auf, die jeweils eine Adresse um den Bauch gebunden hatten. Mittlerweile war den Spielern klar geworden, dass dieses seltsame Projekt irgendwie mit dem neuen Batman-Film zu tun haben musste, und die Nachricht verbreitete sich wie ein Lauffeuer im Web. Die Leute, die die verschiedenen Adressen auf den Tieren überprüft hatten, fanden heraus, dass jede der Adressen zu einer Bäckerei gehörte. Der Joker hatte auf der Webseite eingeladen: »I've left a very special treat at each location below, held under the name: Robin Banks. Only one per location, first come, first served. Keep a low profile. Do NOT call these locations. That's not part of the plan.«

Diejenigen, die so eine Adresse aufsuchten, standen tatsächlich in einer Bäckerei, die manchmal jüdisch oder italienisch, aber in jedem Fall ganz normal war. Als sie dort nach einem Päckchen fragten, wurden sie nach ihrem Namen gefragt. Gab man Robin Banks an, wurde einem ein Päckchen ausgehändigt. Darin war ein Kuchen. Der Kuchen war mit grellem Zuckerguss beschriftet – eine Telefonnummer und darunter der Befehl, sofort dort anzurufen.

Wenn man die Nummer wählte, klingelte der Kuchen! Darin war ein Handy eingebacken, dazu ein Netzteil, eine Spielkarte des Jokers und eine weitere Nummer, die man anrufen sollte. Folgte man der Anweisung, bekam man auf das Handy eine Textnachricht, die besagte, dass man das Handy immer in Betrieb lassen sollte.

Dieses Szenario fand innerhalb von 12 Stunden 22 mal in ganz Amerika statt. Und jedes Mal, wenn einer der Kuchen abgeholt und das Handy aktiviert wurde, verschwand eines der ausgestopften Tiere auf der Webseite. Als alle Tiere verschwunden waren, konnte man den Gong beim *Schlag den Hammer* daneben aktivieren und wurde zu einer neuen Seite geleitet. Dort musste man in einen Beweismittelraum der Polizei einbrechen, wo unter anderem der Ausweis eines gewissen Jake Karnassian und dessen Autoschlüssel aufbewahrt wurden. Der Angestellte der Gotham Schulbehörde war offensichtlich ermordet worden. In den nächsten Tagen verschwanden die Schlüssel und der Ausweis – sie waren gestohlen worden.

Über einen weiteren Klick erfuhr man schließlich, dass in fünf Kinos in den USA, eines in New York, in Toronto, in Los Angeles, in Chicago und in Philadelphia eine Vorführung anberaumt wurde. Was gezeigt wurde, war nicht klar, aber die Spieler konnten Eintrittskarten bekommen.

Als sie zu den angegebenen Zeiten dort ankamen, wurde den Spielern ein Filmausschnitt des neuen Batman gezeigt: Die ersten sechs Minuten des Films, in de nen ein Bankraub begangen wird. Der endet bekanntlich damit, dass ein gelber Schulbus in das Bankgebäude hineinfährt und der Joker damit fliehen kann, indem er sich in eine Reihe anderer Schulbusse voll mit glücklich strahlenden Kindern einreiht – und plötzlich ergibt für die Spieler alles einen Sinn: Jetzt erkennen sie, warum sie in den Beweismittelschrank einbrechen mussten – damit der Joker die Busschlüssel von Joe Karnassian klauen konnte. Die Spieler hatten dem Joker zu Flucht verholfen. Sie waren Komplizen!

In diesem Konstrukt verschwanden die Grenzen zwischen Fiktion und Realität. Die Spieler wurden schon lange vor Beginn in den Film und seine Welt hineingezogen, auf unterschiedlichste Art und Weise. Natürlich waren es nur ein paar dutzend Leute, die sich tatsächlich auch real an der Jagd nach den Kuchen beteiligten, aber rund 1,4 Mio Menschen versammelten sich online, um sich das Ergebnis anzusehen – und das war nur eines der Spiele, die whysoserious veranstaltete. Insgesamt waren es mehr als 10 Mio Menschen, die an den Spielen und Rätseln auf der Seite teilnahmen, die sich in Flashmobs organisierten und den Start des Films damit erfolgreich vorbereiteten: *The Dark Knight* wurde der erfolgreichste aller Batman-Filme und spielte weltweit über 1 Milliarde Dollar ein.

Im Übrigen war dieser Marketing-Trick nicht nur für den Film ein Erfolg – auch Nokia, die etwa die Handys in den Kuchen sponsorten, profitierten davon und ebenso die anderen Firmen, die mit Warner Bros einen Product-Placement-Deal abgeschlossen hatten. Denn whysoserious überschritt nicht nur die Grenzen zwischen Fiktion und Realität[280], sondern auch die zwischen Unterhaltung und Werbung. Dass Warner Bros. dafür 2009 den *Cannes Lion* gewann, war nachvollziehbar.[281]

Bei Erzählweisen, die ein bestimmtes bestehendes Format verlängern und dafür Werbung und Marketing treiben oder die Marke expandieren, gibt es meist folgende Schritte:
1. Das Produkt besteht und ist in seinem Markt erfolgreich.
2. Es wird verfilmt.
3. Nun gibt es – wenn es ein aufwendiges Kinoprojekt ist oder sonst irgendwie im Fokus des Senders steht – zwei Möglichkeiten: Vor der Veröffentlichung wird eine Web-Serie produziert (Vgl. Kill your Darling, ProSieben 2009), die als Prequel funktioniert und neugierig machen soll. Oder es gibt einen zweiten Teil des Films – ein Sequel.
4. Zwischen erstem und zweitem Teil wird das Format auf eine andere Ebene gehoben – ein Game erscheint. Es behandelt einen bestimmten Moment im Spiel, setzt auf einen besonderen Konflikt oder setzt dem Spieler dasselbe Ziel wie dem Protagonisten.
5. Parallel dazu erscheint die Website. Im Unterschied zu normalen Marketingmaßnahmen erzählt sie aber etwas Neues: die Backstory über die Figu-

ren. Sie greift eine Nebenfigur heraus und stellt diese in den Vordergrund. Oder sie lässt den Zuschauer in die Geschichte des kommenden Teils eingreifen. Usw.

Die Entwicklung

»Filmschaffende können am Milliardenumsatz der Games-Branche mitverdienen, wenn sie ihre Projekte transmedial umsetzen.«[282] Aber es reicht nicht, ein Spiel zu entwerfen, wenn der Film fertig produziert ist: Projekte müssen von vornherein transmedial konzipiert werden.

Um eine einheitliche Story mit möglichst vielen Nähten, Ösen und Haken zwischen unterschiedlichen medialen Plattformen zu schreiben, müsse man weniger mit einem klassischen Drehbuch als vielmehr »wie bei der Spiele-Entwicklung«[283] beginnen. Es gehe darum, zunächst das Set und die Regeln der Erzählwelt festzulegen und diese auf einen Kern in Form eines Juwels zuzuspitzen, der »alles zum Erstrahlen bringt«. Doch wie ist das strukturelle Vorgehen?

In der **ersten Phase** sollte man sein Projekt und seine Ziele definieren.[284] Was will man erreichen? Wen will man erreichen? Wo erreicht man die Zielgruppe? Wie finanziert man das Projekt? Mit wem realisiert man das Projekt? Zudem fügt ZDF-Redakteurin Milena Bonse hinzu: »Was sind bspw. interessante TV-Projekte, bei denen sich aus Sendersicht auch ein Onlineauftritt anbietet oder sinnvoll erscheint? Welche Geschichten eignen sich besonders für eine crossmediale Erzählweise?«

Die **zweite Phase** umfasst die inhaltliche Entwicklung: das Konzept und eine Synopsis, den Plot und die Figuren. Die technische Realisierung und das Businessmodell. Und den Entwurf einer Zeitschiene, die den Ablauf des Formats vorgibt. Inga von Staden:

Transmedia bedeutet, es werden verschiedene Medienderivate aus einem Thema abgeleitet und als Medienpaket vermarktet. Dafür braucht es eine erste Entwicklungsphase – **pre-development** –, in der die Themenwelt ausgearbeitet und in einer sogenannten Bibel dokumentiert und visualisiert wird. Der Kanon kann dann an die verschiedenen Kreativteams vergeben oder lizensiert werden. Diese wiederum leiten daraus Geschichten ab, die in Drehbücher übersetzt, Aktionen, die in Game-Design-Dokumenten simuliert, oder Gespräche, die in Communities übertragen werden.

Aus diesem Grund ist die **Bibel** selten so wichtig wie bei transmedialen Formaten. Sie enthält die Geschichte, die gesamte Zeitschiene, Karten und alle anderen topografischen Angaben. Um die Welt der Geschichte glaubwürdig zu machen, muss man über die Gesetze dieser Welt nachdenken. Über Bevölkerung, Kultur, Sprache, Religion, Wirtschaft, Wissenschaft usw. Inga von Staden, Leiterin Interaktive Medien an der Filmakademie Baden-Württemberg:

> Autoren sollten eine geschlossene Storyworld entwerfen und aus dieser verschiedene Produkte entwickeln, die dann auf den Märkten für Games, Mobile und Internet ausgewertet werden können. In den USA gibt es kein Treatment mehr ohne Storyworld-Bibel.[285]

Manchmal ist die Welt der Geschichte so groß (und einschüchternd), dass das Publikum an die Hand genommen und sicher geleitet werden muss.

> They have to be teased and led line Hansel and Gretel by a trail of breadcrumbs. Imagine your World to be a huge cavern – if you blindfolg your audience and then first open their eyes once they're inside, the vastness is overwhelming – it's a new and scary place. Your audience needs orientation.[286]

Es kann also sinnvoll sein, dem Publikum anfangs nur kleine Informationshappen zu reichen. Wenn dann über die Dauer der Appetit wächst, kann es auch größere Happen vertragen.

Die **dritte Phase** umfasst das konkrete Design: Interaktivität, Gaming und die Plattformen, Merchandise, usw. und der zeitliche Ablauf, der planbare Inhalt. Inga von Staden:

> Ist die Welt definiert und sind die verschiedenen, daraus hervorgehenden Formate und Applikationen absehbar, werden diese inhaltlich sowie dramaturgisch miteinander zu einer **Medienarchitektur** in Verbindung gesetzt. Hier zeichnen sich vielgestaltige Konstruktionen ab. Manche sind offener Natur, wie die Medienarchitektur zu »The Matrix« – eine **Transmedia World**. Die Filme, das Game oder das Graphic Novel sind wie Fenster, durch die wir verschiedene Aspekte ein und derselben Welt schauen. Man muss nicht den Film gesehen haben, um das Game zu verstehen, auch wenn sie sich gegenseitig referenzieren.

Für die Entwicklung bedeutet das: Welcher Teil der Geschichte wird von welchem Medium erzählt? Wie ist das Timing der Elemente? Wie gelangt das Publikum durch die Handlung hindurch und an welchen Stellen wechselt es zu anderen Plattformen? Wodurch wird der Wechsel verursacht? Was erlebt das Publikum und was muss das Publikum tun? Ist die Handlung linear oder non-linear? Denn transmediales Erzählen bedeutet nicht, dass eine Geschichte linear erzählt wird. Gerade der Sprung in ein anderes Medium wird oft auch als narrativer Sprung genutzt. Oftmals ist der Sprung mit einem Fokuswechsel verbunden: Statt die Handlung weiter fortzuführen, geht es nun im neuen Kanal um eine Figur und ihren Background, welchen man beispielsweise im vorangehenden TV-Serienformat nicht ausführlich erzählen konnte. Bisweilen wird der Zeitraum zwischen zwei Staffeln einer TV-Serie durch einen Blog der Hauptfigur überbrückt.

Milena Bonse: »Weiterhin muss man sich fragen wie man Online und TV sinnvoll miteinander verknüpft und Synergien herstellt. Wie interessiert man den Zuschauer für den Onlineteil und andersherum? Wie stellt man einen sinnvollen ›Call to Action‹ her, der den Übergang ins jeweils andere Medium dramaturgisch wie technisch so einfach wie möglich hält?«

Die **vierte Phase** ist die Ausführung: Das Ansprechen der Zielgruppe, die Produktion, der Start, die Durchführung und schließlich die Auswertung all dessen.

Die **Schwierigkeiten** sind bei der Produktion von transmedialen Formaten aufgrund der Komplexität größer, unter anderem auch, weil sich die auftraggebenden Sender, wie ZDF-Redakteurin Milena Bonse ausführt, sich »in der Konzeption, Entwicklung und Produktion an diese neuen Arbeitsbedingungen anpassen müssen. Neue Wege, die zum Teil vorher noch nie beschritten wurden, werden nun ausprobiert«. Sven Sund, Geschäftsführer der Saxonia Media, die u.a. auch die App *Coffeeshop* produziert hat, erklärt:

Als Filmproduzent wissen wir, wie eine Geschichte zu erzählen ist, wie ein Film produziert wird. Ein transmediales Format erfordert aber Kenntnisse in anderen medialen Bereichen. Hier muss mit entsprechendem Fachpersonal zusammengearbeitet werden. Die Abstimmung der einzelnen Bereiche aufeinander in der Vorproduktion und bei der Produktionsdurchführung erfordern neue Arbeitsabläufe bei der Prozesssteuerung. Die größte Schwierigkeit bleibt aber die Refinanzierung von transmedialen Formaten.

Stehen etablierte Produktionsfirmen vor den neuen Herausforderungen, so müssen auch Sender experimentieren, wie Milena Bonse sagt:

Und dann evaluieren. Und dann versuchen, die Erfahrungen auf das nächste, größere Projekt anzuwenden. Man muss mutig immer wieder Neues ausprobieren und sich von gescheiterten Projekten nicht abschrecken lassen. Der Erfolg ist in diesem Bereich nämlich noch weniger kalkulierbar als in anderen, schon etablierteren Bereichen.

Inga von Staden ist der Meinung, dass »die Transmedialisierung eines Stoffes so riskant ist wie die Stoffentwicklung selbst. Das zeigt das Beispiel der *Lost Experience*, die so komplex wurde, dass die Fans dadurch mehr verwirrt als an die Serie gebunden wurden«. Und in Deutschland musste die Grundy UFA feststellen, dass die schlechte Qualität des Games zu *Hinter Gittern* dem Image der Serie mehr schadete als es für den Sender Einnahmen generieren konnte.

Doch *Lost*-Autor Lindelof betrachtete die Serie als eine Art Eisberg. Nur 10% davon schauten aus dem Wasser. Das war die Serie, die man im Fernsehen sehen konnte. Die restlichen 90%, die Backstories, lagen unter Wasser. Und die sollten in *The Lost Experience*[287] erzählt werden. Das Online-Spiel wurde von drei TV-Sendern unterstützt: dem Muttersender ABC, dem australische Channel Seven und dem britischen Channel Four. In dem Spiel, das eine parallele Handlung zur Serie erzählte, konnten Hinweise zu ungelösten Rätseln des TV-Formats gefunden werden. Interaktivität wurde hierbei sozusagen erzwungen: Je nach Kontinent bekamen die Spieler unterschiedliche Hinweise – sie mussten sich also untereinander länderübergreifend austauschen, um alle Informationen zu bekommen. Das Spiel drehte sich um die *Hanso Foundation*, deren Werbespots auf den beteiligten Sendern liefen und die offensichtlich nichts Gutes im Schilde führte. Die Spieler folgten der Hackerin Persephone und der Aktivistin Rachel Blake, die sich später als ein und dieselbe Person entpuppten. Verschiedene Webseiten, der Roman *Bad Twin*, Live-Auftritte[288] von Rachel Blake z.B. bei der San Diego Comic-Con, auf der sie die Macher der Show beschimpfte, mit der Hanso Foundation zusammenzuarbeiten, umfasste das Projekt. Und wieder einmal setzten die Macher auf virales Marketing – die Fans schafften selbst die größte Aufmerksamkeit. Aber das Spiel begann, die Spieler zu ermüden:

> Playing it required solving an endless number of puzzles most of which yielded something like a 90-second reward. No wonder the number of players dropped. »The big thing we learned«, said Lindeloff, »is that there's a direct ratio between time invested and reward expected.«[289]

Plattformen

Nach Jesse Schell[290] müssen transmediale Formate in einem Medium verortet sein. Von da aus können sie auf andere Plattformen übergehen, aber ihr Kern liegt bei einem einzigen Medium: »They facilitate the telling of many stories – there are unlimited opportunities for diverging story lines.«[291] Oliver Hohengarten unterstreicht den Wert einer zentralen Internetseite: »Weil man so viele Zugänge hat, ist eine Website, auf der sich alles bündelt, sehr wichtig. Es besteht immer die Gefahr, dass man sich zwischen den Plattformen verirrt. Man muss einen zentralen Punkt haben, an dem man sich orientieren kann.«

Einige Plattformen haben eher einen passiven, einen Lean-back-Charakter, andere sind Lean-forward geprägt und erfordern die aktive Teilname des Users – solche, die einen starken Spiel- bzw. Puzzle-Charakter haben.

Jede der Plattformen hat ihre eigenen Ansprüche – und selbst solche vermeintlich ähnlichen Plattformen wie ein Kindle-Buch und ein gedrucktes Buch sind sehr unterschiedlich. Genau wie YouTube und iTunes, die beide Video liefern, aber einen völlig anderen Zugang und Mechanik haben. Und noch einmal heruntergebrochen: Ob Sie einen Film im großen Multiplex-Kino sehen, im Wohnzimmer oder auf dem iPad – es sind völlig unterschiedliche Erlebnisse.

Sie müssen Ihr Publikum dort ansprechen, wo Sie es am besten erreichen. Ist es agil, ständig unterwegs und internetaffin? Dann setzt man auf mobile Lösungen. »Think of your project as a lifestyle choice: it needs to slip into your audience' lives with the minimum amount of friction.«[292]

Wenn Nutzer zwischen den Plattformen wechseln sollen, wird das im ersten Moment Reibung erzeugen. Es ist mitunter mit Aufwand verbunden, man muss zur bestimmten Zeit an einem Ort sein, man muss warten, bis das Projekt dort zur Verfügung steht, usw. Man sollte daher davon ausgehen, dass man das Publikum zusätzlich motivieren muss, sich auf eine andere Plattform zu begeben. Dafür muss man sich allerdings fragen, welcher Nutzen generell durch die neue Plattform entsteht. Inwiefern trägt sie dazu bei, das Vergnügen zu vergrößern? Und anders gesagt: Welche Belohnung bekommt der User, wenn er auf die Plattform wechselt?

Einer der größten Antriebe ist es, Neugier zu befriedigen. Das bedeutet, dass auf der einen Plattform in der Geschichte Fragen gestellt werden – die auf der anderen Plattform versprochen werden, beantwortet zu werden. Das bedeutet: Das Spiel mit den Informationen ist nötig und entscheidend für transmediale Projekte, genau wie die entsprechende Dramaturgie[293]. Oliver Hohengarten:

Wir sind an erster Stelle Erzähler. Die Figuren, die Geschichte sollten auch an erster Stelle stehen – sie sind es, die den Zuschauer hineinziehen, ihn binden. Aber man ist ja auch ein Informationsarchitekt. Das ist zwar kein besonders schöner Begriff, aber er trifft es gut: Man hat ein Gebäude, das sehr umfangreich sein kann und man muss sehen: Wo ist das Eingangstürchen, wie nehme ich den User in Empfang und wie führe ich ihn durch das Gebäude hindurch?

Wenn man seine Plattform-Strategie entwickelt hat, kann man auf seine Geschichte zurückgreifen und ihr dramaturgisches Potenzial für die Verteilung auf den Plattformen analysieren.

- Wo findet das auslösende Ereignis statt? Dies bildet sozusagen meine Grund-
plattform, von der alle anderen später ausgehen. Habe ich die richtige Plattform gefunden? Erreicht sie optimal meine Zielgruppe? Starte ich im Fernsehen oder schalte ich eine Plakatwand? Beginnt es mit einer mysteriösen
E-Mail oder mit einem Web-Trailer?
- Wie strukturiere ich die Exposition? Findet sie nur auf einer Plattform statt
oder liefere ich Teile der Exposition später auf anderen Plattformen nach? Ist
dieser Expositionsteil dann wieder mit der tragenden Handlung verknüpft
oder weist er nur in die Vergangenheit zurück – wenn ich etwa nur Figuren-
biografien erzähle, ohne dass sich daraus eine neue Erkenntnis für die laufen-
de Handlung ergibt.
- Wo gibt es Wendepunkte und auf welcher Plattform finden sie idealerweise statt?
Welche Funktion haben sie für die Geschichte und welche für die Figuren?
- Welche Momente bieten sich als Cliffhanger an? Wie setze ich sie ein? Als
Scharniere zum Plattformwechsel? Oder innerhalb eines Mediums? Sind die
Cliffhanger stark genug? Gibt es ausreichend Cliffhanger?
- Überraschungen und Erkenntnisse: Sie treten ja meist zusammen mit Wen-
depunkten oder Cliffhangern ein, können aber auch solitär funktionieren.
Aber sind die Erkenntnisse gewichtig genug? Bekomme ich sie wirklich nur
an einer Stelle in der Geschichte? Oder doppeln sie sich auf einer anderen
Plattform? Das könnte zu einem retardierenden Moment führen. Und dazu,
dass der Zuschauer gelangweilt ist.
- Wodurch erzeuge ich Spannung? Gibt es Suspense und in welcher Form nutze
ich ihn? Wenn das Publikum mehr weiß als die Figuren und wenn das Projekt interaktive Möglichkeiten anbietet, könnte das Publikum versuchen, die
Figuren zu warnen oder sie in eine bestimmte Richtung zu lenken. Wie viel
Kontrolle hat der Autor? Wie viel das Publikum?
- Trägt die Geschichte? Ist sie groß genug, dass sie ein ganzes Universum stem-
men kann? Hat sie das Potenzial, dass sie den Usern Raum lässt, Geschichten
zu entwickeln oder fortzuführen? Natürlich wird man nicht alles in seiner
Geschichte erzählen. Sie ist wie ein Eisberg, der im Wasser schwimmt und
dessen untere Hälfte bedeckt ist (vgl. *Lost*).
- Ist die Figurenkonstellation tragfähig? Bietet sie genug Konfliktpotenzial?
Was kann ich hieran noch ausbauen? Gibt es Geheimnisse, die man später als
doppelte Ebene hinzufügen kann? Jemand, der sich als Doppelagent, Verräter
o.Ä. entpuppt?
- Welcher Art ist der Konflikt? Welche Techniken setzt man ein, um ihn zu lösen? Hat er genug Fallhöhe? Erzeugt er Bindung an die Hauptfigur? Kann ich
das Publikum einem ähnlichen Konflikt aussetzen? Würde es sein emotiona-
les Verhältnis zum Protagonisten noch stärken, wenn sich das Publikum einer
ähnlichen Situation ausgesetzt sieht?

- Hat das Projekt ein Thema? Sind es Misstrauen und Angst vor der Technik (vgl. *Dina Foxx*)? Oder gibt es andere Themen, die man durchdeklinieren und auf jeder Plattform durchspielen kann?

Erzählen

Even if you are writing for a multi-platform/portmanteau experience such as an ARG, I'd still advocate the need for some form of dramatic structure: there ought to be something that pushes or pulls the experience along.[294]

Transmediales Erzählen bedeutet zumeist die Auffächerung einer oder mehrerer Geschichten in unterschiedliche Segmente (die auf unterschiedlichen Kanälen stattfinden und jeweils einen anderen, eigenen Charakter haben können). Im Grunde aber haben wir damit eine serielle Erzählweise.

Orientiert man sich am Fernsehen (das bislang ja noch *das* Massenmedium ist) und schaut sich die Entwicklung der TV-Serien an, so ist festzustellen, dass es in den letzten Jahren vermehrt horizontale Erzählweisen sind, die das Publikum (und die Kritiker) faszinieren. Eine grundsätzliche Abkehr von episodischen Erzählformen findet natürlich nicht statt und selbst in transmedialen Formaten finden wir oft eine klare Episodenstruktur. Nichtsdestotrotz haben die ausufernd horizontal erzählten Serien wie *Lost, Heroes, Sopranos* usw. das Publikum auf ein transmediales Erzählen vorbereitet, wie Henri Jenkins argumentiert.[295] Wenn das Publikum bei der Tragödie rund um die Premiere des letzten *Batman*-Films zunächst dachte, der Attentäter wäre Teil der Veranstaltung gewesen, ist das erschreckend, zeigt aber zugleich, wie weit das Publikum bereits daran gewöhnt ist oder sich darauf einlassen mag, dass fiktionale Welten in die Realität hineingreifen.

Grundsätzlich gilt, dass die Komplexität bei transmedialen Formaten viel größer ist als bei anderen Formaten. Kristian Costa-Zahn dazu:

Man muss viel mehr synchronisieren und ständig den Überblick behalten. Bei *Dina Foxx* zum Beispiel über den Movie, über 60 Online-Videos, über 30 Audio-Clips, über 20 Websites und über eine Spielapplikation. Das läuft alles parallel, muss aber dennoch Teil eines Ganzen sein, damit das Story-Universe als solches schlüssig bleibt.

Ein transmediales Konzept sollte daher mindestens sechs Punkte umfassen[296]: Geschichte, Erfahrung/Wirkung, Publikum, Plattformen, Business Modell, Ausführung. Jede dieser Stufen bedingt die anderen. Letztlich lässt sich jedes Thema transmedialisieren. Die Frage muss sein, welche Medienarchitektur lässt sich aus einem Stoff ableiten?

Denn die Geschichte und ihr Erleben durch den Zuschauer müssen in Einklang miteinander sein:

> When scriptwriters write a screenplay, how many consider the audience's experience of the movie beyond the emotional engagement with the stoy? (…) The same might be asked of novel writers – do they imagine their readers with book in hand on the beach or sat on an airplane?[297]

Auch bei transmedialen Formaten muss man sich fragen, wie man den Stoff optimal entfaltet und dabei die Konsumsituation berücksichtigt. Sebastian Büttner, Geschäftsführer von Gesamtkunstwerk:

> Sitzen die Teilnehmer im Bus oder zu Hause auf der Couch? Haben sie ein iPad oder keins, haben die einen schnellen Rechner oder nicht, haben die eine Flatrate? Ist es meine Mutter, die gerade mal E-Mails und Webseiten lesen kann – oder jemand, der jedes digitale Gimmick ausprobiert?

Das Positive an den digitalen Formaten ist, dass die Macher sehen können, wer wie lange dabeibleibt und welche Signale er ihnen durch Rückmeldung sendet. Man kann also feststellen, ob die Dramaturgie funktioniert, weil an jeder Stelle gemessen wird.

Ein Drehbuchautor weiß, dass er in einen Low-Budget-Film keine Action-Verfolgungsjagd mit explodierenden Autos reinschreiben kann. »But with transmedia we don't quite know what animal we're writing for without making a few assumptions. That's why we need to consider the type of experience first … and then the story.«[298]

Die Entwickler müssen also erst eine Vorahnung haben, was sie beim Publikum erreichen wollen und wie sie dies erreichen können. Dazu sollten Sie sich folgende **Kernfragen** stellen:

Die Narration:
- Welche Geschichte will ich erzählen?
- Wie wichtig ist die Geschichte für die Zuschauererfahrung?
- Wieviel Kontrolle hat der Autor darüber? Was kann er bestimmen und wo übernimmt das Publikum – wenn überhaupt?
- Wie wichtig ist es, dass das Publikum zu der Geschichte beiträgt? Wie wird die Beteiligung des Publikums sich über den Zeitraum auswirken? Und welchen Effekt wird sie auf die Geschichte haben?
- Wie biete ich die Geschichte dar?
- Wieviel davon spielt in der realen Welt?

Expandierende Narration: Die Variablen sind Zeit, Figuren und Ort.

- Bleibe ich am selben Platz und bei den gleichen Charakteren, aber stricke die Handlung in der Form weiter, dass ich ein Prequel schreibe? Oder die Geschichte in einem Sequel weiterführe?
- Bleibe ich in derselben Location und in derselben Zeit, aber führe die Figuren weiter – indem ich entweder auf Nebenfiguren ausweiche, die nun auf einer anderen Plattform in den Vordergrund gestellt werden (vgl. Hiro bei *Heroes*). Oder erzähle ich die Hauptfiguren weiter – aber mit Details oder Erklärungen, die auf der normalen Ebene nicht möglich sind? Also ein tieferer Einstieg in die Backstory vielleicht?
- Oder bleibe ich bei denselben Figuren und Orten, aber erzähle die Geschichte weiter?
- Oder bleibe ich bei den gleichen Figuren, setze sie aber in neue Locations und neue Zeiten? All das und noch mehr ist möglich …

Die Welt:
- Wie wichtig ist es für das Format, dass es die reale Welt berührt?
- Spielt es an echten Orten?
- Gibt es Verbindungen zu bestehenden realen Events?
- Werden »echte« Menschen (also nicht die Konsumenten des transmedialen Formats, sondern Unbeteiligte) mit einbezogen?

Das Game:
- Wie wichtig und wie groß ist der Spielcharakter?
- Hat das Publikum ein Ziel?
- Gibt es mehrere Ziele?
- Muss es etwas erreichen? Schon dass das Publikum zu einer anderen Plattform gesprungen ist und hier neue (und vertiefte) Informationen erhält, kann ja als Belohnung begriffen werden.
- Muss es etwas sammeln? Wann ist das Spiel beendet?

Wenn man die Geschichte für sich definiert hat, muss man über die Plattformen und ihren Einsatz nachdenken:
- Wie viele Plattformen gibt es?
- Wie werden sie zeitlich eingesetzt?
  - Nacheinander
  - Gleichzeitig
  - Gibt es zeitliche Beschränkungen, bzw. genaue Anfangspunkte? Kann der User nur zu bestimmten Zeitpunkten auf eine andere Plattform? Wenn er ein Rätsel gelöst und etwas freigesschaltet hat? Wenn er genug von etwas gesammelt hat? Oder gibt es eine auktoriale Vorgabe: »Am xx.xx.xx um xx Uhr …«

Und ganz grundsätzlich gilt, dass man sich bei jedem Projekt fragen sollte:

- Warum überhaupt soll es transmedial erzählt werden?
- Was ist der Mehrwert?
- Was ist das Erlebnis, das ich generieren möchte?
- Wie kann ich das am besten schaffen?

Figuren

Wie bei allen seriellen Formen stehen auch im transmedialen Bereich die Figuren im Vordergrund. Denn egal in welchem Medium – das Publikum sucht einen überzeugenden Helden, mit dem es mitfiebern und mitleiden kann. Es muss sich für ihn interessieren, sonst mag es ihn nicht begleiten und erst recht keine Rästel lösen. Daher gilt auch hier, dass der Protagonist ein Ziel haben muss. Der Protagonist muss ein Bedürfnis haben – und er muss sich entwickeln. Durch die Interaktion des Publikums jedoch gehen einige dieser elementaren Bedingungen auf den Spieler über.

Hinzu kommt, dass der Protagonist einen Gegenspieler haben muss – auch wenn der zunächst diffus im Hintergrund gehalten wird. Aber es muss eine Gegenposition geben. Ein Unrecht, was geschieht. Eine Störung der gewohnten Welt des Protagonisten. Nur so entsteht ein Konflikt – den das Publikum dann gemeinsam mit ihm oder für ihn lösen will. Je größer der Konflikt, desto stärker die Einbindung des Publikums.

Auch bei transmedialen Formaten, die dem Marketing dienen, hat jemand einen Plot entworfen, den es nun gilt, auf andere Ebenen zu übertragen. Meist geschieht dies über die Figuren, die die Bindungsträger sind. Sie sind Anker und Ausgangspunkt für die meisten transmedialen Verflechtungen: Es sind die Figurenbiografien, ihre Profile, die im Web weiter gepflegt werden. Es sind ihre Blogs, die den Fan bei Laune halten.

Es müssen allerdings nicht unbedingt die Hauptfiguren des Formats sein, die auf einem anderen Kanal im Mittelpunkt stehen. Oftmals sind es Nebenfiguren des usprünglichen Formats, die aufgrund ihres speziellen Charakters besondere Zuneigung beim Publikum geweckt haben, so dass man ihnen auf dem neuen Kanal eine Hauptrolle einräumt. Wie bei der amerikanischen TV-Serie *Heroes* beispielsweise die verschrobene Nebenfigur Hiro, der eine Sonderrolle eingeräumt wird. In einem Spiel muss man den (auch in der Serie mit Zeitreisefähigkeiten ausgestatteten) Hiro in unterschiedlichen historischen Bildern suchen.[299] Inga von Staden:

In den USA konnten durch die Transmedialisierung 14,12 Millionen Zuschauer über die Staffelpause hinweg in die nächste Season getragen werden. Gleichzeitig bauten sich im europäischen Ausland noch vor Beginn der Ausstrahlung eigene **Communi-**

ties auf. Und in Deutschland wirken sich die transmedialen Aktivitäten für die Daily Soap GZSZ ausgesprochen positiv auf die Quote aus.

Welten / Glaubwürdigkeit

In der heutigen Welt erleben wir alle eine Krise der Authentizität. Bilder von Prominenten in den Zeitungen, bei denen immer mehr offenbar wird, wie sehr die Gestalter in Photoshop nachbessern. Scripted-Reality-Formate im Fernsehen, von denen ein Teil der Zuschauer denkt, sie wären echt: In einer Studie[300] der Gesellschaft zur Förderung des internationalen Jugend- und Bildungsfernsehens wussten nur 22% der befragten jungen Zuschauer, dass die Geschichten von *Familien im Brennpunkt* erfunden sind. 30% waren der Meinung, dass hier Familien im ganz normalen Alltag gefilmt werden. Je älter die Zuschauer waren, desto klarer allerdings durchschauten sie die Künstlichkeit des Formates.

Aber um eine glaubwürdige Geschichte zu erzählen, muss man auf Authentizität bauen. Authentizität freilich innerhalb einer gestalteten, kohärenten Welt.

> What we really want – many of us, anyway – is the holodeck. We want to be sucked inside the Computer like Jeff Bridges in Tron. We want to be immersed in something that's not real at all.[301]

Bei all diesen Versuchen muss man darauf achten, dass die Welten keine Brüche aufweisen. Dass sie logisch sind. Sonst zerstört man die Illusion und weckt Fragen, die man eventuell nicht beantworten kann – und zerstört damit das Vertrauen der Spieler / Zuschauer. Sebastian Büttner:

> Die Rätsel müssen sich organisch aus der Geschichte heraus entwickeln. Sie dürfen keine Fremdkörper sein. Der User darf gar nicht drüber nachdenken: Warum macht der denn jetzt ein Kreuzworträtsel? Es muss völlig zwingend sein. Wir wollen damit ja die Figuren weitererzählen und tiefer in die Geschichte hineintauchen. Es muss einfach sein – und nicht gestellt wirken.

Grundsätzlich gibt es drei verschiedene Herangehensweisen, um Geschichten in glaubwürdigen Welten zu erzählen. Vielleicht benutzt man die Welt um sich herum und aktiviert sie für die Geschichte. Einige der neuen transmedialen Formate sind stark dokumentarisch geprägt. Diese **Hybridformate** sind oft dokumentarischer Natur und Derivate oder Weiterentwicklungen eines Filmvorhabens, wie Inga von Staden aufzeigt.[302] Auf diese Art und Weise versuchen Filmemacher, ihren Stoff trotz fehlender Gelder umsetzen – auf einer anderen Ebene.

Das mehrfach prämierte *World without Oil*[303] kombinierte Elemente des *Alternate Reality Games* mit denen von *Serious Games*. Das Spiel entwarf in durchaus realistischer Art und Weise die Konsequenzen einer Öl-Katastrophe und forderte die Spieler dazu auf, ihr Leben unter den veränderten Umständen zu dokumentieren. Die einzelnen Spielergeschichten wurden in die täglichen offiziellen Verlautbarungen integriert und die Figuren der Spielgeschichte kommentierten die Erlebnisse der Spieler. Naheliegend, dass eine Zeitung titelte: »One Story with 1.700 Authors«.[304]

Die Tagline des Spiels war »Play it – Before you live it!« und sein Ziel, ein Bewusstsein bei den Spielern für den Umgang mit den Öl-Ressourcen zu schaffen. Die durchaus beeindruckenden Ergebnisse wurden auch an Politiker und Organisationen weitergereicht.

Oder man entzieht sich dieser Welt und begibt sich in eine komplett digitale, virtuelle Realität. Oder man vermischt reale und virtuelle Welt. Letztendlich geht es darum, *Deep Media* zu schaffen – Welten, die einerseits komplex, andererseits einfach genug sind.

Wie schon im Kapitel »Games« angesprochen, hatte das *Star Wars*-Imperium in den 80er-Jahren eine Tiefphase. George Lucas machte eine kreative Pause und alle Licensing-Produkte schienen plötzlich uncool zu werden – keiner kaufte mehr das, was den Händlern zuvor aus den Händen gerissen wurde. Es ist erstaunlich, aber einer der Gründe hat etwas mit der Unglaubwürdigkeit der Geschichte zu tun. Wie bitte? *Star Wars* ist doch eine ziemlich komplexe und durchdachte Welt, auf dem amerikanischen Markt nur mit Tolkiens *Herr der Ringe* vergleichbar: Es ist eine eigenständige Welt in einem eigenständigen Universum, mit besonderen Völkern, Sprachen und Geschichten. Es ist eine einzige große, hyperkomplexe Saga, in die man tief eindringen und sich dort sogar verlieren kann.

Ja, in den Filmen hat der Plot diesen Anspruch und erfüllt ihn auch. Aber in den Lizenzprodukten, mit denen man zuvor viel Geld verdient hatte, war dies außer Acht gelassen worden. Wie konnte es sonst sein, dass Luke Skywalker in einem 1978 erschienenen Buch *Splinter of the mind's eye* plötzlich mit Prinzessin Leia intim wurde – dabei stellte sich fünf Jahre später in *The Return of the Jedi* heraus, dass sie seine Schwester war?[305] Erst als die Regel eingeführt wurde, dass jedes einzelne Element der Star Wars Saga – egal in welchem Medium oder Form auch immer – alles das respektieren musste, was vorher erzählt worden war.

Nur so konnte man vermeiden, dass Brüche in der Logik der Star Wars-Welt entstanden. Lucas sprach von einer »immaculate reality«, die jedes Item in der Star Wars-Welt (in den Filmen) durchdringen sollte. Alles war haarklein durchdekliniert und durchdacht, selbst wenn es im Film nur flüchtig und am Rande vorkommen sollte. Aber falls man »hineinzoomte« und sich auf ein bestimmtes

Ding konzentrierte – etwa das Innere des Death Stars –, dann ergab dieses Element innerhalb der Geschichte Sinn und war glaubwürdig.

Damit war der Grundsatz für beinahe jedes transmediale Produkt entstanden. Eine hohe innere Komplexität, die die Glaubwürdigkeit verstärkt – und eine eher simple Geschichte rund um ein paar Archetypen, wie wir sie aus zahllosen anderen Geschichten kennen.

Ergo: Die meisten transmedialen Welten haben eine glaubwürdige Welt. Sie braucht wenig Erklärung, damit sich die Zuschauer darin zurechtfinden. Je intuitiver erfahrbarer, desto besser.

Geheimnis

Im direkten Zusammenhang zu der Glaubwürdigkeit der Welt steht das Geheimnis, das sehr oft als Motor der Geschichte fungiert. *Lost* beispielsweise war in der Grundidee eine robinsonesque Geschichte rund um die Überlebenden eines Flugzeugabsturzes. Das wesentlich Neue daran waren zwei Dinge: Es wurde nicht als klassisches Adventure erzählt, sondern als Mystery. Und das andere war die nonlineare Erzählweise, die mit ihren Flash-backs (oder ab dem Ende der dritten Staffel sogar Flash-forwards) die Charaktere von der Insel holte und ihre Geschichten »in der normalen Umgebung« zeigte.

J. J. Abrams sah das gesamte *Lost*-Projekt als eine Art Mystery Box, wie er in einem Vortrag erzählt.[306] Die Rätsel innerhalb eines Plots werden als Mystery Box bezeichnet: Jedes Mal, wenn man eines löst, wird sofort eine neue Frage aufgeworfen. Das ist natürlich keine neue Erfindung von Lindeloff, neu aber war daran, dass sich das Geheimnis nicht nur auf die Serie selbst bezog, sondern auch auf alle anderen Kanäle. Obwohl Abrams zugibt, dass es zunächst eher pragmatische Gründe waren, warum er das ganze Lost-Konzept als Mystery Box anlegte: Er und seine Partner Damon Lindelof und Carlton Cuse hatten damals nur elfeinhalb Wochen Zeit, um den Piloten zu schreiben, zu casten, zu drehen usw. Zu wenig Zeit, um sich die komplette Backgroundgeschichte der seltsamen Insel auszudenken. Und somit wurde die gesamte Insel zu einer Mystery Box, deren Geheimnisse nach und nach enthüllt wurden.

Bei *Lost* ist der Erfolg bekannt: Zahllose Internetseiten und Communities tauschten sich über die Rätsel und Andeutungen innerhalb des Formates aus, sei es die Zahlenkombination 4 8 15 16 23 42 oder die Identität von Ben und anderen Figuren. Dabei ist *Lost* gar nicht wirklich interaktiv. Das Format bietet aber so viele offene Fragen, dass die Fans einfach anfangen mussten, sich auszutauschen.

Lostpedia, die die Serie begleitende Enzyklopädie erwachte erst zu Beginn der zweiten Staffel zum Leben und hatte bis ein Jahr nach Ende der Serie über 7.200

Einträge versammelt. Wenn man einen Beitrag wie den über das Absturzflugzeug *Oceanic Flight 815* herausgreift, findet man nicht nur Informationen über Crew und Passagiere, den Verlauf und Ursache des Absturzes, die Suche nach dem Wrack usw., sondern auch über Referenzen außerhalb der Serie und mögliche Inspirationen – insgesamt eine gleichsam komplexe wie ausschweifende Sammlung von Informationen, die von Superfans für normale Fans zusammengetragen wurde. Neben diversen irrigen Eintragungen, die Fehler innerhalb des Lost-Kosmos mit »falschen« Bedeutungen und Theorien aufladen, wurde hier so viel Wissen zusammengetragen, dass die *Lost*-Autoren sich stellenweise hier bedienten, wenn ihr Script Coordinator nicht da war.

Auch auf der Fan-Seite http://starwars.wikia.com/wiki/Main_Page ist eine Enzyklopädie entstanden, die vielfach komplexer und ausführlich ist als das, was die offizielle Seite www.starwars.com/explore/encyclopedia/ angibt. Die Frage ist nur, ob George Lucas auch tatsächlich all das weiß, was seine Fans über *Star Wars* wissen.

Beispiele / Themen

Oftmals geht es in transmedialen Formaten um Sujets wie Technik, Medien, Science Fiction und Realitäten. Es muss jedoch nicht immer um Verschwörungstheorien, wissenschaftliche Errungenschaften oder Near Future gehen, wie Sebastian Büttner erklärt:

> Wichtig ist nur, dass man eine interessante Welt zu bieten hat, in der sich die Figuren bewegen. Damit hat man etwas, das die Leute auch abseits der normalen Dramaturgie ausloten können. Aber es kann auch eine Liebesgeschichte sein, die in einer interessanten Welt mit interessanten Figuren spielt.

Kristian Costa-Zahn vom UFA-Lab ist der Meinung, dass sich nicht prinzipiell jeder Stoff für ein transmediales Format eignet, denn es werden ihm oft Ideen angeboten, die als Geschichte auf einer einzelnen Plattform viel stärker sind. »Da bauen wir kein transmediales Format darum herum auf, das würde den Kern so weit aufbrechen, dass es auch keinen Mehrwert generieren würde. Und Mehrwert ist immer extrem wichtig.« Was die Genres angeht, betont Sven Sund, dass sich Krimis, Thriller oder Sitcomformate mit spielerischen Elementen besonders für transmediale Stoffe eignen und auch ZDF-Redakteurin Milena Bonse stützt diese These: »Der Krimi bspw. eignet sich besonders gut, da er schon dramaturgisch eine Spannung mitbringt. Who Dunnit-Plots sind ebenfalls spannend, weil auch sie mit einem Spannungskitzel für den Zuschauer spielen können.«

Das ZDF setzt bei der Serie *Die letzte Spur* auch auf neue Sehgewohnheiten und will die Zuschauer erreichen, die schon heute mit Tablet oder Laptop vor dem Fernseher sitzen und nebenbei im Internet surfen oder sich mit Freunden austauschen. Hierzu wurde eine *Second Screen App* entwickelt: Auf der Seite www.letztespur.zdf.de/spiel/ konnten die User während der Ausstrahlung der freitäglichen Krimiserie selbst rätseln: Auf einem Whiteboard konnten sie Figuren in Täter, Freund und Feind einteilen und mit anderen Spielern chatten. Abhängig von den richtigen Zuordnungen bekamen sie Punkte. Wenn man sicher war, wer der Täter war, konnte man das Rätsel lösen.

Aber auch Reihen wurden immer wieder in Einzelfolgen mit transmedialen oder interaktiven Mechaniken verbunden. Bei der ZDF-Serie *Wilsberg* wurden Anfang 2012 zwei Folgen durch ein interaktives Rätselspiel im Internet miteinander verbunden. In der ersten Folge wurde die Figur von Nils Erdel als Mordverdächtiger mit Hang zu Verschwörungstheorien eingeführt. In der zweiten Folge wurde seine Leiche gefunden. Zwischen den beiden Folgen konnten die User unter www.101bielefeld.de Beweise für die Nicht-Existenz Bielefelds sammeln und den Protagonisten (vermeintlich) davon abhalten, in sein Verderben zu rennen. Für *Wilsberg* ist es nicht die erste interaktive Erfahrung: Bereits zuvor konnten die User im Netz gemeinsam eine Folge für die Reihe entwickeln. Sebastian Büttner, der die transmediale Produktion entwickelt hat:

Das ZDF hatte vor, eine Doppelfolge zu machen und wollte den Raum zwischen den beiden Folgen füllen. Wir haben uns das angeschaut und in einer Folge war es ja so, dass eine Figur behauptet, dass es Bielefeld nicht gibt. Und diese Figur ist verrückt geworden – bzw. jemand hat es darauf angelegt, diese Figur in den Wahnsinn zu treiben. Wir haben uns in diese Situation versetzt und überlegt, wie man es ganz realistisch anstellen kann, dass man jemanden verrückt werden lässt.

Das Spiel setzte auf Geheimschriften, Kreuzworträtsel, ein HTML5-Game, ein Fotosuchspiel, diverse Zeitungsartikel, ein Zahlenrätsel, Morsecode, Turmuhrrätsel. Der Entwickler des Spiels, Sebastian Büttner:

Das war auch noch ein Experiment: Wo scheitern die Zuschauer, wie weit gehen sie mit? Wie schaffen sie es gemeinsam? Und als ich das Projekt dem ZDF präsentiert habe, wusste ich tatsächlich selbst noch nicht, wie ich das Turmuhrrätsel lösen soll.

Schon früh am Start war Das Erste mit einem interaktiven *Tatort* im Jahre 2000. Während der Ausstrahlung des *Tatorts* konnten die Zuschauer, die das Programm über den Decoder F.U.N. empfingen, Fragen beantworten und Rätsel lösen. Der Sieger bekam eine Statistenrolle. Allerdings fand das Experiment fast unter Ausschluss der Öffentlichkeit statt. Nur 50.000 Zuschauer besaßen den Decoder – und nur ein Bruchteil von ihnen machte beim interaktiven Spiel mit.

Einen Erfolg dagegen verzeichnete Das Erste 2012 mit seinem SWR-*Tatort Der Wald steht schwarz und schweiget*. Sebastian Büttner von der zuständigen Kölner Produktionsfirma Gesamtkunstwerk:

> Der *Tatort* hatte die Idee, eine Gruppenschuld zu erzählen – was ja auch ein tolles Thema ist für den Krimi – aber nur einer hat die Tat physisch begangen. Und den galt es, im Spiel zu ermitteln. Die Autorin Dorothee Schön hatte das Drehbuch schon so geschrieben und daraus ist erst die Idee entstanden, das Spiel zu machen.

Die Kommissare Lena Odenthal und Mario Kopper lösten den Fall nicht im Fernsehfilm. Es ging vielmehr darum, die entführte Kommissarin zu retten – und das Mörderrätsel blieb im Film ungelöst. Insgesamt 109.862 Spieler versuchten nach Ende des TV-Films, den Mörder bei *Tatort+*[307] zu finden. Eine Woche hatten sie Zeit, den Fall in einem Online-Spiel zu lösen, einigen gelang es schon bald nach der Ausstrahlung am Sonntagabend. Insgesamt schafften es 20.513 Spieler, die prompt zu »Chefermittlern« ernannt wurden. Aufgrund der zahlreichen Zugriffe gab es einige technische Probleme, denn offensichtlich war nicht mit einem solchen Useransturm gerechnet worden. Sebastian Büttner:

> Wir hätten mehr Teilnehmer gehabt, aber es gab einen Serverzusammenbruch. Offensichtlich hat man den Zuschauerzuspruch ein wenig unterschätzt. Es sind nur 100.000 durchgekommen, aber es hätten auch weitaus mehr sein können.

Die Fernsehausstrahlung des ersten Tatort+ hatte 8,37 Mio Zuschauer (24,6% Marktanteil in der Zielgruppe ab drei Jahren). Die Zahl der aktiven Mitspieler ist im Vergleich dazu sehr gering. Dabei hatte man versucht, das Spiel für die spezielle Zielgruppe zu optimieren, wie Sebastian Büttner berichtet, denn man hat sich beim Spiel extra an ältere Zielgruppen gerichtet, also an Leute, die nicht unbedingt mit Computerspielen aufgewachsen sind.

> Es geht immer darum: Wer ist eigentlich die Zielgruppe, die man erreichen will? Und wir wissen ja von jeder Altersklasse oder Nutzergruppe, welche Technik die benutzt. Es ist halt in Deutschland nicht so sinnvoll, Twitter einzubinden, weil das kaum benutzt wird. Und wenn der Täter eine Twitternachricht schickt – wer kann die dann lesen? Also: Wie gehen wir mit der Nutzungssituation um? Haben die Leute Smartphones oder andere Handys? Was haben sie für Computer? Das sind erst einmal langweilige Fragen, aber es ist entscheidend, um eine Dramaturgie optimal zuzuschneiden. Wenn man auf Interaktivität setzt, müssen die Nutzer ja auch antworten können.

Ist die geringe Beteiligung am Tatort+ ein Beleg dafür, dass die Bereitschaft, sich in transmediale Welten aktiv reinzubegeben, nicht so groß ist wie vielfach vermutet? Immerhin hat nur ein Bruchteil der Zuschauer mitgemacht. Und das bei einem wirklich reichweitenstarken, erfolgreichen Fernsehformat. Frank Baloch weist auf die Altersstruktur hin und mahnt zu Bedächtigkeit:

> Meiner Meinung nach sollte man ältere Zuschauer nicht unterschätzen. Nur weil vor zehn Jahren langsamer erzählt und weniger hektisch geschnitten wurde, bedeutet das nicht, dass sie modernes Fernsehen nicht rezipieren wollen, ganz im Gegenteil. Ältere Zuschauer gehen auch vermehrt ins Internet. Sie sind vielleicht nur nicht so stark an interaktivem Storytelling interessiert wie das jüngere Publikum. Wichtig ist daher, dass ein Format auch im TV allein für sich stehen kann, wenn es von einem breiten Publikum gesehen werden soll.

Das Social-TV-Experiment rund um den ARD-Krimi wurde dennoch als Erfolg verbucht und mit dem Tatort+ *Spiel auf Zeit* 2013 ein Nachfolgeprojekt gestartet. Hier gab es ein dreiteiliges Online-ARG, in dem die Spieler als Online-Ermittler in die Kommunikation mit den Ermittlern eingebunden wurden.

Ein internationales Beispiel für das Crime-Genre ist *Dirty Work*[308] (auch aus dem Haus von Elan Lee). Das Format erzählt von einem Team, das sich als *Bioremediation Engineers* bezeichnet. Eigentlich aber sind die drei Jungspunde Tatortreiniger, die in dem transmedialen Format neben den blutverschmierten Gewaltschauplätzen auch ihr chaotisches Privatleben »reinigen« müssen. Ein schwarzhumoriges Format, dessen Grundlage die ca. 25-minütigen Serienfolgen sind. Wenn man sich als User angemeldet und seine Kontaktdaten angeben hat, bekommt man, während man die Web-Folge sieht, Textnachrichten, Anrufe, E-Mails oder Links zu Bonusmaterial. Im Unterschied zu anderen vergleichbaren Projekten kann der Zuschauer allerdings wählen, ob er diese Informationen auf seinen eigenen Devices bekommt – also Anrufe an sein eigenes Telefon oder an sein Handy, auf seinen eigenen E-Mail-Account – oder ob er diese nur über den Bildschirm empfangen will. Er hat also, im Unterschied zu vielen früheren Versuchen, bei *Dirty Work* eine größere Freiheit.

Interessant ist die Cliffhanger-Dramaturgie, die *Dirty Work* einsetzt. An bestimmten Erzählpunkten, sogenannten Chapters, kann der Spieler die Handlung unterbrechen. Natürlich ist ihm dies ohnehin jederzeit freigestellt, aber an diesen Plotmomenten lohnt sich der Ausstieg offenbar besonders: Hier kann er sich dem Bonusmaterial widmen, das er im Verlauf der Geschichte freigeschaltet hat.

Ebenfalls im Crime Genre angesiedelt ist die schwedische Produktion *The Truth About Marika*. Eine junge Frau forderte die Zuschauer über verschiedene Medienkanäle dazu auf, sie bei der Suche nach ihrer verschwundenen Freundin Marika zu unterstützen. Die Story entfaltete sich über eine fiktionale TV-Serie, regelmäßige Talkshows, Radiodiskussionen, hunderte von Internetseiten, Video-Blogs, Chats, Foren, Missionen eines Online-Games, in mobilen Apps und Live-Events. Die User mussten sich innerhalb eines gesetzten Zeitraums mit mehreren Medienformaten beschäftigen, um die Geschichte in ihrer Gänze zu erfahren. *The Truth about Marika* wurde 2008 mit dem Emmy und dem SIME Award ausgezeichnet, jedoch:

> In terms of television target audience and its engagement, *The truth about Marika* was not a success suffering from inappropriate SVT audience base and budget contraction that effected the visual narrative. On the other hand, in terms of alternate reality game experience *The truth about Marika* turned to be an enjoyable project highly appreciated by participants.[309]

Ein anderes frühes Beispiel für eine transmediale Produktion war *Alpha 07 – Der Feind in Dir*. Der SWR hatte die sechsteilige Science-Fiction-Serie 2010 in Auftrag gegeben – und das trotz des in Deutschland recht erfolglosen Genres. Autor Oliver Hohengarten: »Nach einem Symposium kam ein aufgeregter Autor auf uns zu und fragte ›Wie habt ihr das geschafft – einen Science Fiction zu erzählen im Deutschen Fernsehen?!‹ Der hatte Tränen in den Augen.«

Wie viele der transmedialen Formate greift auch *Alpha 07* auf Themen wie Realitätswechsel, Technik, Verschwörungstheorie und Identität zurück. Das Format spielt in Stuttgart im Jahr 2017. In Anlehnung an *Minority Report* testet das Pre-Crime-Center des BKA einen Brain-Scanner, um damit Verbrechen schon im Vorfeld zu verhindern. Juliane Berger gerät in die Geschichte hinein und wird unfreiwillig zum Versuchsobjekt.

Im Zentrum von *Alpha 07* stand die TV-Serie, doch dazu gab es im Netz eine Parallelwelt mit gefaketen Websites, Blogs und YouTube-Kanälen. Damit nicht genug: Vom begleitenden Podcast war es dann nicht mehr weit zum eigenen Hörspiel, das nach Ende der Fernsehserie die Geschichte fortführte. Für das Online-Game zum Spiel hatten sich laut Sender 2.000 Spieler angemeldet. Wichtig ist, dass alle (Erzähl-)Bausteine eigenständig und unabhängig voneinander funktionieren sollten. Allerdings war die TV-Serie vielleicht zu verrätselt angelegt. Internetnutzer konnten den TV-Sehern des Öfteren einen Schritt voraus sein.

Das ZDF brachte 2011 mit *Wer rettet Dina Foxx?*[310] ebenfalls eine transmediale Produktion an den Start, die sich mit Datenklau, Verschwörungstheorien und Identitätswechsel beschäftigte. Allerdings wurden hier die Inhalte aus dem Internet nicht wieder zurück ins Fernsehen zurückgespiegelt. Grundlage war ein 50 Minuten langer TV-Film, der an der Klimax abbrach und Auslöser für eine dreiwöchige virtuelle Schnitzeljagd im Internet war. Denn die Aktivistin Dina Foxx wird des Mordes an ihrem Freund verdächtigt. Mit Hilfe der Netzgemeinde versucht sie, ihre Unschuld zu beweisen. Jens-Uwe Bornemann, vormals Ufa, inzwischen Vice President Digital Continental Europa bei FremantleMedia, gibt allerdings zu:

> Was wir nicht noch mal machen würden, ist sicher der Abbruch des TV-Films an der spannendsten Stelle. (…) Damit erzeugt man zwar einen Push-Effekt in Richtung Online, verschenkt aber das Reichweitenpotenzial des TV.[311]

Auch bei *Dina Foxx* hatte man eine Parallelwelt aufgebaut, die gefakete Social-Media-Profile, Websites usw. umfasste. Hier konnte man sich auf ein Alternate Reality Game (ARG) einlassen und musste beispielsweise in mehreren deutschen Großstädten USB-Sticks finden, auf denen Informationen für den weiteren Spielverlauf enthalten waren. Die Spieler ermittelten gemeinsam und trugen auf der Website www.freidaten.org ihre Ergebnisse zusammen. Hier schalteten sich ab und zu auch die Protagonisten der Serie ein, um Hinweise zu geben und die Suche bei Bedarf zu kanalisieren. Für die Figuren gab es im Autorenteam nicht nur dramaturgische Vorgaben für jeden Tag, sondern auch Style Guides, weil die Charaktere unterschiedlich schrieben und agierten. Jeden Tag wurden über die Website der Datenschutzaktivisten www.freidaten.org neue Rätsel übermittelt. Die Spieler mussten im Netz nach Hinweisen suchen, auf Websites und Social-Media-Profilen, in Flickr-Fotoalben oder YouTube-Videos Details entdecken und diese kombinieren. Hier wird noch einmal der Unterschied zu einer normalen Film- oder Fernsehproduktion deutlich: Denn nach Abgabe des Sendebandes ist dort die Arbeit mehr oder weniger beendet – bei solchen transmedialen Formaten jedoch wird die Narration beständig weitergeführt. Auch an Spieler, die sich weniger für die Rätsel und mehr für den Verlauf der Geschichte interessieren, wurde gedacht: Sie konnten sich jeweils Videozusammenfassungen mit den neuesten Entwicklungen ansehen.

Im Gegensatz zu *Alpha 07* waren bei *Dina Foxx* die beiden Medien TV und Online nicht optional konsumierbar, sondern untrennbar miteinander verbunden. Auch hier brach der Film an der spannendsten Stelle ab, aber weniger als ein Prozent der TV-Zuschauer fand wirklich den Weg ins Netz und ermittelte dort weiter. Für 99 Prozent der Fernsehzuschauer war Dina Foxx demnach ein Film, der am Höhepunkt abbrach. Nichtsdestotrotz bilanziert das ZDF das Format als vollen Erfolg. Rund zwei Mio Seitenabrufe wurden in den ersten drei Wochen auf www.freidaten.org und den 20 weiteren für das Projekt erstellten Webseiten gezählt. Etwa 200.000 Videoabrufe fanden in der ZDF-Mediathek und auf YouTube statt.

> Dennoch registrierten sich von den 670.000 Fernsehzuschauern nur rund 1.000 für die Website. Die 14.000 Kommentare, die sie abgaben, hätten eine breite Beteiligung vor allem höhergebildeterer User aller Altersgruppen widergespiegelt, so wertete das ZDF das Pilot-Projekt aus.[312]

Damit war der Weg frei für eine zweite Staffel, die aber auf die Erfahrungen der ersten reagiert: Es wird wohl einen Film zu Beginn und einen am Ende des Spiels geben, damit auch das reine Fernseherlebnis befriedigend ist.

Ebenfalls im ZDF bzw. bei ZDFneo wurde *Ijon Tichy: Raumpilot* gesendet. Die Science-Fiction-Satire um den Raumpiloten und seine Analoge Halluzinelle (Nora Tschirner), der mit seiner Dreiraum-Rakete ohne klaren Auftrag durch den Weltraum fliegt, wurde 2007 und 2011 ausgestrahlt. In der Mediathek konnten Fans die Folgen bereits eine Woche vorher sehen. Parallel dazu gab es ein Augmented Reality Game[313], in dem man die Rakete von *Ijon Tichy* durchs All bugsieren konnte. Das Format war vor allem künstlerisch ein Erfolg und bekam den Deutschen Fernsehpreis, sowie Nominierungen für den Grimme-Preis.

Ebenfalls humorig, aber absolut im Hier und Jetzt angesiedelt ist *Coffeeshop*, ein Projekt, das vom E-Book über eine App bis hin ins Fernsehen verlängert werden soll, oder *About:Kate* – ein transmediales Format von Christian Ulmens Produktionsfirma. Hier geht es um die Kunststudentin Kate, die sich freiwillig in eine Nervenklinik einweist. Sie ist überfordert durch die sozialen Netzwerke, macht sich aber dennoch mit Laptop und Smartphone in Videoclips, Fotoalben und virtuellen Pinnwandeinträgen auf die Suche nach sich selbst. Die Zuschauer können über eine App Einblick in das Bewusstsein der Protagonistin gewinnen – Kates Klicks und Links erscheinen beim Schauen der Sendung in Echtzeit auf dem Smartphone des Zuschauers. Der Zuschauer soll ebenfalls interagieren und per App eigene Videos oder Fotos hochladen, die dann ab der dritten Folge in die Serie eingebaut werden. *About Kate* hatte mit rund 0,2% Marktanteil zwar nur geringe Quoten, Arte setzt aber auch in Zukunft Hoffnungen in transmediales Storytelling. »Arte soll in möglichst vielen Momenten zum Teil des Lebens werden. Deshalb müssen wir überall dorthin gehen, wo sich unsere Zuschauer aufhalten«[314], erklärt Vize-Programmdirektor Florian Hager, gerade weil sich Jugendliche und junge Erwachsene zunehmend zeitgleich in mehreren Medien bewegten. »Wir dürfen diese Generation nicht verlieren. Für die ist Fernsehen immer mehr das, was klassischerweise das Radio ist: ein Begleitmedium.«

The Spiral war eine europäische Co-Produktion rund um einen Kunstraub und wurde in Deutschland auf Arte ausgestrahlt. Die TV-Serie begann in der ersten Septemberwoche 2012 zeitgleich in acht Ländern (Skandinavien, Benelux, Deutschland und Frankreich), das dazugehörige Spiel fand in Echtzeit parallel dazu statt und endete am 28. September um 21 Uhr MEZ mit der Einweihung von *The Spiral* bei einer Abschlussveranstaltung vor dem Europaparlament in Brüssel.

Der bekannte Street-Art-Künstler Arturo führt mit sechs jungen Künstlerrebellen einen Raub von sechs bekannten Kunstwerken am selben Tag und zur selben Zeit aus – nicht aber um Geld zu erpressen, sondern vielmehr als künstlerisches Projekt. Die Zuschauer sollten nach den Kunstwerken fahnden und konnten sich im Online-Game selbst kreativ einbringen. Auf www.thespiral.eu konnten sie der Spur der Bilder folgen und so – nach Ansicht der Macher – an dem größten jemals geschaffenen Kunstwerk teilnehmen. Die Interaktion verlief vielfältig: So konnten die Zuschauer, die nicht nur den Fernsehkrimi verfolgen wollten, im Internet Geschicklichkeitsrätsel lösen, künstlerische Aufgaben umsetzen oder in der realen Welt (in Dänemark, Schweden oder Belgien) versteckte Gegenstände finden. Bei der finalen Enthüllung in Brüssel wurden von den Teilnehmern Filmaufnahmen gemacht, die in die letzte Folge der TV-Serie hineingeschnitten wurden. Insgesamt nahmen mehr als 100.000 Menschen teil und schufen in fünf Wochen nahezu 20.000 eigenständige »Kunstwerke«.

Grundsätzlich ist festzuhalten, dass die Entwicklung der transmedialen Stoffe wechselseitig funktioniert. Sie müssen nicht unbedingt im TV ihren Ursprung haben, wie ZDF-Redakteur Frank Baloch erklärt:

> Wir sind ein Fernsehsender, insofern steht das Bewegtbild auch bei unseren Transmediaprojekten im Vordergrund. Das heißt für uns aber umgekehrt auch, dass wir Online-Ideen ins TV-Programm hineintragen können und dies auch tun. *Dina Foxx* ist so ein Beispiel gewesen, aber auch die Sitcom *Lerchenberg* mit Sascha Hehn oder das Talk-Format *log in* auf ZDFinfo.

Autorschaft

> Was meint transmediale Kompetenz überhaupt? Nicht nur die Verlängerung von Geschichten in andere Medien, sondern die Fähigkeit, das gleiche Ausgangsmaterial für alle Screens mit der für sie einzigartigen medialen Ansprache, Zielgruppe und unter jeweils spezifischen Bedingungen (z.B. Ressourcen) bedienen und weiterentwickeln zu können.

… erklärt Pamela Wershofen. Doch ist diese Kompetenz bei den »klassischen Autoren« vorhanden?

Transmediale Formate haben meist nur einen einzigen kreativen Schöpfer. Natürlich sind an der Erschaffung komplexer transmedialer Welten viele Menschen beteiligt, jedoch findet sich meist ein einzelner Autor an der Spitze. In diesem Sinne ist dieser vergleichbar mit dem Showrunner einer amerikanischen Serie. Damon Lindelof (u.a. *Lost*): »I feel that the essential medium of the Internet is social networking. But how do you marry social networking to storytelling?«[315] Lindelof musste die Erfahrung machen, dass die Fans seiner Serie sich sehr wohl wünschten, dass die gesamte Serie geplant und fertig ausgeplottet wurde – auf der anderen Seite allerdings wollten sie ein Mitspracherecht, denn sie waren so in das Format involviert, dass sie es zu ihrem eigenen machten. Ein schwer auflösbarer Widerspruch.

Lässt man die Zuschauer außen vor und konzentriert sich zunächst auf die Grundlagen, dann steht die Arbeit der professionellen Autoren im Mittelpunkt. Doch die Schwierigkeiten bei interaktivem Storytelling liegen, laut ZDF-Redakteurin Milena Bonse unter anderem darin,

> dass auf einmal Leute ein Drehbuch schreiben sollen, die eigentlich eine Kompetenz im Game-Bereich haben und anders herum. Hier werden Kompetenzen und Berufsgruppen zusammengeführt, die vorher nichts miteinander zu tun hatten.

Dabei sollte ein Autor für multimediale Formate laut Sven Sund »über ein grundlegendes Verständnis der multimedialen Welt und neben den klassischen Kenntnissen der Dramaturgie auch über Kenntnisse der Dramaturgie im Bereich Spiel und Social Media verfügen.« Frank Baloch hat bereits sehr gute Erfahrungen mit Autoren gemacht, die nicht nur in der Lage sind,

> Online mitzudenken, sondern auch froh darum sind, diese zusätzlichen Möglichkeiten nutzen zu können. Neben Newcomern, die selbst mit dem Internet aufgewachsen sind, finden sich hier auch namhafte Autoren wie Orkun Ertener (*KDD – Kriminaldauerdienst*, *Letzte Spur Berlin*), Gregor Edelmann (*Der letzte Zeuge, Flemming*) und Stefan Kolditz (*Unsere Mütter, unsere Väter*). Natürlich gibt es auch Autoren, die da noch nicht so zu Hause sind, individuelle Fortbildung auf diesem Gebiet ist in diesem Fall sicher keine schlechte Idee.

Sebastian Büttner sucht für seine Firma Gesamtkunstwerk immer auch »Autoren, die Interesse daran haben, das Audiovisuelle weiterzuentwickeln und in ein neues Medium zu tragen. Da freuen wir uns über jede Bewerbung. Da herrscht sozusagen Facharbeitermangel ...« Oliver Hohengarten berichtet, dass eigentlich auf jedem Syposium über Games zu hören ist, dass es für diese digitalen Bereiche zu wenige Autoren gibt. Auch aus diesem Grund favorisiert Sven Sund ein Autorenteam, das die unterschiedlichen Bereiche aus Film, Game, Web, Social Media und Online Marketing verknüpft. Claudia Pelzer vom Ufa Lab Cologne beobachtet:

> Eine derartige Entwicklung ist derzeit in vielen Kreativprozessen und -disziplinen zu beobachten. Kollaborative Ideenentwicklung (und Umsetzung) liegt im Trend und wird die Kreativ- und Agenturbranche nachhaltig verändern. Wichtig ist dabei allerdings eine professionelle Kuratierung der Prozesse (u.a. angeboten durch die entsprechenden Online-Plattformen und -Communities).

Kristian Costa-Zahn konstatiert jedoch, dass es momentan einfach noch sehr schwierig ist, den allumfassenden Head-Autor zu finden, der sowohl fürs Fernsehen schreiben kann, als auch so versiert ist, dass er zudem andere Plattform bespielen kann. »Deswegen suchen wir vor allem TV-Autoren, die eine Offenheit und Flexibilität haben und eine Neugierde mitbringen, die sie auch zu Teamplayern macht. Das ist nämlich sehr wichtig für diese Prozesse, weil man viel stärker im Team arbeitet – schließlich bedarf es so vieler unterschiedlicher Kompetenzen, dass das einfach nötig ist.« Denn neben den Drehbuchautoren gibt es Online-Autoren und -Dramaturgen, die wissen, wie man Blogs schreibt, sich in Social Media oder Games auskennen. Sie müssen sich tagtäglich mit den Mechanismen von bestimmten Online-Plattformen auseinandersetzen oder Kenntnisse darüber haben, wie bestimmte Communities oder Usersteuerungen funktionieren. Und gleichzeitig sollten sich Online-Dramaturgen mit Figurensteuerung und dramaturgischen Bögen auskennen. Kristian Costa-Zahn: »Beide Autorentypen müssen sich aber mit dramaturgischen Strukturen auskennen und bereit sein, in Kollektivprozessen zu arbeiten. Das hat durchaus Parallelen zum Writer's Room oder zu der Arbeit, wie wir sie bei Dailys haben.« Für die ARD-Serie *Zwischen den Zeilen* setzte Redakteurin Pamela Wershofen auf ein arbeitsteiliges Konzept, da die klassischen Autoren sich im digitalen Bereich zu wenig auskennen: »Wir hatten hier speziell geschulte Social Media-Redakteure, die z.B. die Twitter-Drehbücher geschrieben haben. Diese wurden dann vom Headautor der Serie gegengelesen und ergänzt, da dieser natürlich am besten die Figuren kennt und weiß, wie sie ticken.«

Bislang existieren die verschiedenen Branchen und Berufsfelder (z.B. Games, Startups, Produktionsfirmen, Autoren, App-Entwickler, usw.) noch recht separat voneinander. Filmproduktionsfirmen haben es schwer, den richtigen App-Entwickler zu finden, Startups kennen keine entsprechenden Autoren… Claudia Pelzer ist sich sicher, dass es Kernaufgabe in den nächsten Jahren sein wird, hier Verbindungen und tragfähige Konstellationen zu schaffen:

Die oben beschriebenen Branchen ticken nicht nur anders, sondern haben bislang wenig Berührungspunkte. Creative Spaces wie das UFA Lab oder Veranstaltungen wie die Interactive Cologne unternehmen bereits erste Schritte, um hier Brücken zu bauen. Es braucht aber langfristig ein Umdenken in den klassischen Unternehmenskulturen, damit dies erfolgreich gelingen kann.

Inga von Staden findet es noch zu früh, um Berufsprofile zu präzisieren, allerdings zeichnen sich eine Reihe von Funktionen ab, die in einem transmedial arbeitenden Team besetzt werden sollten:

So braucht es einen **Creative Producer**, der inhaltlich so involviert ist, dass er oder sie die Medienarchitektur mit gestalten kann, denn über diese ergibt sich der Zugang zu den verschiedenen Märkten. Ein **Content Director** verantwortet die Recherche zur Welt sowie die Ausformulierung in einer Content Bible. Er oder sie begleiten die Übertragung des Kanons in ein Medienformat durch den jeweiligen Experten, etwa einen Drehbuchautor oder Game Designer. Ein **Art Director** liefert die audiovisuelle Interpretation zur Bible und unterstützt ihre Deklination über die verschiedenen Medienformate hinweg. Ein **Technical Director** trägt mit seinem technischen Wissen zur Übersetzung des Inhaltes in verschiedene Medienformate bei und beaufsichtigt die Entwicklung von Soft- und Hardware zur Umsetzung geplanter Effekte oder Funktionalität. Schließlich braucht es einen **Community Manager**, der die Strategie zum Aufbau und der kontinuierlichen Pflege einer Fan-Base entwickelt und durchführt.

Eine Transmediaentwicklung ist hochkomplex, deswegen steht die Kommunikation im Mittelpunkt – mit Hilfe von entsprechenden Dokumenten und internetgestützten Arbeitsplattformen müssen alle im Team auf demselben Stand gehalten werden, denn die Produktionsabläufe müssen beständig miteinander synchronisiert werden. Inga von Staden fordert, dass das »multidisziplinäre Team zu einer gemeinsamen Haltung finden muss, um beim Stoff den einzigartigen und spannenden Fokus herauszuarbeiten.«

Auch muss ein rechtlicher Rahmen definiert werden, der eine gemeinsame Urheberschaft beschreiben kann. Inga von Staden:

Derzeit gibt es Versuche, den Lösungsansatz **Creative Commons**, der durch die Open Source-Bewegung in der Softwarebranche ausgearbeitet wurde, auf die Medien zu übertragen. Solche Überlegungen sind spätestens dann notwendig, wenn, wie bei *Iron Sky* die Fan-Base in den Kreativprozess eingebunden werden soll.

Fortbildungen zum Thema Transmedia gibt es bereits seit dem Jahr 2000, ebenso von MEDIA geförderte Trainingsmaßnahmen. In den vergangenen Jahren wurden Ausbildungsgänge an Kunstschulen oder technischen Fach- und Hochschulen eingerichtet, um dort unter einer unüberschaubaren Vielzahl an Bezeichnungen zum Mediengestalter oder -Informatiker auszubilden. Inga von Staden findet es wichtig, vor dem Hintergrund der Medienkonvergenz digitale Medien auch an Filmschulen zu verankern. Sie

bewegen sich in einem Spannungsfeld zwischen dem Anspruch, Meister für etablierte Medienformate mit einem entsprechend hohen Differenzierungsgrad zu qualifizieren und diese gleichzeitig auf eine Zukunft vorzubereiten, in der ein beschleunigter Technologiewandel kontinuierlich neue Formate hervorbringt. Die Lehre digitaler Medien kann helfen, das Filmschaffen in einen zukunftsorientierten Kontext zu setzen. Im Gegenzug kann die an Filmschulen gelehrte Tradition der Stoffentwicklung und -produktion in die Kreation neuer Medien übernommen werden, um sie inhaltlich zu fundieren.

Generell geht damit aber eine Offenheit der Autoren einher, wie Sebastian Büttner betont:

> Früher hat man sich eine Geschichte ausgedacht und überlegt: ARD oder ZDF? Oder Kino? Heute kann man auch sagen: Es wird ein Motion Comic und den kann ich über den App Store verkaufen. Und wir haben aus einem Kinoprojekt jetzt ein Hörspiel gemacht. Zu lernen, dass man verschiedene Medien bedienen kann, das ist das, was die Leute lernen sollten. Sie sollten sich nicht mehr nur an eine Branche fesseln.

Zusammenfassung

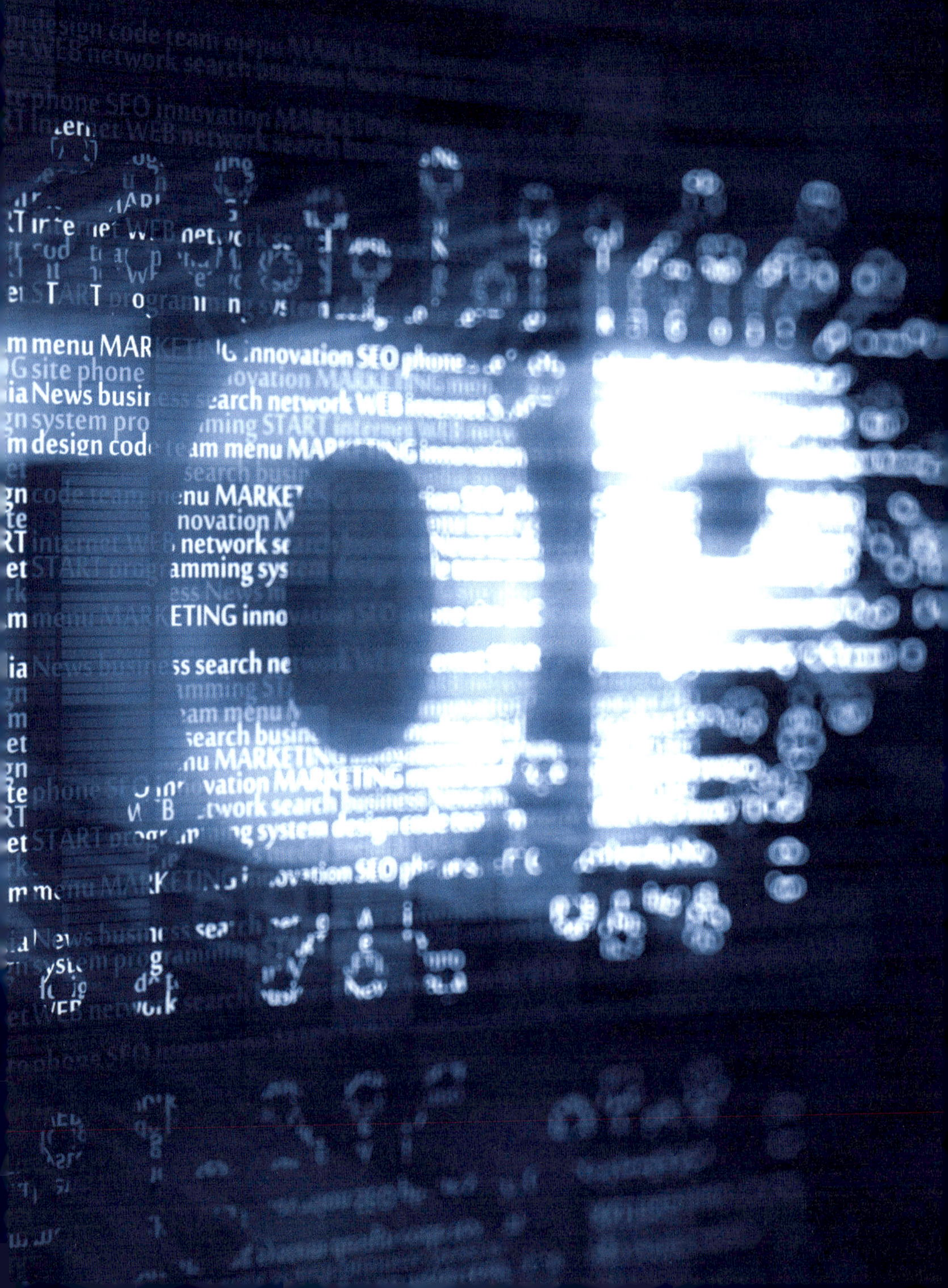

9. Zusammenfassung

- Das Internet ist da. Es ist nicht wegzudiskutieren.
- Die Musikindustrie hat zehn Jahre gebraucht, um zu begreifen, dass man das Internet nicht bekämpfen kann. Stattdessen muss man beginnen, sich auf die neuen Ideen im Netz einzulassen.
- Die Medien werden immer interaktiver. Sie fordern den Zuschauer heraus. Er ist nicht mehr Zuschauer, sondern Teilnehmer.
  - Er soll Viral Spots weiterleiten. Und er tut es in vielen Fällen.
  - Er kann an bestimmten fiktionalen Werken auch in anderen Welten partizipieren: im passenden Game zum Buch, in der Verlängerung der Geschichte ins Web usw. Hier sucht er sich einen Zugang und kann in vielen Fällen auf intensivere Art und Weise in den Plot einsteigen.
- Je jünger die Zuschauer sind, desto digitaler arbeiten, kommunizieren, leben sie. Das bedeutet im Umkehrschluss, dass sich erfolgsversprechende interaktive Formate zunächst an diese Gruppe richten sollten. Damit sind ältere Konsumenten allerdings nicht ausgeschlossen – ihnen muss man jedoch stärker entgegenkommen, um etwaige Hindernisse oder auch Vorurteile zu überbrücken, sowohl inhaltlich, als auch auf technischer Ebene.
- Die intendierte Zielgruppe muss nicht nur inhaltlich optimal angesprochen werden. Bei dem unterschiedlichen Stand der technischen Durchdringung ist es wichtig, ihr mediales Nutzungsverhalten genau zu analysieren und der Zielgruppe entsprechend entgegenzukommen.
  - Im E-Book-Bereich stammen die meisten Leser – im Gegensatz zu den Erwartungen der Verlage – nicht aus der ganz jungen Zielgruppe, sondern befinden sich im mittleren Alterssegment. Sie sind näher an der Stammlesergruppe. Ihr Mediennutzungsverhalten muss daher besonders berücksichtigt werden.
- Je digitaler, desto mehr Mitbestimmung. Nicht nur, was den Rückfluss an Kritik und Kommentar angeht, auch die Crowdfunding-Bewegung ist ein Anzeichen für den immer aktiveren Konsumenten. Er wählt sich seine Inhalte aus – und investiert selbst.
- Der Zuschaer wird nicht nur zum aktiven Teilnehmer – er wird selbst kreativ. Jeder kann mit jedem Output irgendwo im Netz veröffentlichen. Das bedeutet zum einen eine erschreckende Menge Schrott und unfassbaren Unsinn – zum anderen aber auch bestechende Originalität, überraschende Sichtweisen und innovative Projekte.
- Was Letztere betrifft, so ist zu überlegen, ob die Theorie des Long Tail auch hier zutrifft: Die Theorie besagt, dass durch das Internet Nischenprodukte zu-

nehmend profitabel werden. Denn in einer zunehmend ausdifferenzierten, segmentierten Gesellschaft, die aber aufgrund der Internationalität des Netzes weltweit zu begreifen ist, gibt es immer mehr potenzielle Kunden, die sich z.B. für selbstgestrickte Topfwärmer, Clubmusik auf Schellackplatten oder auf Hochhausdächern erzeugten Bienenhonig interessieren. Warum sollte der Long-Tail-Effekt nicht auch für Erzählungen (in welcher Form auch immer) gelten?

- Die Werke werden zum Teil simpler, andererseits auch viel komplexer. Damit verschwimmen die Rollen der Kreativen. Der einzelne Autor als Genius, der ein einzelnes Werk hervorbringt, wird immer seltener. Oder schreibt der Autor des E-Books auch den Text für das Spiel, das sein Produkt begleitet? Macht er etwa auch die Grafik für die aufwendige Produktion? Die Formate, die heutzutage digital hervorgebracht werden, nehmen in ihrer Komplexität zu. Das macht es zumeist nötig, dass an ihnen mehrere Autoren beteiligt sind. Aber das muss nicht unbedingt als schlechtes Zeichen gewertet werden.

- Der E-Book-Markt ist im positiven Aufwind und hier gibt es vielversprechende Impulse – aber was die Autorenhonorare angeht, so bleibt wohl das bestehen, was auch den klassischen »papiernen« Buchmarkt auszeichnet: Nur wenige Autoren können ausschließlich von ihren Buchverkäufen leben.

- Denoch werden die Autoren mehr publizieren. Denn fast jeder Autor hat unveröffentlichtes Material in seiner Schublade. Bzw. auf seiner Festplatte. Und jetzt hat er die Möglichkeit, es rauszubringen.

- Dadurch, dass immer mehr Menschen sich kreativ auf neuen Plattformen äußern und betätigen, sehen die alten »Gatekeeper« (die Verlage, die Redaktionen, die Plattenfirmen, usw.) ihre Pfründe bedroht. Und sie reagieren aggressiv. Die Buchindustrie setzt beispielsweise zum großen Teil auf genau die reglementierenden Nutzungseinschränkungen, die der Musikindustrie den Einstieg in die digitale Welt schwer gemacht haben. Diesen Fehler wird man in Zukunft korrigieren müssen.

- Auch die großen Player im Entertainmentbereich agieren extrem restriktiv. Die Versuche von z.B. Apple und Amazon, den Kunden in ihre geschlossene Systeme einzubinden, haben sowohl positive wie auch negative Effekte. Zwar sind der Kauf von Inhalten und dessen Bezahlweise sehr einfach, aber man sollte nicht davon ausgehen, dass man die erworbenen Inhalte auch besitzt. Amazon verkauft E-Books nicht – der Konzern stellt sie nur bereit. Im Fall eines Missbrauchsverdachts wird das Kundenkonto gelöscht – und damit auch alle erworbenen E-Book-Titel. Ohne dass dafür eine Entschädigung geleistet wird.

- Bislang dominiert im digitalen Bereich Unübersichtlichkeit. Die Zuschauer / Kunden werden mit unzähligen Möglichkeiten und Inhalten konfrontiert. Beinahe jeder neue Fernseher hat mit seinen Smart-TV-Angeboten neue Videotheken oder sogar (wie Samsung demnächst) eigene Kanäle im Angebot. Hinsichtlich der Kundenfreundlichkeit (Bedienungskomfort, Passworteingabe usw.) ist aber noch Verbesserung zu leisten.

- Der Konzern, der das am einfachsten strukturierte und konsumfreundlichste Angebot entwickelt, wird das Rennen machen. Egal, ob er aus dem Computer-, Hardware-, oder Internetbereich stammt. Diese Grenzen verschwimmen.
- Gibt es bahnbrechend neue Geschäftsfelder? Ja sicherlich. Aber der Großteil – mal abgesehen von den auch finanziell erfolgreichen Viral Spots und Games – der digitalen Erzählungen funktioniert momentan nur als Referenzprodukt, also als Empfehlung für andere Projekte oder als Prestigeobjekt. Web-Serien werden von den Machern meist selbst finanziert und spielen wenig Geld ein. Transmediale Formate sind extrem teuer und können nur selten und dann meist nur von den größeren Playern im Markt (sprich den öffentlich-rechtlichen TV-Sendern in Deutschland) realisiert werden. Die Privatsender setzen solche Formate bislang eher unter Marketinggesichtspunkten sendungsbegleitend ein. Und keinesfalls als eigenständiges Produkt.
- Fernsehformate werden noch immer in hoher Zahl konsumiert, aber die digitale Verbreitung über das Internet (oder über den Festplattenrekorder usw.) machen es möglich, dass die Werbung übersprungen oder vorgespult wird.
- Das junge Publikum, das in der Mehrzahl die Fernsehinhalte kaum noch linear konsumiert, sondern sich – überspitzt gesagt – die amerikanischen Serien in hoher Qualität im Internet ansieht, ist es aus dieser Erfahrung gar nicht mehr gewohnt, sich mit Werbespots auseinanderzusetzen. Sie stören das Erlebnis.
- Fernsehformate werden nur noch selten dann gesehen, wenn sie auch ausgestrahlt werden. Es gibt einen starken Trend zum non-linearen Fernsehkonsum. Damit müssen die bisherigen Programmplanungsstrategien überdacht werden.
- Aus diesen Gründen müssen TV-Sender originäre und herausragende Programme anbieten, denn nur diese werden die Zuschauer sich aktiv aus der »imaginär allumfassenden« vorhandenen Medienbibliothek auch heraussuchen. Starke, eigenständige Marken haben hier klare Vorteile gegenüber der klassischen »Butter und Brot«-Serien.
- Daraus ergibt sich auch die Pflicht der Sender, eigene Formate zu entwickeln, die die Konsumenten sonst nirgendwo bekommen können. Die x-te Ausstrahlung einer amerikanischen Kaufserie trägt nicht dazu bei, ein Senderprofil zu schärfen.
- Das Fernsehen ist mit neuen Konkurrenten konfrontiert, die im selben Bereich, nämlich der Aufmerksamkeit der Konsumenten, wildern. Auch YouTube, Netflix und Konsorten buhlen um deren Gunst und gewinnen immer mehr Marktanteile hinzu.

- Das Fernsehen ist im Begriff, seinen Status als Leitmedium zu verlieren. Der Trend zur Nebenbeinutzung des Fernsehens ist groß. Transmediale Formate wie auch Social TV können dazu dienen, den Zuschauer stärker an die Sender zu binden.
- Dennoch darf nicht vergessen werden: Die Zuschauer sind keineswegs ständig gewillt, sich aktiv mit den Fernsehformaten auseinanderzusetzen und zu interagieren. Sie haben auch das Bedürfnis, sich einfach nur »berieseln« zu lassen und eine passive Rolle einzunehmen.
- Es wird weiterhin einen Fernseher in den meisten deutschen Wohnzimmern geben. Doch über dieses Display werden immer weniger Fernsehinhalte konsumiert werden, sondern Inhalte, die originär aus dem Internet stammen.
- Auf lange Sicht werden die meisten Zuschauer nicht mehr erkennen, ob das Programm, was sie sich ansehen, originär aus dem Fernsehen oder aus dem Internet stammt. Oder vielmehr: Es wird ihnen egal sein.
- Je digitaler, desto größer die Möglichkeit, den Zuschauer / User zielgruppengenau anzusprechen. Die Rückkanäle machen eine bislang nicht erahnte Personalisierung möglich. Allerdings verbergen sich hier auch Gefahren, wie die Resonanz auf die neue Xbox One von Microsoft zeigt. Das Gerät kann per Kameraauge Gesichtsausdrücke unterscheiden und damit für ein gewisses Maß an Empathie innerhalb eines Videospiels sorgen. Doch ebenso werden per Gesichtserkennung die anwesenden Spieler registriert und gezählt. Wollen wir diese Informationen aus unserem Wohnzimmer wirklich einem mit dem Internet vernetzten Gerät zur Verfügung stellen?

Abgesehen von diesen eher wirtschaftlich-technischen und sozialen Auswirkungen – welchen Einfluss hat die Digitalisierung auf die Erzählinhalte?

- Die Grenzen zwischen Buch, Film und Computerspiel werden immer durchlässiger.
- Egal, ob man sich transmediale Formate ansieht oder interaktive E-Books betrachtet – die Form muss sich aus dem Inhalt ergeben. Nur dann wird der Leser / User ein Erlebnis haben, das nicht gestört wird, sondern ganz organisch und stimmig wirkt.
- Aus den Viral Spots lernen wir, dass die Kernelemente des dramatischen Erzählens Konflikt sowie Überraschung sind. Auch aus kürzesten Formaten sind sie nicht wegzudenken.
- Bei Webserien erkennen wir, dass auch hier die klassischen Dramaturgieelemente einer seriellen Erzählweise benutzt werden sollten. Allerdings müssen hier viel stärker die Rezeptionsbedingungen und das Umfeld betrachtet werden als bei einer normalen Fernsehserie. Der Einstieg in das Format muss

noch origineller und »schneller« bzw. rasanter gelingen, da die Konkurrenz viel näher – nur einen Klick entfernt ist.

- Da der Internetzuschauer viel stärker zum eigenen Programmdirektor wird, nutzt er seine Macht auch intensiver. Er fertigt langweilige Formate nach wenigen Sekunden ab und wendet sich etwas anderem zu. Ob man Cliffhanger benutzt o.Ä. muss von Format zu Format entschieden werden.
- Inhaltlich müssen sich Webformate direkt von der Konkurrenz unterscheiden. Hier ist viel mehr möglich – und die Zuschauer erwarten dies auch. Eine Internetserie, die genauso aussieht und funktioniert wie eine Fernsehserie, wird keinen Erfolg haben. Sie muss sich inhaltlich und auch formal abheben.
- Der Look von Webformaten ist derzeit noch nicht so wichtig, vielmehr liegt in den »schmutzig« produzierten Inhalten ein Reiz. Die Zuschauer haben Lust auf Authentizität. Doch in Zukunft, wenn sich die Internetformate direkt mit den Fernsehformaten messen müssen, weil sie auf der gleichen Plattform abgespielt werden, wird sich dies ändern.
- Je stärker die Digitalisierung voranschreitet, desto einfacher wird es, die verschiedenen Medien miteinander zu verknüpfen. Je einfacher dies wird, desto größer auch die Bereitschaft der User, interaktive Medien zu benutzen, weil die technischen Hürden fallen. Damit steigen Reichweite und Erfolgspotenzial.
- Innovationen werden im Digitalen lanciert – aber das Geld kommt zumeist noch aus den klassischen Märkten. Dort, wo es immer schon war. Aber auch das wird sich in einigen Jahren ändern.

Momentan befinden wir uns in einer Übergangsphase, nicht mehr und nicht weniger. Sie wirkt sich auf alle Medien aus. Ist sie momentan noch eher technisch und wirtschaftlich domiert, wird sie auch irgendwann ihre inhaltliche Form gefunden haben. Oder eine Vielzahl von neuen Formen hervorgebracht haben. Vielleicht hat Verlagslektor Uwe Naumann Recht, wenn er sagt, dass »wir uns noch wundern werden über die Form, in der Dinge verbreitet oder in der sie geschrieben werden. Das alles wird sich noch so gewaltig ändern, wie wir uns das noch gar nicht vorstellen können.«
Marcus Bösch fügt hinzu:

> Da alle neuen Medien zunächst mit Inhalten alter Medien gefüllt wurden, erleben wir derzeit erste Gehversuche in der Etablierung von etwas Neuem. Ob das in einigen Jahren noch interaktives Storytelling heißen wird, weiß ich nicht. Bis dahin muss ausprobiert werden. Und zwar mit einer neuen Herangehensweise. Allein schon, weil Albert Einstein ja immer Recht hat: ›Probleme kann man niemals mit derselben Denkweise lösen, durch die sie entstanden sind‹.

Doch die Erfolgsaussichten sind gut. Denn wenn wir auf die Historie des Erzählens zurückblicken, wird eines klar: Eine klassische Geschichtenstruktur mit Protagonist, Antagonist, Ziel und Konflikt hat es immer gegeben. Egal in welchem Medium.

Nur bietet uns die Digitalisierung die Möglichkeit, die Grenzen unserer Erzählweisen auszuloten und unseren Geschichten noch mehr Facetten zu geben. Denn was wollen wir, wenn wir Geschichten erzählen? Wir wollen unser Publikum unterhalten. Durch die Digitalisierung ist es möglich, den Zuschauer noch stärker in unsere Geschichte einzubeziehen. Und darum geht es im Erzählen heutzutage:

Um das Erschaffen eines besonderen Erlebnisses, das wir in dieser Form noch nicht kannten.

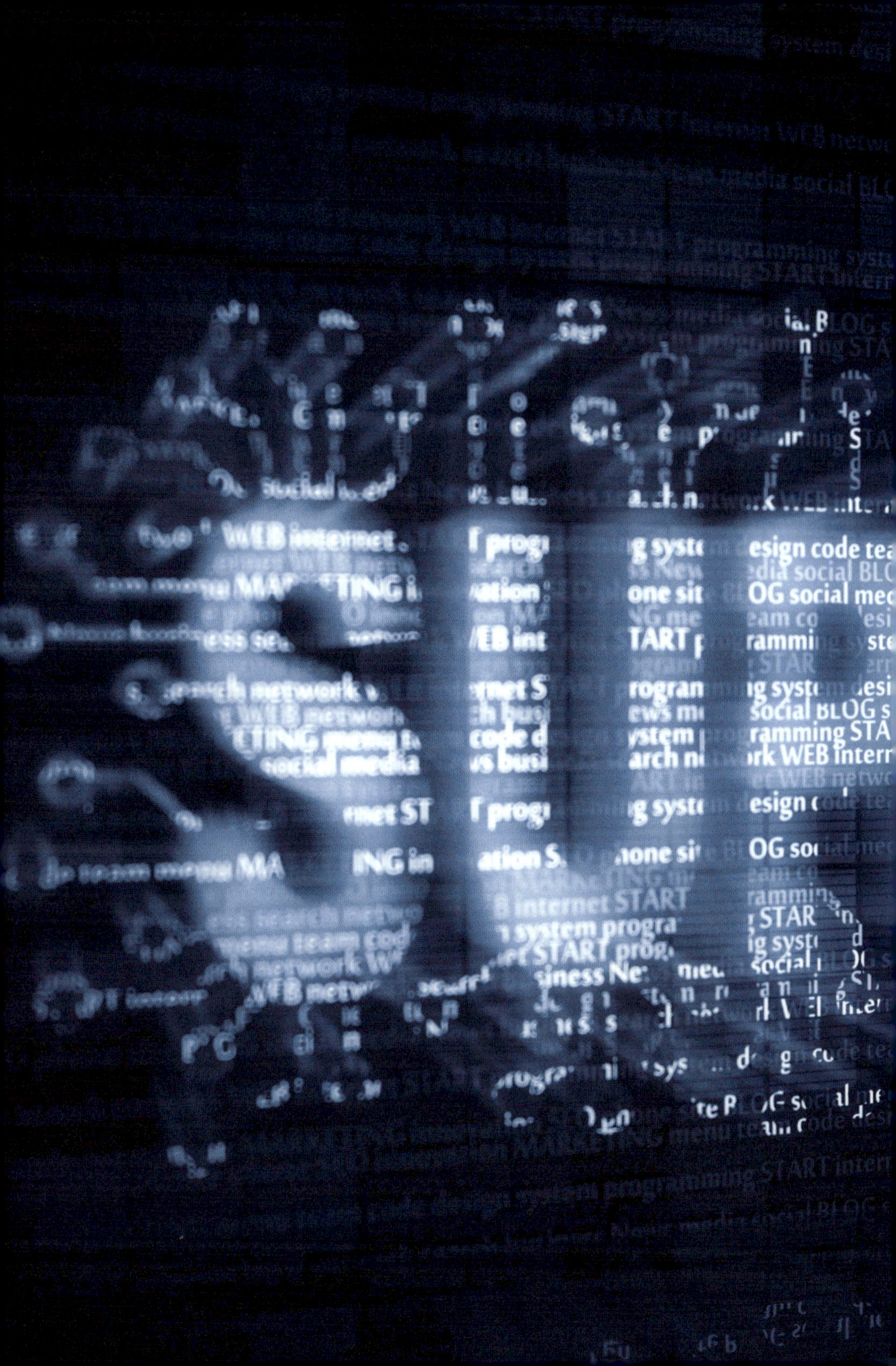

Literatur
Quellenangaben
Links

10. Literatur / Quellenangaben / Links

Dietrich, Frank Otto / Schmidt-Bleeker, Ralf: Narrative Brand Planning. Wie Marken zu echten Helden werden. Springer Gabler, 2013.

Gabriel, Yiannis: Storytelling in Organizations. Facts, Fictions, and Fantasies. Oxford University Press, 2000.

Giovagnoli, Max: Transmedia Storytelling. Imagery, Shapes and Techniques. Feedbooks, 2011.

Martell, Frédéric: Mainstream. Wie funktioniert, was allen gefällt? Albrecht Knaus Verlag, 2011.

Mathews, Ryan / Wacker, Watts: What's your Story? Storytelling to Move Markets, Audiences, People and Brands. FT Press, 2010.

McGonigal, Jane: Besser als die Wirklichkeit! Warum wir von Computerspielen profitieren und wie sie die Welt verändern. Heyne Verlag, 2012

Passig, Kathrin: Standardsituationen der Technologiekritik. Suhrkamp, 2013.

Pratten, Robert: Getting Started in Transmedia Storytelling. 2011.

Priggé, Steven: Created By: Inside the Minds of TV's Top Show Creators. Silman-James. 2005.

Rose, Frank: The Art of Immersion: How the Digital Generation is Remaking Hollywood, Madison Avenue, and the Way We Tell Stories. W.W. Norton, 2011.

Schell, Jesse: The Art of Game Design: A Book of Lenses. Morgan Kaufmann, 2008.

Schell, Jesse: Die Kunst des Game Designs: Bessere Games konzipieren und entwickeln. mitp, 2012.

Beiträge
Personen

11. Beiträge / Personen

Frank Baloch war Radio-Moderator, Sprecher, Journalist und ist seit 2000 Redakteur im ZDF in der HR Neue Medien. Er hatte u.a. die Projektleitung zu *KDD – Mit aller Gewalt* inne und ist für die interaktive Kampagne zu *Ein Mann, ein Fjord!* beim Eyes & Ears Trailerfestival ausgezeichnet worden, desweiteren 2011 mit dem *Serious Games Award* in Bronze und mit dem *iF communication design award* in Gold für Online-Angebote zu *Universum der Ozeane*.

Marcus Bösch hat nach einem Politikstudium und zehn Jahren Arbeit als multimedialer Journalist und Dozent noch einen Master in Game Development and Research am Cologne Game Lab absolviert. Direkt danach hat er zusammen mit seiner Kommilitonin Linda Kruse das Game Studio *the.Good.Evil* gegründet. Zusammen entwickeln die beiden Serious Games, u.a. für Wikimedia Deutschland, die Landeszentrale für politische Bildung und die Deutsche Welle.

Milena Bonse ist seit 2008 beim *Kleinen Fernsehspiel* tätig und betreute unter anderem den vielfach ausgezeichneten Dokumentarfilm *The Other Chelsea*, desweiteren *Egal was ich tue, sie lieben es*, *Cindy liebt mich nicht* und *Meine Freiheit, deine Freiheit*. Seit 2010 arbeitet sie zusätzlich in der Zentralredaktion Neue Medien, sie entwickelt dort crossmediale Formate und war maßgeblich beteiligt an der Konzeption und Durchführung des Crossmedia-Projekts *Wer rettet Dina Foxx?*. Bis April 2012 moderierte sie außerdem die interaktive Politdiskussion *log in* auf ZDFinfo. Die gebürtige Bielefelderin studierte nach längeren Auslandsaufenthalten in Philadelphia und Madrid Dokumentarfilm und Fernsehpublizistik an der HFF München. Sie absolvierte ein Studienjahr an der Universität del Cine in Buenos Aires, wo sie im Jahre 2007 auch ihren Diplomfilm *Avenida Argentina* drehte.

Sebastian Büttner begann seine Karriere 1999 als Texter und Konzeptioner und wechselte 2005 als Headautor und Creative Producer in die TV-Branche, wo er u.a. für die Grundy UFA, action concept und die Bavaria Film und Fernsehen tätig war. 2010 prägte er als Drehbuchautor, Creative Producer & Transmedia-Produzent die erste deutsche Transmedia-Serie *Alpha 0.7 – Der Feind in Dir* (SWR) maßgeblich. 2011 gründete er zusammen mit dem Produzenten Mark Rau, der U5 Filmproduktion GmbH sowie dem Drehbuchautor Oliver Hohengarten die Gesamtkunstwerk Entertainment GmbH für Neue Digitale Unterhaltung, die u.a. für den Tatort (SWR) ein transmediales Online-Ermittlerspiel entwickelt hat. Zurzeit produziert er den ersten interaktiven Thriller für iPad und iPhone: *The Day It Rained Forever*.

Kristian Costa-Zahn ist Head of Creation der UFA New Media Units »UFA Lab« und »UFA Interactive«. Nach seinem Studium als Master of Arts arbeitete er als Konzepter, Regisseur und Grafik-Designer. Seine multimedialen Filmprojekte für Adidas und die Deutsche Post wurden mit Preisen ausgezeichnet. Seit 2006 ist er für alle UFA-Labels zentraler inhaltlicher Ansprechpartner für »360 Storytelling«. Als kreativer Projektleiter und Creative Producer realisierte er unter anderem das UFA-Talentportal »Your Chance« (2009), das interaktive Reiseformat »Rail Adventures« (2010) und »Wer rettet Dina Foxx« (2011). Sein Hauptaugenmerk liegt momentan auf den Bereichen Transmedia, Interactive Storytelling und Branded Entertainment. Er ist einer von acht Autoren des Transmedia Manifests.

Richard Dansky ist Manager of Design for Red Storm Entertainment und verantwortlicher Autor für die Clancy-Games von UbiSoft. Neben einigen Büchern, die er veröffentlicht hat, hat er in den letzten Jahren rund 40 Titel begleitet: von *Splinter Cell: Conviction*, *Splinter Cell: Blacklist*, einige Games in der *Rainbow Six*-Serie z.B. *Raven Watch* und *Black Arrow*, Titel in der *Ghost Recon*-Reihe, z.B. *Island Thunder* and *Ghost Recon: Future Soldier*, und viele Non-Clancy Titel wie *Driver: San Francisco, Outland*, and *Far Cry*.

Frank Otto Dietrich ist gemeinsam mit Ralf Schmidt-Bleeker Gründer der WAALD Creative Group. Gemeinsam haben sie hier die *Narrative Brand Planning*-Idee entwickelt, als methodische Grundlage für die Markenberatung aller Kunden von WAALD. Auf Agenturseite arbeitete Frank Otto Dietrich im Bereich Planning / Strategie für nationale und internationale Marken. Nach seiner Ausbildung zum Werbekaufmann bei Grey Worldwide folgte das Studium der Gesellschafts- und Wirtschaftskommunikation an der Universität der Künste in Berlin.

Prof. Dr. Gundolf S. Freyermuth ist Professor für Angewandte Medienwissenschaften an der ifs internationale filmschule köln und Ko-Gründungsdirektor des Cologne Game Lab. Zuvor freier Autor (drei Romane, elf Sachbücher, rund 500 Essays, Reportagen und Artikel, Arbeiten für Hörfunk, Film, Fernsehen). Forschungsschwerpunkte: Digitale Audiovisualität, Transmedialität, Games, Netzwerkkultur. Jüngste Publikationen: *Wolfgang Petersen – Back to the Boat* (Dokumentarfilm, USA 2011, Drehbuch und Regie), »Movies and Games: Audiovisual Storytelling in the Digital Age«. In: University of Theatre and Film Budapest (Hg.), *New Skills for New Jobs, New Skills for Old Jobs: Film and Media Schools in the Digital Revolution* (Budapest: S.Z.F.E., 2012), S. 21-39.

Thomas Friedmann ist Vorstandsvorsitzender von G.A.M.E. – Bundesverband der Computerspielindustrie und Geschäftsführer der Funatics Software GmbH. Mit *Funatics* entwickelt er seit 1998 hochwertige Computerspiele, unter anderem für THQ, Ubisoft und gamigo. 2010 hat sich *Funatics* mit *Cultures Online* erfolgreich im Online-Spielemarkt etabliert und damit die strategische Neuausrichtung der Firma hin zum Onlinespiele-Entwickler vollzogen. Thomas Friedmann doziert darüber hinaus regelmäßig im Fach Games Management an der Business and Information Technology School in Iserlohn und hält Vorträge auf Politik- und Branchenveranstaltungen.

Dr. Albert Heiser studierte Gesellschafts- und Wirtschaftskommunikation an der Universität der Künste, Berlin. Er arbeitete als Kreativer bei den Agenturen Ogilvy & Mather, Saatchi & Saatchi und Dorland/Grey und wurde für seine kreativen Leistungen vielfach ausgezeichnet. Er ist u.a. Dozent an der UdK Berlin, der Zürcher Hochschule der Künste und der ARD.ZDF medienakademie. 2001 gründete er das Creative Game Institut. Albert Heiser berät Unternehmen bei der Kampagnen-Entwicklung, dem Management kreativer Prozesse und unterrichtet in den Bereichen Text, Grafik und Werbefilm. Buchveröffentlichungen: Bleiben Sie dran (Neuaufl. 2009) Die Konzeption, Produktion und Postproduktion von Werbespot, -film und Viral. Das Drehbuch zum Drehbuch, Erzählstrategien für Werbespot, -film und Viral (Neuaufl. 2009). Bullshit Bingo, Storytelling für Werbetexte (2009).

Oliver Hohengarten, Studium der Theater-, Film und Fernsehwissenschaften, Germanistik und Ethnologie in Köln. Zunächst Freier Journalist, Autor und Übersetzer, 2001 dann Lektor für filmpool, später Dramaturg und Inhouse-Autor. Danach freier Drehbuchautor sowie Autor zweier Browsergames. 2010 schrieb und entwickelte er mit Sebastian Büttner die erste deutsche Transmedia-Serie *Alpha 0.7.* Für die 2011 gemeinsam gegründete Firma *Gesamtkunstwerk* folgten ein Motion Comic, ein Hörspiel sowie das Drehbuch zu dem interaktiven Kinofilm *The Day It Rained Forever.* Lebt in Köln.

Michael Justus, studierter Volkswirt, arbeitete zunächst als Lektor und dann für mehr als zehn Jahre als Geschäftsführer für den Wirtschafts-Fachverlag Schäffer-Poeschel in Stuttgart. Im Jahre 2002 wurde er zusätzlich Geschäftsführer beim geisteswissenschaftlichen Verlag J.B. Metzler. Seit 2008 ist er kaufmännischer Geschäftsführer des S. Fischer Verlags in Frankfurt am Main.

Stefan Köhler schloss sein Studium der Szenischen Künste an der Universität Hildesheim mit einer Diplomarbeit über die mediengeschichtliche Entwicklung von Modifikationen an Computerspielen ab. Als freiberuflicher Autor / Lektor / Übersetzer für (Serious) Games war er seitdem u.a. an den Point&Click-Adventures *Winterfest* – Lernspiel für funktionale Analphabeten (Serious Games Award 2011), *A New Beginning* (Bestes Deutsches Spiel beim Deutschen Computerspielpreis 2011) und *Deponia* (GameStar Gold Award) beteiligt.

Falko Löffler arbeitete nach einem Studium der Literatur- und Medienwissenschaft in Marburg einige Jahre als Autor und Leveldesigner bei einem Videospieleentwickler in Frankfurt. Als freier Autor schreibt er seit 2003 weiter an Texten für Computerspielen, aber auch an Romanen und Drehbüchern.

Dr. Uwe Naumann studierte Germanistik, Soziologie und Pädagogik in Hamburg und Marburg. Seit 1985 Mitarbeit im Lektorat der Rowohlt Verlage, seit 2000 Programmleiter Sachbuch bei Rowohlt. Herausgeber der Reihe »rowohlts monographien«. Seit 2010 auch Programmleiter Digitalbuch Plus bei Rowohlt.

Dr. Karl Olsberg promovierte über Anwendungen Künstlicher Intelligenz, war Unternehmensberater, Marketingdirektor eines TV-Senders, Geschäftsführer und erfolgreicher Gründer zweier Unternehmen in der »New Economy«. Er wurde unter anderem mit dem »eConomy Award« der Wirtschaftswoche für das beste Startup 2000 ausgezeichnet. Er entwickelte unter anderem das Social Writing-Projekt »Mygnia«, bei dem eine Community Geschichten in einem gemeinsamen Universum entwickelt.

Claudia Pelzer ist Medien-Ökonomin, hat ein internationales MBA-Studium absolviert und promoviert zum Thema »Neue Arbeitswelten«. Sie lebt in Köln und Berlin und arbeitet als Bloggerin (crowdsourcingblog.de), Autorin und Beraterin, verfasst Studien und organisiert verschiedene Branchenevents. Derzeit baut sie das UFA Lab Köln mit auf, wo sie den Bereich Business Development für Startup- und Innovations-Themen verantwortet.

Frank Raki studierte Neue deutsche Literatur und Theaterwissenschaft an der LMU München. Er arbeitete mehrere Jahre als Lektor und Dramaturg für Filmproduzenten und Verleiher, bevor er sich dem Schreiben widmete. Als Drehbuchautor schrieb er u. a. die Eventfilme *Die Bienen* für Sat.1 und *Das Inferno* für Pro-Sieben. Außerdem verfasst er Konzepte für Game-Developer wie 7th Level und Animation Arts und unterrichtet Interactive Storytelling an der HTW Berlin im Studiengang Game Design.

Dr. Frank Sambeth begann nach seinem Wirtschaftsingenieurstudium in Karlsruhe und Stanford seine Karriere 1997 bei Bertelsmann in der Zentralen Unternehmensentwicklung in Gütersloh. Seine Promotion führte ihn nach St. Gallen, bevor er 2001 zu Random House wechselt. Zunächst war er dort für die Unternehmensentwicklung verantwortlich, u. a. für verschiedene Verlagsakquisitionen und -integrationen. 2005 wurde er Chief Operating Officer und Mitglied der Geschäftsleitung und trieb in dieser Funktion den Auf- und Ausbau des Digitalgeschäfts voran. Seit 2012 ist er Vorsitzender der Geschäftsführung / CEO der Verlagsgruppe Random House.

Dr. Maximilian Schenk ist Geschäftsführer des BIU – Bundesverband Interaktive Unterhaltungssoftware und in dieser Funktion beispielsweise für die gamescom, den Deutschen Computerspielpreis und den Jugendschutz bei Computer- und Videospielen verantwortlich. Zuvor war er als Director Operations Mitglied der Geschäftsleitung der Sozialen Netzwerke studiVZ, schülerVZ und meinVZ in Berlin. In dieser Position war Maximilian Schenk insbesondere für die Monetarisierung von Social Games, Browser Games und anderen digitalen Inhalten verantwortlich. Er hat mehrere Jahre als Rechtsanwalt der Sozietät von Boetticher Hasse Lohmann gearbeitet (Medien-, IT-, Wettbewerbs-, Immaterialgüter-, Jugendschutz- und Datenschutzrecht), aber auch für das Europäische Harmonisierungsamt HABM in Alicante/Spanien und die Universität Konstanz.

Ralf Schmidt-Bleeker beschäftigt sich in seiner Arbeit mit komplexen Markenbedeutungen und deren Management. Gemeinsam mit Frank Otto Dietrich hat er an der UdK die *Narrative Brand Planning*-Idee entwickelt und Anfang 2012 *WAALD* gegründet. Auf Agenturseite arbeitete Ralf Schmidt-Bleeker für verschiedene WPP-Agenturen für nationale und internationale Marken im Bereich Planning / Strategie. Vor seinem Studium der Gesellschafts- und Wirtschaftskommunikation an der Universität der Künste (UdK) in Berlin hatte er sich als ausgebildeter Mediengestalter der Markenwelt aus visueller Perspektive genähert.

Inga von Staden ist Medienarchitektin, Coach und Ausbilderin. Sie lehrt am Animationsinstitut der Filmakademie Baden-Württemberg den Studienschwerpunkt Interaktive Medien. Sie studierte Landwirtschaft in Israel und Film in New York, arbeitete als Autorin und Redakteurin für Fernsehproduktionen, bis sie 1995 in die digitalen Medien als Konzepterin und Produktionsleiterin für Games, Multimedia- und Internetapplikationen wechselte. 1999 machte sie sich als Medienberaterin unter dem Namen projectscope selbstständig und baute u.a. für das Medienboard Berlin-Brandenburg die Koordination Neue Medien – Games, Mobile und Internet – als Schnittstelle zwischen Privatwirtschaft und öffentlicher Hand auf.

Sven Sund – seit 2002 Geschäftsführer der Saxonia Media Filmproduktionsgesellschaft mbH Leipzig – ist Absolvent der HFF »Konrad Wolf« in Potsdam-Babelsberg, an der er seit 2011 als Gastdozent lehrt. Nach dem Studium der Film- und Fernsehwirtschaft arbeitete er als Produktions- und Herstellungsleiter u.a. für COLON FILM GmbH, ZIEGLER Film- und Fernsehproduktion GmbH und FILMPOOL GmbH. 1999 wechselte er zur Studio-Hamburg-Tochter Metropol Film GmbH und wurde 2000 zum Geschäftsführer berufen. Unter seiner Mitwirkung entstanden in den letzten 20 Jahren preisgekrönte TV-Projekte wie die Serie *Berlin, Berlin* (Deutscher Fernsehpreis als »Beste Sitcom« und Emmy-Award als

»Best Comedy«), ebenso wie die TV-Serien *In aller Freundschaft* und *Tierärztin Dr. Mertens*, die zu den erfolgreichsten Primetimeformaten im deutschen Fernsehen zählen oder der Fernsehfilm *Hoffnung für Kummerow*.

Robert Walter studierte Software Engineering und Informatik an der HTWG Konstanz. Während und nach dem Studium sammelte er Erfahrungen als Software Designer und Software Architekt in den Bereichen Enterprise Anwendungen und Embedded Systems. Momentan arbeitet und forscht er als wissenschaftlicher Mitarbeiter in der Entertainment Computing Group der Universität Duisburg-Essen. Dabei liegt sein Hauptaugenmerk auf dem Spieleentwicklungsprozess und der Frage, wie formale Modelle für Game Designer und Autoren aussehen müssen, um den Design- und Entwicklungsprozess von Spielen sinnvoll zu unterstützen.

Pamela Wershofen ist Redakteurin TV und Online sowie Projektmanagerin. Seit zehn Jahren ist sie bei der WDR mediagroup GmbH, davor bei diversen Produktionsfirmen und Theatern tätig. Sie betreut die Marke *Wissen vor acht*, fiktionale und nicht-fiktionale Sendungen im ARD-Vorabend sowie einzelne Degeto-Spielfilmprojekte. Sie ist Dozentin an der Hochschule Fresenius in Köln. Sie hat ihre Ausbildung zur Fernsehjournalistin bei der Hanns-Seidel-Stiftung Bayern gemacht und einen Magister Artium an der Universität zu Köln in den Fächern TheFiFe, Germanistik und Italienisch.

Jan F. Wielpütz schrieb als Journalist für die Wirtschaftsmagazine impulse und BIZZ. Danach studierte er an der Universität Bonn Anglistik, Germanistik und Geschichte und arbeitete gleichzeitig als Übersetzer und Redakteur für Bastei Lübbe. Als Stefan Bonner hat er gemeinsam mit Anne Weiss die SPIEGEL-Bestseller *Generation Doof, Doof it Yourself* und aktuell *Heilige Scheiße* geschrieben. Nachdem er als Lektor den Spannungsbereich bei Bastei Lübbe betreut hat, arbeitet er seit September 2011 als Cheflektor für den E-Book-Bereich bei Bastei Entertainment.

Prof. Dr. Tim Wu ist Professor an der Columbia Law School, Chairman der media reform organization Free Press, und Co-Autor von *Who Controls the Internet?* (Oxford U. Press, 2006). Wu wurde 2006 als einer der 50 führenden Personen in Wissenschaft und Technik vom Scientific American Magazine gewählt und 2007 als einer von Harvard's 100 einflussreichsten Graduierten. Er hat die Net Neutrality Theory entwickelt, für Riverstone Networks, Judge Richard Posner und Justice Stephen Breyer gearbeitet und für den New Yorker, die Washington Post, Forbes, Slate magazine und andere geschrieben.

Aaron Yonda ist Co-Director von BlameSocietyFilms und hat Branded Comedy Films für Google, NBC's Community, BBC America, Trident, Jarritos, and International Trucking produziert. Er hat mit diversen Comedians zusammengearbeitet und war als Keynotespeaker (Erma Bombeck Writers' Workshop and BlogWorld New Media Expo) und Panelgast bei Comic Con, The Writer's Guild, Dragon Con, Fan Expo Toronto vertreten.

Alle Links auf Videos und Dokumente finden Sie auch unter

www.digitaleserzählen.de

Anmerkungen

1. Einführung

1 Martell, Frédéric: Mainstream. 2011, S. 500.
2 Dirk von Gehlen, in: Warum loben Sie die Kopie? In: Buchreport Juni 2012, S. 13.
3 Hartmut Rosa, in: Opitz, Florian: Speed. Auf der Suche nach der verlorenen Zeit. 2012, S. 57.
4 Martell, Frédéric: Mainstream. 2011, S. 500.
5 Martell, Frédéric: Mainstream. 2011, S. 474.
6 Martell, Frédéric: Mainstream. 2011, S. 478.
7 Martell, Frédéric: Mainstream. 2011, S. 502.
8 Martell, Frédéric: Mainstream. 2011, S. 502.
9 Nach: Passig, Kathrin: Standardsituationen der Technologiekritik, 2013.

2. Erzählen

10 Tom Fontana in: Priggé, Steven: Created By. 2005, S. 201.
11 In: Story Juice. Unter: http://c298009.r9.cf1.rackcdn.com/StoryJuiceBook_FullBook_final.pdf
12 Doran, Lindsay: Zwei Stunden im Dunkeln zu Lachen kann nicht schaden. Michaela Haas, Süddeutsche Zeitung Magazin, Heft 22, 2012, S. 22.
13 So dass stellenweise schon die Stagnation beklagt wurde, Sebastian Büttner: »Wir hatten so lange Stillstand – man hatte das Gefühl, alles bleibt gleich.«
14 Michel Butor in: Die Deutsche Literatur? Zu deutsch. In: Die Zeit vom 12.07.12, S. 46.
15 Vgl. aber auch: www.spiegel.de/kultur/literatur/black-box-twitter-roman-von-jennifer-egan-a-913902.html
16 Vgl. dazu auch: http://screen.tv/ausgabe_10/produktion/freyermuth_6.html
17 Gabriel, Yiannis: Storytelling in Organizations. 2000, S. 17.
18 Rose, Frank: Art of Immersion. 2012, S. 4.
19 Elan Lee in: Rose, Frank: Art of Immersion. 2012, S. 44f.
20 www.basicthinking.de/blog/2011/02/13/basic-flashback-web-3-0-ist-da-und-wir-sind-laengst-mittendrin/
21 www.facebookstories.com/stories/47/infographic-sharing-life-s-major-moments
22 Lena Thiele: Im Aufbruch. In: Schnitt #66 02/12, S.10.
23 http://socio.ch/intcom/t_gasser.htm#4
24 www.agof.de/aktuelle-studie.583.de.html
25 Lena Thiele: Im Aufbruch. In: Schnitt #66 02/12, S.10.
26 Inga von Staden: »Ein Beispiel dafür ist das finnische Projekt ›Iron Sky‹, eine Fiktion, in der sich die Nazis 1946 auf den Mond zurückziehen, um von dort in unserer nahen Zukunft einen Blitzkrieg gegen die USA zu starten. Die Community half bei der Entwicklung der Welt, des daraus abgeleiteten Films, der Games und der Graphic Novel Serie. Sie beteiligte sich darüber hinaus mit € 1,5 Mio an der Finanzierung (crowd-funding und -financing), mit Locationsuche und Fertigung von Special Effects an der Produktion (crowd-sourcing) sowie mit Viral Marketing an der Distribution.«
27 Rose, Frank: Art of Immersion. 2011, S. 97.

28 www.designdamage.com/why-attention-is-the-new-currency-online/

29 www.steverubel.me/

3. Zielgruppen und Märkte

30 Wolf Bauer, Vorstandsvorsitzender der UFA, in: Die digitale Revolution reißt alle Mediengeschäfte mit. FAZ 05.07.12, S. 31.

31 Tim Wu: The Master Switch. 2010. S. 6.

32 Vgl. auch Karp, Ruby: »Nur meine Oma ist noch bei Facebook«, in: FAZ am 18.08.2013, S. 43.

33 Martell, Frédéric: Mainstream. 2011, S. 500.

34 Vgl. Neis, Lisa: Schwierige Zeiten verlangen Engagement von allen Seiten. In: Buchreport Spezial 2012, S. 22.

35 Rainer Ordegel, in: Neis, Lisa: Schwierige Zeiten verlangen Engangement von allen Seiten. In: Buchreport Spezial 2012, S. 22.

36 Martell, Frédéric: Mainstream. 2011, S. 503.

37 http://researchticker.com/wp-content/uploads/2011/12/2010-2011-nielsen-television-audience-report.pdf

38 http://insidetv.ew.com/2011/11/30/tv-ownership-declines/

39 www.ard-zdf-onlinestudie.de/fileadmin/Online12/0708-2012_Eimeren_Frees.pdf

40 https://www.sevenonemedia.de/c/document_library/get_file?uuid=61e845e2-3bf7-47ce-b014-968f70db8d05&groupId=10143

41 Neon, 10/2012, S. 26.

42 Dean Donaldson: Carry & Connecting wird zum Schlüsselbegriff. In: Kressreport 12/12 vom 08.06.2012, S. 22.

43 Vgl. Kressreport 09/12 vom 27.04.12, S. 28.

44 www.bitkom.org/de/presse/8477_72473.aspx

45 http://www.multi-screen.eu

46 Dean Donaldson: Carry & Connecting wird zum Schlüsselbegriff. In: Kressreport 12/12 vom 08.06.2012, S. 22.

47 »Deutscher Meister. Hartmut Esslinger«. Von Michael Bitalla. In Süddeutsche Zeitung Nr. 39, 15.02.2013, S. 3.

48 www.medialine.de/deutsch/wissen/medialexikon.php?snr=5031

49 Vgl. z.B. http://ryangripp.com/outdoor-advertising/why-use-highway-billboard-advertisement-signs-for-marketing/

50 Dean Donaldson: Carry & Connecting wird zum Schlüsselbegriff. In: Kressreport 12/12 vom 08.06.2012, S. 23.

51 Vgl. auch Dean Donaldson: Carry & Connecting wird zum Schlüsselbegriff. In: Kressreport 12/12 vom 08.06.2012, S. 23.

52 Vgl. http://kress.de/mail/alle/detail/beitrag/116992-goldmedia-gastbeitrag-zu-social-tv-mehr-oder-weniger-aufmerksamkeit-fuers-fernsehen.html

53 Vgl. http://kress.de/mail/alle/detail/beitrag/116992-goldmedia-gastbeitrag-zu-social-tv-mehr-oder-weniger-aufmerksamkeit-fuers-fernsehen.html

54 http://kress.de/mail/alle/detail/beitrag/116992-goldmedia-gastbeitrag-zu-social-tv-mehr-oder-weniger-aufmerksamkeit-fuers-fernsehen.html

55 Vgl. Oliver Fuchs, ehem. Geschäftsführer Eyeworks TV, in: Urbe, Wilfried: Ein Tsunami steht bevor. In: KSTA, 12.06.12, S. 9.

56 Vgl. Staun, Harald: Der Star, der aus der Höhle kommt. In: FAZ, 06.05.12, S. 33.

57 www.businessinsider.com/tv-business-collapse-2012-6?op=1#ixzz1wo5wpbL2

58 www.pbs.org/mediashift/2012/03/state-of-the-news-media-newspapers-need-initiative-innovation-and-investment082.html

59 www.uni-leipzig.de/~piskol/krise/ausstellung-online.pdf

60 www.businessinsider.com/tv-business-collapse-2012-6#ixzz1xU6KM6a3

61 http://peterkasza.com/2012/06/4-fragmentierung-von-zielpublikum-mediennutzung-und-content/

62 Inga von Staden: »Die Vielfalt attraktiver Medienformate, die Zunahme der Medienprodukte, die neuen Endgeräte und das Internet sowie der damit verbundene, unbegrenzte und globale Zugang zu Medien hat das ursprünglich nationale Massenpublikum aufgebrochen. Es wird zunehmend aufwendiger, eine entsprechend große Anzahl an sogenannten Usern zu erreichen, um eine kommerzielle Medienproduktion zu rechtfertigen.«

63 In: Kressreport 09/12 vom 27.04.12, S. 20.

4. Viral Spots

64 In: Ein Krieg um Ideen. Die Zeit, Nr. 24 vom 06.06.1023, S. 52.

65 www.youtube.com/watch?v=gxVITKW5GDI

66 Es gibt einen zweiten Teil zu dem Video, das dieselbe Grundidee bespielt, nur diesmal steht nicht nur der Drehbuchautor im Schrank, sondern es liegt auch ein nackter Mann neben der Ehefrau im Bett – und erzählt dem Ehemann eine Geschichte, um sich zu retten. Mit überraschendem Ergebnis. Siehe hier: www.youtube.com/watch?v=16BrvziKzT8

67 »Echte Kämpfer essen keinen Honig. Sie kauen Bienen.« Unter: http://sz-magazin.sueddeutsche.de/texte/anzeigen/39695/3/1

68 Dietrich / Schmidt-Bleeker: Narrative Brand Planning. 2009, S. 23.

69 Dietrich / Schmidt-Bleeker: Narrative Brand Planning. 2009, S. 27.

70 Dietrich / Schmidt-Bleeker: Narrative Brand Planning. 2009, S. 168.

71 Vgl. dazu auch Dietrich / Schmidt-Bleeker: Narrative Brand Planning. 2009, S. 147.

72 Mathews / Wacker: Storytelling. 2008, S. 7.

73 www.scribd.com/doc/70983744/Transmediales-Erzahlen

74 www.mediadesign.de/blog/erfolgsfaktoren-und-weiterempfehlungsanreize-bei-viralen-spots

75 Vgl. auch http://henryjenkins.org/2009/02/if_it_doesnt_spread_its_dead_p_6.html

76 Pratten, Robert: Getting Started in Transmedia Storytelling, 2011. S. 77.

77 www.web20bloggen.files.wordpress.com/2008/04/why-pass-on-viral-messages-because-they-connect-emotionally.pdf

78 www.youtube.com/watch?v=316AzLYfAzw

79 Der Folgespot treibt dies auf die Spitze: www.youtube.com/watch?v=ZIkPeZKP-d4

80 www.web20bloggen.files.wordpress.com/2008/04/why-pass-on-viral-messages-because-they-connect-emotionally.pdf

81 www.mediadesign.de/blog/erfolgsfaktoren-und-weiterempfehlungsanreize-bei-viralen-spots

82 www.youtube.com/watch?v=R55e-uHQna0

83 www.youtube.com/watch?v=IXDSWhobbfc&list=PLCAAFE64E41705BB0

84 www.youtube.com/watch?v=GTJLcTvGBf8

85 www.youtube.com/watch?v=YZ1tNvhGPUg

86 www.youtube.com/watch?v=R55e-uHQna0

87 www.youtube.com/watch?v=kyPx35RX2kI

88 www.youtube.com/watch?v=316AzLYfAzw

89 www.youtube.com/watch?v=TnzFRV1LwIo

90 www.youtube.com/watch?v=-prfAENSh2k
91 Der Spot war so erfolgreich, dass es eine Parodie gibt: Hier fängt jemand einen Laptop mit seinem Hintern: www.youtube.com/watch?v=oiNaadVOQEM
92 www.youtube.com/watch?v=pShf2VuAu_Q
93 Pratten, Robert: Getting Started in Transmedia Storytelling, 2011. S. 77.
94 www.youtube.com/watch?v=PXfjyFQkjBI
95 www.youtube.com/watch?v=kSqjhx1G2Ig
96 www.youtube.com/watch?v=_WVur8WuoYM
97 www.youtube.com/watch?v=ieDUiG6xBS0
98 www.youtube.com/watch?v=BytvBzAZCfY
99 www.youtube.com/watch?v=TlUEiq-jRjg
100 www.youtube.com/watch?v=js2XFXtr-2Y
101 www.youtube.com/watch?v=SPbXwSrwAQk
102 www.youtube.com/watch?v=owGykVbfgUE
103 www.youtube.com/watch?v=EPNjWWQqWCA
104 www.youtube.com/watch?v=R55e-uHQna0
105 www.youtube.com/watch?v=pUG3Z8Hxa5I
106 www.youtube.com/watch?v=OjnNfo5Spa8
107 www.youtube.com/watch?v=oRhlGt6JhoI
108 www.youtube.com/watch?v=d-XHPHRlWZk
109 www.youtube.com/watch?v=MHwEsXLp_MI
110 www.youtube.com/watch?v=rVGi7mgLSbM&feature=related
111 www.youtube.com/watch?v=tLz4kBcU7Ys
112 www.youtube.com/watch?v=Dhg_rjpvtME&feature=related
113 www.youtube.com/watch?v=3gFkGD903PI
114 www.youtube.com/watch?v=RODr0Fg8pNc
115 www.youtube.com/watch?v=ion8qyu2Z4M
116 www.youtube.com/watch?v=4ba1BqJ4S2M
117 www.youtube.com/watch?v=MzhhVePq7lM&feature=player_embedded
118 www.icetruck.tv/news/?id=2910038956
119 www.youtube.com/watch?v=QyQ1W5GD6D8&feature=player_embedded
120 http://viralvideochart.unrulymedia.com/youtube/Dexter_Interactive_Investigation%3A_Start_Here!?id=g9IObJBjhlg
121 www.clickz.com/clickz/news/1731560/dexter-creates-elaborate-arg-keep-viewer-interest-between-seasons
122 http://imgur.com/a/YF4Cm#5
123 http://www.clickz.com/clickz/news/1731560/dexter-creates-elaborate-arg-keep-viewer-interest-between-seasons

5. Web-Serien

124a Phil und OG von Y-Titty in: Die Zeit Nr. 42 vom 10.10.13
124 www.tomcruise.com/blog/2012/03/27/12551/#one
125 www.tomcruise.com/blog/2012/03/27/12551/
126 www.youtube.com/watch?v=C1Q_GAMs8Yw&list=PLDED541BD07727D45
127 http://drhorrible.com/plan/
128 »Internet-TV für 100 Millionen Dollar«. In: Die Zeit Nr. 7 vom 07.02.2013, S. 31.
129 Vgl. »Internet-TV für 100 Millionen Dollar«. In: Die Zeit Nr. 7 vom 07.02.2013, S. 31.
130 www1.uni-hamburg.de/Medien/berichte/arbeiten/0127_11.pdf

131 www.watchtheguild.com
132 http://feliciaday.com/blog/web-series-4-things-to-ask-yourself-before-starting
133 Vgl. Staun, Harald: Der Star, der aus der Höhle kommt. In: FAZ, 06.05.12, S. 33.
134 Vgl. Staun, Harald: Der Star, der aus der Höhle kommt. In: FAZ, 06.05.12, S. 33.
135 www.tomcruise.com/blog/2012/03/27/12551/
136 www.tomcruise.com/blog/2012/03/27/12551/#one
137 http://ipf.ca/IPF/ Vgl. auch Pratten, Robert: Getting Started in Transmedia Storytelling, 2011. S. 92ff.
138 www.youtube.com/watch?v=VWD8hnT17FA
139 www.nytimes.com/2008/09/01/business/media/01webisodes.html?_r=2&em=&pagewanted=all
140 www.tomcruise.com/blog/2012/03/27/12551/#one
141 www.moabit-vice.de/
142 Brent Friedman in: Rose, Frank: Art of Immersion. 2011, S. 186.
143 www.tomcruise.com/blog/2012/03/27/12551/
144 http://vimeo.com/channels/highmaintenance
145 www.ifc.com/shows/portlandia
146 www.wainydays.com
147 www.webserieschannel.com/burning-love/
148 www.adultswim.com/presents/ntsfsdsuv/index.html
149 www.daveandtom.com/safetygeeks.html
150 www.webserieschannel.com/the-confession/
151 www.youtube.com/watch?v=akxchAf2M4w&feature=related
152 www.anyonebutmeseries.com
153 www.fastcompany.com/1763443/comedy-rich-web-elite-group-dramas-break-through-these-are-their-stories-chu-chung
154 www.youtube.com/watch?v=-A-y0JrmsT8&feature=relmfu
155 www.youtube.com/user/WolfgangMR
156 www.mydamnchannel.com/channel/daily_grace_1047.aspx
157 www.mydamnchannel.com/you_suck_at_photoshop/season_3/skintoneawareselection_9132.aspx

6. Games

158 Vgl. Die Zeit Nr. 9 vom 21.02.2013, S. 22.
159 Vgl. www.biu-online.de/de/fakten/gamer-statistiken/altersverteilung.html
160 Vgl. McGonigal, Jane: Besser als die Wirklichkeit. 2012, S. 11f.
161 McGonigal, Jane: Besser als die Wirklichkeit. 2012, S. 13.
162 www.theverge.com/gaming/2012/7/17/3157713/video-the-evolution-of-pc-games
163 Vgl. www.heise.de/newsticker/meldung/Transmediales-Erzaehlen-Film-und-Computerspiel-sollen-weiter-verschmelzen-1237035.html
164 Thorsten Unger: Games machen Bücher-Welten begehbar. In: Buchmarkt Nr. 33, 16.08.12, S. 25.
165 Vgl. http://hd.welt.de/ausgabe_a/apps-computer/article108616569/Deutsche-Firmen-mischen-PC-Spiele-Szene-auf.html
166 www.sueddeutsche.de/digital/videospielindustrie-im-wandel-digitale-revolution-fuer-fortgeschrittene-1.1435162
167 http://hd.welt.de/ausgabe_a/apps-computer/article108616569/Deutsche-Firmen-mischen-PC-Spiele-Szene-auf.html

168 Übrigens: Die Zahl der Raubkopien ist so hoch, dass man mit Free-To-Play-Games und ihren billigen Beträgen ungefähr gleich viel Geld einnimmt. Anders gesagt: Man nimmt dieselbe Summe ein – egal ob einige gratis spielen und andere etwas bezahlen oder ob einige das Spiel kaufen und andere es raubkopieren.

169 Vgl. Koch, Christoph: Das gibt's doch nicht. In: Neon, April 2013, S. 162.

170 Vgl. Koch, Christoph: Das gibt's doch nicht. In: Neon, April 2013, S. 158.

171 Vgl. Fischermann / Kunze / Meier: Piraten zur Kasse. Die Zeit, Nr. 24, vom 06.06.12, S. 22.

172 Lena Thiele: Im Aufbruch. In: Schnitt #66 02/12, S.10.

173 www.minecraft.net/

174 www.bogost.com/games/cow_clicker.shtml

175 Vgl. auch www.gamasutra.com/view/news/179101/Social_players_dont_want_to_read_your_text__or_do_they.php#.US9WgKVZXKQ

176 http://hd.welt.de/ausgabe_a/apps-computer/article108616569/Deutsche-Firmen-mischen-PC-Spiele-Szene-auf.html

177 Rose, Frank: The Art of Immersion. 2001, S. 128.

178 McGonigal, Jane: Besser als die Wirklichkeit. 2012, S. 92.

179 Schell, Jesse: Die Kunst des Game Designs. 2012, S. 341.

180 www.youtube.com/watch?v=HfOUhwhdUV0

181 Rose, Frank: The Art of Immersion. 2001, S. 271.

182 Vgl. McGonigal, Jane: Besser als die Wirklichkeit. 2012, S. 49.

183 Vgl. McGonigal, Jane: Besser als die Wirklichkeit. 2012, S. 34.

184 Schell, Jesse: Die Kunst des Game Designs. 2012, S. 340.

185 www.youtube.com/watch?v=mQKLwLxe5-M

186 www.youtube.com/watch?v=mDABRJKQKaI

187 www.leckerefelsen.de/wordpress/?s=mass

188 www.leckerefelsen.de/wordpress/?s=mass

189 Schell, Jesse: Die Kunst des Game Designs. 2012, S.353.

190 Schell, Jesse: Die Kunst des Game Designs. 2012, S.356.

191 Vgl. Rose, Frank: Art of Immersion. 2011, S. 132.

192 Rose, Frank: Art of Immersion. 2011, S. 135.

193 www.spiegel.de/netzwelt/games/bioshock-infinite-interview-mit-irrational-games-chef-ken-levine-a-891447.html

194 www.warcraftmovies.com/movieview.php?id=53953

195 www.myvideo.de/watch/1349837/When_the_Postman_spits_twice

196 www.southpark.de/alleEpisoden/1008/

197 Vgl. http://de.wikipedia.org/wiki/ELIZA

198 Falko Löffler: »Spieler haben eine sehr geringe Aufmerksamkeitsspanne. Aber wenn man sich Michael Bay-Filme ansieht, würde man dasselbe von Filmzuschauern behaupten.«

199 www.spiegel.de/netzwelt/games/thirty-flights-of-loving-ist-eine-offenbarung-a-854572.html

200 Frank Raki: »Es gibt aber noch einen anderen Weg zur Umsetzung des nicht-linearen Erzählens: Man versucht, das Game mit einer Künstlichen Intelligenz auszustatten, die eigenständig Plots produziert und verwaltet. Bislang gibt es solche Story-Engines nur in Ansätzen – wie zum Beispiel das *Radiant Story*-System von Bethesda, das in *The Elder Scrolls V: Skyrim* Missionen für den Spieler maßschneidert.

201 Vgl. Rose, Frank: Art of Immersion. 2011, S. 279.

202 Frank Raki: »Patentrezepte zur Erzeugung von Emotionalität gibt es letztlich nicht. Es hängt von vielen Faktoren ab, wie und welche Emotionen man erzeugen kann: von der Art, wie der Spielercharakter gesteuert wird, von der Perspektive auf ihn, vom Gameplay

und anderem mehr.« Falko Löffler: »Niemand kennt den ultimativen Lösungsansatz, wie eine Geschichte emotional packend im Spiel ist. Solche Momente gibt es immer wieder in bestimmten Spielen, aber das ist meist punktuell und nie auf andere Games übertragbar.«

203 Vgl. Rose, Frank: Art of Immersion. 2011, S. 281.

204 Falko Löffler betont, wie sinnvoll es ist, Plot und Gameplay stark miteinander zu verbinden: »Bei *Portal* 1&2 ist die Geschichte komplett mit der Spielmechanik verwoben. Das kann nicht mehr getrennt werden. Es ist eigentlich ein Geschicklichkeitsspiel in einer Endzeitwelt. Aber die Stimme, die einem Anweisungen gibt, ist unzuverlässig. Sie ist zynisch – und führt einen in die Irre. Allein diese Texte von GlaDos, so heißt die Stimme, sind brillant geschrieben. «

205 www.spiegel.de/netzwelt/games/papo-und-yo-im-test-a-852873.html

206 http://gamasutra.com/view/news/178600/How_XCOM_enables_players_to_tell_their_own_stories.php#.UH0ZALTtjrU

207 http://gamasutra.com/view/news/178600/How_XCOM_enables_players_to_tell_their_own_stories.php#.UH0ZALTtjrU

208 http://gamasutra.com/view/news/178600/How_XCOM_enables_players_to_tell_their_own_stories.php#.UH0ZALTtjrU

209 www.youtube.com/watch?v=Qxsx0NOT-88

210 www.spiegel.de/netzwelt/games/spirit-camera-und-project-zero-2-rezensiert-von-carsten-goerig-a-845041.html

211 https://www.zombiesrungame.com/

212 http://campusphere.de/gamification/2012/03/22/driving-user-behavior-with-game-dynamics/

213 http://hci.stanford.edu/courses/cs547/Resources/rajat_paharia_stanford_hci_seminar_feb_2010.pdf

214 Schell, Jesse: Die Kunst des Game Designs. 2012, S.352.

215 www.spiegel.de/netzwelt/games/bioshock-infinite-interview-mit-irrational-games-chef-ken-levine-a-891447.html

216 http://starwars.lego.com/de-de/ComicBuilder/FramePage.aspx

217 Rose, Frank: Art of Immersion. 2011, S. 19.

218 Schell, Jesse: Die Kunst des Game Designs. 2012, S.360.

219 Vgl. Schell, Jesse: Die Kunst des Game Designs. 2012, S.361.

220 Yannis Mallat (Ubisoft) in: Rose, Frank: The Art of Immersion. 2011, S. 56.

7. E-Books

221 Eva C. Schweitzer: Picasso auf Tapete. In: Die Zeit, Nr. 25, S. 32.

222 Vgl. Bianca Corcoran-Schliermann: An Streaming hat vor Jahren keiner gedacht. In: Buchreport Express Nr. 10 vom 07.03.2013, S. 22.

223 www.faz.net/aktuell/feuilleton/buecher/gespraech-mit-einem-antiquar-haben-sie-angst-vor-dem-e-book-herr-tenschert-11851232.html

224 www.faz.net/aktuell/feuilleton/buecher/gespraech-mit-einem-antiquar-haben-sie-angst-vor-dem-e-book-herr-tenschert-11851232.html

225 www.buchreport.de/nachrichten/verlage/verlage_nachricht/datum/2012/07/23/digitales-surplus.htm

226 Vgl. http://thomas-knip.blogspot.de/2012/03/interview-mit-ebook-pionier-wilfried.html

227 Vgl. hwww.buchreport.de/nachrichten/verlage/verlage_nachricht/datum/2013/02/08/dickes-sorgt-fuer-duennes-plus.htm

228 www.buchreport.de/nachrichten/ausland/ausland_nachricht/datum/2012/07/19/e-book-preise-druecken-den-umsatz.htm

229 Vgl. www.sueddeutsche.de/digital/erfolg-von-e-books-lad-mich-lies-mich-1.1491999-2

230 Vgl. Eva C. Schweitzer: Picasso auf Tapete. In: Die Zeit Nr. 25, S. 32.

231 Paulo Coelho: Twittern ist Kunst. In: Die Zeit Nr. 27, S. 45.

232 Vgl. auch www.lesen.net/ebooks/die-popularsten-piraterierten-e-books-ratgeber-vorne-bestseller-kaum-gefragt-5845/

233 Paulo Coelho: Twittern ist Kunst. In: Die Zeit, Nr. 27, S. 45.

234 www.buchreport.de/nachrichten/online/online_nachricht/datum/2012/07/25/serien-morde-und-holunderkuesschen.htm?no_cache=1&cHash=9ec5f8a6b583561801c94b ba11949632

235 http://www.literaturcafe.de/martina-gercke-holunderkuesschen-wie-man-ohne-verlag-einen-bestseller-schreibt/

236 www.faz.net/aktuell/feuilleton/buecher/trend-zum-selbstverlag-ich-heisst-die-markt-macht-11830607.html

237 Klaus Schöffling in: Reich mir mal das E-Book rüber. In: Die Zeit, Nr. 23 vom 31.05.12, S. 27.

238 Dirk von Gehlen in: Warum loben Sie die Kopie? In: Buchreport Juni 2012 S. 13.

239 www.youtube.com/watch?v=9mLR1F4ISmI&feature=player_embedded#

240 promo.simonandschuster.com/vook/ oder http://vook.com

241 Vgl. auch: www.youtube.com/watch?v=yehxbvjw_sM

242 www.youtube.com/watch?v=gew68Qj5kxw

243 Vgl. auch Daniel Lenz: Schnell, kurz und seriell. In: Buchreport Magazin, März 2013, S. 8.

244 Vgl. www.media-perspektiven.de/uploads/tx_mppublications/12-2011_Kuhn_Blaesi.pdf

245 Prostka, Tim: Mit Preissenkung legale Käufe steigern. In: Buchreport Magazin, März 2012, S. 50.

246 Eschbach, Andreas: Exponentialdrift. 2003, S. 224ff.

247 www.sueddeutsche.de/digital/erfolg-von-e-books-lad-mich-lies-mich-1.1491999-2

248 www.youtube.com/watch?v=p2VZRMfUdwE

249 http://vimeo.com/22872265#

250 Vgl. auch im Folgenden: www.spiegel.de/netzwelt/web/cora-liebesromane-die-erfolgs-e-books-a-840810.html

251 www.fr-online.de/panorama/erotik-fifty-shades-of-grey---das-geheime-buch,1472782,16443422.html

252 Hier der Trailer: www.youtube.com/watch?v=D1jiadl_Dds

253 www.mygnia.de/wiki/mygnia.de/view/Start/WebHome

254 vgl. http://virenschleuderpreis.de/index.php/2011/04/21/zeilenreich-interaktiver-roman-mit-sebastian-fitzek-als-facebook-applikation/

255 Probst / Trotier: Leser, mach's dir selbst. In: Die Zeit, Nr. 6, S. 42.

8. Transmediales Erzählen

256 Vgl. www.knowledgepresentation.org/BuildingTheFuture/Kress2/Kress2.html

257 Pratten, Robert: Getting Started in Transmedia Storytelling, 2011. S. 3.

258 Vgl. auch Lena Thiele: Im Aufbruch. In: Schnitt #66 02/12, S.10.

259 Rose, Frank: Art of Immersion. 2011, S. 15.

260 Weisman in: Rose, Frank: Art of Immersion. 2011, S. 21.

261 www.themaestersrpath.com/#/wheel

262 http://rides.tv/news/fourth-walls-chief-creative-officer-elan-lee-explains-what-is-a-ride/

263 http://pakderegie.filmfestival.nl
264 Grimm, Matthias: Wer beglotzt die Glotze? In: Schnitt Nr. 67, 03/2012, S. 84.
265 Pratten, Robert: Getting Started in Transmedia Storytelling, 2011. S. 23.
266 Weisman, Jordan in: Rose, Frank: Art of Immersion. 2011, S. 22.
267 Schell, Jesse: The Art of Game Design. 2008, S. 366.
268 http://rides.tv
269 http://rides.tv/news/fourth-walls-chief-creative-officer-elan-lee-explains-what-is-a-ride/
270 Vgl. www.giantmice.com/features/understanding-audience/
271 www.miramontes.com/writing/exocog/
272 www.miramontes.com/writing/exocog/
273 Vgl. dazu www.giantmice.com/features/understanding-audience/
274 www.giantmice.com/features/understanding-audience/
275 www.wired.com/culture/lifestyle/news/2001/09/46672?currentPage=all
276 Schell, Jesse: The Art of Game Design. 2008, S. 366.
277 www.youtube.com/watch?v=RHPMocTmC08&feature=player_embedded
278 www.youtube.com/watch?v=PcTDMYq3xCw&feature=player_embedded
279 http://peterkasza.com/2011/10/majestic/
280 Der Amokläufer James Holmes, der bei der Kinovorsellung des Batman-Films *The Dark Knight Rises* 2012 zwölf Menschen erschoss, ist wohl die traurige Seite der Vermischung von Realität und Fiktion.
281 Das Video zu Whysoserious ist hier zu sehen: www.canneslions.com/inspiration/past_grands_prix_advert.cfm?sub_channel_id=264
282 Inga von Staden in: Zarges, Torsten: Virtuelle Komplizen tauchen ganz tief ein. In: Kressreport 09/12 vom 27.04.2012, S. 27.
283 Pratten, Robert: Getting Started in Transmedia Storytelling. 2011, S. 40.
284 Vgl. dazu auch Pratten, Robert: Getting Started in Transmedia Storytelling. 2011, S. 40.
285 Inga von Staden in: Zarges, Torsten: Virtuelle Komplizen tauchen ganz tief ein. In: Kressreport 09/12 vom 27.04.2012, S. 27.
286 Pratten, Robert: Getting Started in Transmedia Storytelling. 2011, S. 70.
287 http://hi-res.net/awards/thelostexperience/
288 www.youtube.com/watch?v=VF2Ys9qORbM&feature=related
289 Damon Lindelof in: Rose, Frank: The Art of Immersion. 2011, S. 164.
290 http://artofgamedesign.com/book/
291 Schell, Jesse: The Art of Game Design. 2008, S. 366.
292 Pratten, Robert: Getting Started in Transmedia Storytelling, 2011. S. 28.
293 Ein Beispiel für die Auffächerung der Handlung auf verschiedene Plattformen findet sich unter Pratten, Robert: Getting Started in Transmedia Storytelling, 2011, S. 55.
294 Pratten, Robert: Getting Started in Transmedia Storytelling, 2011. S. 17.
295 Vgl. http://henryjenkins.org/2007/03/transmedia_storytelling_101.html
296 Vgl. Pratten, Robert: Getting Started in Transmedia Storytelling, 2011. S. 4.
297 Pratten, Robert: Getting Started in Transmedia Storytelling, 2011. S. 5.
298 Pratten, Robert: Getting Started in Transmedia Storytelling, 2011. S. 6.
299 www.nbc.com/heroes/games/wheres-hiro/
300 www.br-online.de/jugend/izi/deutsch/publikation/televizion/Familien%20im%20Brennpunkt.pdf
301 Rose, Frank: The Art of Immersion. 2011, S. 316.
302 »Ein beeindruckendes Beispiel ist ›Highrise‹, ein mehrjähriges, multimediales Projekt der preisgekrönten Regisseurin Katerina Cizek, das die Lebenswelten in Hochhäusern untersucht. Für Dokumentarfilmer wird es zunehmend schwer, eine Vorfinanzierung für ihre

Projekte aufzustellen, außerdem erreichen sie über Kino und Fernsehen oft nicht die von ihnen erwünschten Zuschauer. So suchen sie nach neuen Wegen im Internet, ihre Geschichten erzählen zu können. Darin werden sie durch den deutsch-französischen Sender und Internetplattformbetreiber ›ARTE‹ oder das ›National Film Board Canada‹ (NFB) unterstützt.« Inga von Staden.

303 www.worldwithoutoil.org/metavideo.htm
304 www.current.org/wp-content/themes/current/archive-site/tech/tech0709itvsgame.shtml
305 Vgl. Rose, Frank: The Art of Immersion. 2011, S. 71.
306 www.ted.com/talks/j_j_abrams_mystery_box.html
307 www.daserste.de/unterhaltung/krimi/tatort/specials/tatort-plus-100.html
308 http://rides.tv/dirty-work/
309 http://truthaboutmarika.wordpress.com/the-studys-conclusions/
310 www.youtube.com/watch?feature=player_embedded&v=xg5V_kQXV2g
311 Jens-Uwe Bornemann in: Zarges, Torsten: Virtuelle Komplizen tauchen ganz tief ein. In: Kressreport 09/12 vom 27.04.2012, S. 26.
312 www.fluter.de/de/120/thema/11406/
313 http://xt.zdf.de/flug-durch-den-ijon-tichy-kosmos/
314 http://kress.de/tweet/tagesdienst/detail/beitrag/122524-aboutkate-war-erst-der-anfang-hager-will-arte-in-multimediale-zukunft-fuehren.html
315 Damon Lindelof in: Rose, Frank: The Art of Immersion. 2011, S. 168.

UVK:Weiterlesen

UVK:Weiterlesen

Dennis Eick
Noch mehr Exposees, Treatments und Konzepte
Erfolgreiche Beispiele aus Film und Fernsehen
2008, 182 Seiten
ISBN 978-3-86764-090-9
Praxis Film Band 43

Die Fortführung der erfolgreichen Einführung »Exposee, Treatment und Konzept«! Während diese Einführung Technik, Theorie und Funktion dieser Verkaufs- und Arbeitsinstrumente erklärt, vertieft der vorliegende Band die Themen.

Er beschäftigt sich mit der Stoffentwicklung und konzentriert sich darüber hinaus auf bislang noch nicht behandelte Textsorten wie das »Pitch Papier«, die »Autorenbibel« oder auch das Konzept für dokumentarische Formate.

Dennis Eick zeigt Drehbuchautoren, Produzenten und Filmstudenten Wege, wie sie ihre Ideen erfolgreich formulieren und ihren Stoff verständlich aufbereiten können, um mit ihnen ihre Leser zu überzeugen. Dies geschieht durch konkrete Hinweise und vor allem durch die Präsentation zahlreicher Stoffe, die die Leser bereits endgültig überzeugt haben – die Stoffe sind alle Grundlagen bekannter Filme und Serien gewesen.

Das Buch versammelt die Serienkonzepte von erfolgreichen Formaten wie »Berlin, Berlin«, »Der Kriminalist«, »Schulmädchen« oder auch dem Doku-Format »Männer allein zu Haus«. Es präsentiert die Exposees und Treatments von sehr unterschiedlichen, aber allesamt erfolgreichen Filmen wie »Auf der anderen Seite«, »Die Flucht«, »Neues vom Wixxer«, »Alles auf Zucker«, »Dresden« oder des ProSieben Funny Movies »Dörte's Dancing«.

»Wer seinen Blick für den komplexen Prozeß des Schreibens von Drehbüchern schärfen möchte und das Buch als Anregung versteht, mit den Texten und jeweiligen Filmwerken selbst weiterzuarbeiten, der ist bei Eick richtig.« schnitt.de

»Dies ist das Besondere und Spannende an dem Buch: Eick publiziert Texte, die normalerweise nur »Eingeweihten« zugänglich sind. Ein sehr praxisorientiertes und realitätsnahes Kompendium – und daher für Autoren ebenso lesenswert wie für interessierte Zuschauer.« Scenario 3

Klicken + Blättern

Leseprobe und Inhaltsverzeichnis unter

www.uvk.de

Erhältlich auch in Ihrer Buchhandlung.

UVK:Weiterlesen

Nicole Mosleh
Drehbuchschreiben
Das Geheimnis glaubwürdiger Charaktere
und fesselnder Geschichten
2013, 310 Seiten, 11 s/w Abb. und 5 farb. Abb.
ISBN 978-3-86764-372-6
Praxis Film Band 76

Wie erzählt man eine originelle filmische Geschichte? Worin liegt der Schlüssel zu einem unverwechselbaren, dreidimensionalen Charakter? Nicole Mosleh zeigt, wie Sie sich Zugang zu kreativer Energie und zum eigenen, unbegrenzten Ideenpool verschaffen. Sie richtet sich mit ihrem Buch an alle, die sich in das Abenteuer des Schreibens stürzen möchten. Sie vermittelt konkrete Techniken und zielgerichtete Übungen, die den Leser anschaulich und praxisnah, jenseits von formelhaften Strukturmodellen, in sämtlichen Phasen des Drehbuchschreibens begleiten und ihm dabei helfen, authentische und originelle Geschichten filmisch zu erzählen.

Nicole Mosleh ist Drehbuchautorin, Regisseurin und Dozentin für Drehbuch. Die Absolventin der Drehbuchwerkstatt der Hochschule für Fernsehen und Film in München und des American Film Institute in Los Angeles arbeitet seit 18 Jahren als Drehbuchautorin. Sie unterrichtet an verschiedenen Filmschulen und in der internen Weiterbildung des ZDF. »Nemesis«, ihr erster Kinospielfilm als Regisseurin (mit Ulrich Mühe und Susanne Lothar in den Hauptrollen), lief im Herbst 2012 in den deutschen Kinos.

Klicken + Blättern

Leseprobe und Inhaltsverzeichnis unter

www.uvk.de

Erhältlich auch in Ihrer Buchhandlung.